顛覆你的歷史觀

連歷史老師也不知道的史實

謝宏仁 Vincent H. Shie｜著

增訂第二版

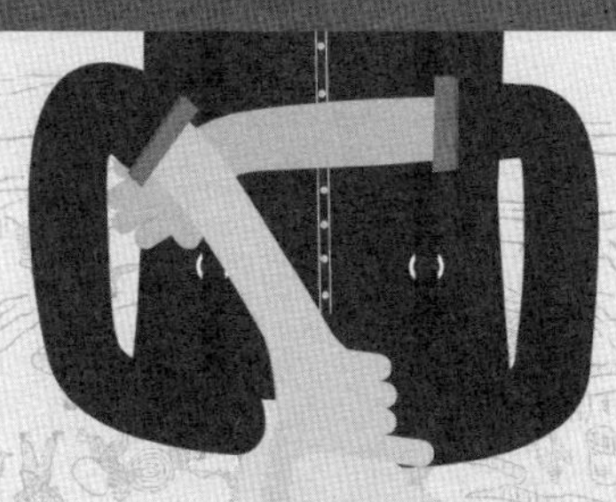

五南圖書出版公司 印行

推薦序

啓發質疑與批判的精神

這是一本勸世，乃至勸善的大作，儘管作者謝宏仁教授並非以知識至尊和道德清高而自鳴得意的說教者。

全書最具啓誨作用之處爲指出：世界觀塑造了歷史觀，而歷史觀再度回頭來形塑新的世界觀，如此雞生蛋、蛋生雞，循環生成與演變；這便是世事和歷史遞嬗進化的道理，這是易經變易之道，也是正、反、合辯證法的思考方式，是一種解釋宇宙、社會和人生變化無常進步的看法。

猶憶五十餘年前初履歐土，在維也納大學首次拜訪業師韋羅斯塔博士（Stephan Verosta，一九〇九～一九九八，奧地利公法學者與法哲學教授，曾任奧國駐波蘭大使）。他見到我劈頭便問：華人對「自我意識」（Selbstbewusstsein）持何種態度？華人對其「世界觀」（Weltanschauung）重視嗎？害我一時愣住久久無法作答；一九八四年我在哈佛大學作客一年，回程經由奧京，享受業師家中的邀箋，年老的、退休的韋教授仍提出上述的問題。足見本書作者所言西方學者重視世界觀的說法，是千真萬確，不容置疑的。至於這種世界觀的偏差所導致的誤盡天下蒼生，正是謝教授本書引經據典一一批駁精彩之所在。顯然，歐美人士多持有特定的世界觀，由此衍生了歷史觀、社會觀、文化觀和人生觀。藉著西洋船堅砲利，到處殖民開發，把這種世界觀硬性強加在其餘世人的頭上。這是歐美強權霸道的世界觀：「西方與其餘」（West and the Rest）的歐洲中心主義之思想的應用。

書中提到這種強權思想的來源爲傳統西洋邏各斯（Logos）兩元思考和基督教的善惡分明。其衍生的歷史觀爲傳統與現代的對立、爲封建主義與資本主義的對抗。尤其是對早期中國的封建主義之誤判。由於媚洋心態的結果，台灣海峽兩岸的高中生、大學生在教科書誤導下，幾乎全盤接受來自歐美的這套史觀，而無法自主、獨立，無法反思、批判。在此情形下，不但自我意識萎縮、自我認同喪失，還造成自我認知欠缺。遂導致當年所讀的高中歷史未必是眞正的史實。受害的學子們盲目地戴上西方製造的有色眼鏡來看待周遭事物，特別是先民的事蹟。

對歷史社會學擁有精湛知識的謝教授，首先分析早期全球經濟白銀化的現象和對明清江南富庶的影響，接著說明印度洋霸權的起落，目的在駁斥歐洲中心主義之荒謬。雖自稱爲馬克思主義者的他，仍指斥馬克思對亞洲（特別是中國）之誤解。其實馬氏的誤解來自他早年崇拜的黑格爾。後者視東方社會只有君王一人意識與享受眞正的自由；反之，早期的歐洲人意識到自由的人，已由一人變成少數人，及至黑格爾的同代人感受自由的人由少數變爲多數。在黑氏心目中，中國仍舊是死水一泓，自古至今毫無變化。與其指摘馬克思這種錯誤的東方觀、中國觀，還不如追溯黑格爾的無知。

謝教授接著分析海上絲路有兩條：南向進入印度洋的那一條爲大家所熟悉；可是橫越太平洋把北美白銀換取中國絲綢、瓷器的這條航線，卻少有人知，至少不列入史冊。事實上，歐洲中心主義者把晚期中華帝國海上霸權活動刻意遮蔽，使它與世界史「脫鉤」，是造成後人無知的原因之一。

在析論鴉片的政治經濟學時，作者正確地指出：應把鴉片戰爭更正爲茶葉戰爭，因爲中英的衝突眞正的源頭乃爲茶葉的貿易。由此引申的結論是費正清把一八四二年視爲傳統與現代中國的分水嶺是不當的。

西方對中國傳統的法律體系之缺乏理解，乃至無知，成爲本書作者撻伐之所在。這也導致華人過度美化西方權利觀之主因。顯然，這與華人對本國早期法律演進瞭解有限，和對西方法律體系批判性不足有關。

在解釋資本主義生成的衆多理論中，馬克思的原始資金累積說，固然獲得左派擁護，但韋伯的清教徒的勤儉禁慾的理性說，似乎更受布爾喬亞的喝釆。謝教授駁斥西方否認早期中國出現過資本主義的事實，指出南宋、明、清江南的富庶繁榮，賺錢致富、光耀門楣、競爭炫耀，爲達目的而運用手段的理性行徑，在在顯示企業經營的資本主義精神。在此情形下，長安、泉州與蘇州儼然躋身世界大都市和當年的全球性大都市的行列，這難道不是十五世紀以降，資本主義出現在東方的明證?·這還有待華勒斯坦宣揚他以歐洲中心主義爲主軸的世界體系之理論嗎？

本序文的作者在全稿付梓之前，瀏覽謝教授這部鉅著，深感榮幸。雖未必完全接受他對經典式的社會學大師如馬克思和韋伯的批判，卻同意他析述的方式和得出的結論。尤其他這部挑戰，乃至顛覆當前歷史教科書的新作，對鼓勵年輕人善於質疑，培養批判精神，大有促進作用，單單這點便值得讚揚。

國立交通大學講座教授　洪鎌德

序於新竹十八尖山山麓寓所

二〇一六年九月九日自歐返台時

序言

這不是一本寓言故事，但讓我們回想鴨子啓發我們什麼。

塡鴨式教學法——這老生常談的話題——的特色是：鴨子只是一直吃、不斷吃，但大多不計較食物到底好不好吃，一餐到底應該吃多少，哪些食物適合不同的鴨子，這飼料有沒有可能造成危害等問題。吃飽這件事並不是問題，因爲即使吃飽，不久後又要灌進更多的食物。那麼，食物有沒有完整消化呢？這似乎也不是問題，因爲養鴨的人只關心鴨子是否不斷地吃，這樣，他們才會安心。至於鴨子食物的來源呢？不是建議我們要先看到生產的履歷？不過，這也不是問題，因爲幾乎所有養鴨人家都使用差不多的飼料（雖是「多本」，但仍是標準化的「一綱」）。所以，還是得使用相同樣式規格的飼料，因爲如果不這樣的話，萬一在家禽市場賣不到好價格，可能就血本無歸了。

雖然養鴨人家從未想過飼料本身到底有沒有問題，但他們大概都聽過這樣說法，如果讓鴨子自己學會找食物，讓牠們有更寬廣的空間活動，這樣的鴨肉會可口許多。但如此一來，不僅飼養的時間拉長，成本也會提高。大多數的養鴨人家基於「理性」的計算，還是選擇短期內就可以趕鴨上架的餵養方式，繼續不停餵養這群鴨子。接著，下一批小鴨子來了，用同樣的方式餵養，日子好像還過得下去。因此，年歲週轉，早沒人在乎飼料廠（教育部）的飼料（歷史教科書的「一綱」）到底有沒有問題，當然更不會有人眞的在乎那些裝飼料的塑膠布袋的款式（「多本」）如何。反正，只要短期之內能用一套「標準」來判讀哪些才是「好的」鴨子，那麼這些飼料還是可以有好的銷路。

問題來了，如果有一天我們發現這些標準化的飼料在生產過程中有瑕疵呢？比方說，是誰決定飼料中應該包含這些成分而不是另外一些？或者，養鴨子的人早知道飼料有點問題，但在市面上找不到更好的飼料？這並非不可能。不過，謝某認爲，飼料的問題或許可以解決，但更重要的是養鴨人的觀念要改變。小鴨還是需要餵養人投給飼料，但別給太多。吃得太飽，這些小鴨只想睡午覺，而應該給牠們更多的時間與生活空間，讓牠們學習找食物，讓牠們知道除了飼料以外，這世上還有其他東西可以讓牠們長大。

看完養鴨人家的故事，無論得到啓發與否，還是得回到人間！這本書得以完成，要感謝的人並不是那麼多，說實話，學術界的朋友似乎不是很想認識我。但我還是要藉此機會感謝少數幾位朋友。多年前，先進洪鎌德教授鼓勵我寫書，他說，因爲書深刻些。我由衷感謝這位師長兼朋友的牽成。五南圖書的劉靜芬副總編和出版社的同仁，對於我的寫作一直秉持鼓勵的態度，著實讓我銘記在心。最後，要特別感謝廖育信博士潤飾文稿的努力，他在百忙之中展現卓越的編輯能力與細膩，實非一般人所能及，讓讀者能夠享受閱讀的幸福感，在此申謝他帶給大伙兒的小確幸。

在寫作的過程中，壓力不小，情緒管理相形重要，但有時卻徒勞無功。因此，誠心感謝內子淑芳及兒子耘非的體諒，讓本書得以順利完成。順帶一提，付梓前，兒子要求一件事：別在書上放我的照片，我也照辦，正如讀者所見。

謝宏仁

楔子

作者謝宏仁繼社會學囧很大，和發展研究的終結系列之後，再次著墨筆耕本書付梓。向來書的序言都是邀請資深的學者撰文，然而經由洪鎌德教授穿針引線，我與謝老師相識合作，一轉眼已經過十年。他所出版的幾本書，也悉數遭到我「辣手摧花」，以致相較於原著，可說「面目全非」。也因此作者邀請我寫點東西。

去年在他引薦之下，我有幸進入輔仁大學社會系任課，與他成為同事。當然相較於作者文思泉湧，我連一兩篇書評短文都難以生產。但即使如此，還是針對書裡找點東西來講。

首先，光從幾幅世界地圖等蛛絲馬跡，有異於過去認為歐洲人學習阿拉伯人先進的航海技術的歷史知識，才有後來哥倫布發現新大陸，然而書中直指實際上這些都是鄭和團隊的豐功偉業，同時也證明中國當時航海技術的先進。另外，經由地圖的地名、植物、物件化石，來證明哥倫布事蹟云云，乃是騙局。

接著，書中道出明清時期的中國並非如過去所認知的貧窮，歐美人士帶著白銀來交換明清時期領先於世界的產品，而造就許多燈火通明、光鮮亮麗的大城，此時中國可說是世界流行時尚的中心。

與歐洲中心主義的觀點不同，東方中國並未停滯不前，財產權保護早在宋朝已見於法律，驗屍程序的先進領先歐美數百年。也因此，東方無須等候西方用洋槍大砲敲開深鎖的國門，讓西方帶領中國進入現代化。向來我們所知歷史分期的鴉片戰爭，其實際標的物乃是茶葉的種植與產製技術。歐洲國家能賣給中國的，就是稱爲福壽膏的鴉片煙，來阻止白銀的流失。

回想數十年前坐在台下聽高中歷史老師介紹鴉片戰爭的起因，那時就覺得很奇怪，何以歐洲技術進步，能賣到中國的產品竟然只有鴉片？而且，光是爲著覲見皇帝是否叩首而爭執，導致無法建立邦交，這對發動戰爭，實在是非常唐突且蠢笨的理由。何況，焚毀鴉片煙，乃是清律早已明訂嚴禁。那麼何以英國等國已經查禁此類毒品，卻又傾銷至中國？另外，工廠產品不是質優價廉，爲何中國不買單，還能持續出口南京棉至美洲賺取外匯？

經過數十年後，雲散月見，星空燦爛，歐洲的星星並未特別明亮，東方城市燈火璀璨，焚膏繼晷的生產，證明中國絕非僅爲勉強餬口的國度。

謝宏仁老師的這本書，對有意尋求歷史眞相的人，絕對是一本耐讀的書，且請各位看倌細細品味。

廖育信　輔仁大學社會學系兼任助理教授
於台北神的教會復興北路會所
二〇二一年正月廿六日

目次

導論

西方人打造的世界觀

當你們打開這本書的時候，你們一定不相信，一直以來，我們早就習慣用西方人打造的世界觀在理解全球化的過程，來分析與探究全球社會變遷，但這樣的世界觀是偏頗的。不過，由於整套思維框架實在太過精巧，以致於我們似乎難以從當中找到什麼問題。如果再加上從小學到高中，無論是社會科老師，還是歷史老師也好，他/她們不斷地運用西方視野的世界觀來看待我們自己，解釋過去所發生的林林總總。所以，我們以為，或者應該說總是以為我們只能運用同樣的觀點來「閱讀」歷史，就像幾位教過我們的老師那樣。可以這麼說，無論台海的哪一岸，高中的歷史告訴學生們，西方人眼中所見東方（中國）的樣子、大小、顏色，以及美醜，但這樣的東方（中國）眞是其原來之樣貌嗎？老師們好像很少提出不同於教育當局的看法，至少在筆者謝某的印象當中沒有，相信從小就習慣於塡鴨式教育的學生們也沒見過吧！當然，本書不一定非得證明西方打造的世界觀是錯誤的，而只想提出另一個視角，告訴學生們，其實我們可以採用不同於西方人為東方（與全球）打造的世界觀，來看待我們所處的世界，或解釋過去所發生的事，也許讀者、學生們會發現這個東方（與全球）更像是原來東方（與全球）社會的樣貌。如果可以讓學生們瞭解，不同於西方人打造的觀點檢視下的東方（中國），可能更接近眞實的東方（中國），那麼，撰寫這本書的目的也就達到，就是讓同學留意到，想要瞭解某些重要事件，常有多種角度，在全盤接受師長的想法之外，必定還有其他視角可用來進行觀察與分析。

誰寫的（高中）歷史!?

在決定寫這本書之前，為求謹愼，同時也為遵守我之前老師的訓誡，照道理，我應該仔細且完整地再讀一次高中歷史。如果眞的這樣做，我想，本書的準確度應該會大幅度地提升，那麼，或許可以稱這是本嚴謹的書。但說實話，筆者謝某並未再詳讀一次高中歷史，而只有瀏覽過。不過，先別急著責備，相反地，請容許我說些理由。首先，之所以不再蒐羅高中歷史課本來複習，是因為這樣一來的確可以節省一些時間；寫書是一件曠日費時之工作，特別是身處在這個崇尚輕、薄、短、小的時代裡，出版社通常也不會給作者太多時間。這個「理由」聽起來眞像是個藉口、推託之辭，似乎不是一位學者該說的話。

其次，電視上烹飪節目總是提醒我們，一位好的廚師應該知道某種食材所需要的刀器，太鈍的刀子確實不能用來切生魚片，過於輕薄鋒利的小刀恐怕也斬不斷豬大骨來熬高湯。因此，筆者謝某在大學教書，如果眞有點專長的話，這時候倒是應該全心投入於（歷史）社會學的領域中，與全球的大師們對話，切磋知識，才不枉政府數十年來的苦心栽培，怎可只在高中歷史課本中「細微末節」的事件雞蛋挑骨頭，專說自個兒的意見或感想呢？這似乎不成體統。但話又好像不能這樣說，因爲誰能證明（高中）歷史課本中所記錄的事件都是重要的？如果，有些重要的歷史事件被刻意隱藏起來，就像是在蔣介石父子威權下統治的台灣，當今的年輕人大都不清楚二二八事件的始末眞相，甚至在其成長的過程中，連聽都沒聽過國民（黨）政府曾經以武力鎮壓反抗群衆，最後導致成千上萬的傷亡與冤獄。所以，誰選擇了某些「事實」來「形塑歷史」[1]呢？誰決定學生們應該知道哪些事，而不應該知道另一些事呢？於是，本書作者也想「挑選」一些沒被提過的歷史「事實」，來證明它們本應爲歷史的一部分，而且這些被遺忘的事件或許才是更重要的。

再者，不可否認地，「歷史是由勝利者（或者，具體地說，勝利者集團所屬的史家）所寫的，而以現在的觀點去重新解讀過去的軌跡，也是一種人性。（西方）富裕國家經過時間的歷程，逐漸地、下意識地重寫自己的歷史，以更加符合他們現在看待自己的觀點，而不是歷史眞相」[2]。筆者謝某覺得，更誇張的是，在人性之中，也不難找到以下之傾向，那就是：將不受歡迎的人物與歷史事件逐一抹煞，隨著時間的推移，對過去重新加以解釋，漸漸只留下勝利者過去的「豐功偉業」與令人讚嘆的結果。然而，我們必須小心看待這樣的「歷史」，因為這可能並非歷史的實相，而是由勝利者，掌握說話權的人，在書寫歷史過程所建構出來的觀點。在這本書裡，我們將會看到歷史觀如何影響著我們的世界觀，換句話說，以往學習的歷史不斷影響我們看待世界的角度，比方說，我們如何看待帝制時期的中國、地緣政治、海上絲綢之路、自由貿易、資本主義的邏輯、鴉片戰爭的起因、中國法律體系的特色等等，都會影響我們世界觀的形成。因此，過去（西方）勝利者所要呈現的景象，是否有必要重加檢視？我們到底忽略了什麼重要的人、事、物，而使我們得到一個扭曲的世界觀？

最後，值得一提的是，在華人世界裡，學生從小就被教導要「尊師重道」，再加上一直飽受批評，但教學體系又不願改弦更張的「塡鴨式」教學，使多數學生終其一生不大勇於發問，更遑論在課堂上與老師對辯，說出自己不同的觀點。長期下來，總以為老師在課堂上所教的內容都是對的、都是顛撲不破的眞理，豈能存在不同的看法或說法。固然，學生乖乖在教室裡聽課，一邊可以抄寫「重點」，同時也能達到「尊師重道」的倫理要求，因而，我們似乎失去質疑課程內容眞實性的機會。以台灣地區高中教科書為例，根據教育部「一綱多本」政策，似乎只要符合其部定「課綱」，高中學校能選用不同的出版社所印製的教科書。所以，「課綱」變成撰寫高中教科書的「標準」，那麼，如果「課綱」本身就有問題呢？

歷史的終結與世界觀的形成

許多讀者應該都曾被「終結」二字驚嚇過，但其實沒那麼嚴重。筆者在這裡使用「歷史的終結」【3】詞，只是以此說明與強調大多數高中生是最後一次在課堂接觸歷史，所以是歷史的「終結」。但其實，筆者真正目的，是想要「活化」讀者的歷史觀，與「修正」世界觀。因此，請容筆者再行解釋一會。在撰寫本書時，筆者確實握有一個重要的「藉口」，那就是：筆者僅僅憑藉模糊的記憶，就準備大說特說自己的想法。當然，這並非正規學者該做的事，也因此在課堂謝某一定會叮嚀學生莫如是作。

記憶有些模糊（但好像是這樣）：二〇一六年五月初夏某個炎熱的日子，在課堂上問學生：「不久前，也就是在你們高中時，當歷史老師談到鴉片戰爭時，責備了無能的清朝，但對於販賣鴉片的英國女王及其東印度公司只輕輕帶過，是不是呢？」接著，我大略地解釋貿易平衡、財富累積的問題，接著再問：「高中歷史老師是否沒有告訴過你們，鴉片戰爭其實應該稱為茶葉戰爭呢？」大部分的學生搖搖頭表示沒有，只有少數學生用舉手的方式表示著「沒有」。我心想，要海峽兩岸的學生舉個手這件事，大概和要求他們上課時放棄偷偷玩手機一樣難。在這個所謂「知識」經濟的時代裡，這似乎是常態。不過，可喜的是，從學生的表情還是能看出一些端倪。我接著告訴他們，我決定寫一本書給高中生閱讀，一本看起來像歷史故事書的社會學「專書」，來反轉、「修正」他們扭曲的世界觀。

那麼，什麼是世界觀呢？台灣，乃至東南亞知名的馬克思學說詮釋者之一的洪鎌德教授解釋說，「世界觀」（worldview）是：

> 人群……對世界、對我們周遭的境遇和實在所持的看法……。藉著世界觀，人群不但設法理解其所處世界之情況，也利用它來評價、估量這個世界，這個實在的好壞。因此世界觀是對周遭事物的認識（cognition）、覺識（perception），同時也是評價（evaluation），也是用來對實務的應用（application）。因為有所評論與應用，這個世界、這項實在便受到人群的形塑（shaping; formulation）、製造與改變。要之，我們的世界觀是對世界的看法，也是對世界之存在、之演變而所持的看法。[4]

根據他的說法，過去所發生的事——通常是某人認爲是重要的事——和對該事件的詮釋，會影響我們對該事件的看法與評價，與日後在某方面的應用，進而影響我們的世界觀。換句話說，過去許多（重要）事件的組合——已成爲歷史——其解釋影響我們的世界觀。簡單說，歷史觀形塑（塑造）著、改變著、重組著世界觀。但因爲歷史事件總是某些人所淘選的，嚴格來說，很難說是客觀、價值中立。正因爲這樣，如果能找出更有說服力的解釋，對歷史事件也好，或者是歷史觀本身也好，都會是正向的，而不必像某位社會學大師總是將「價值中立」掛在嘴邊。筆者認爲，或許找到更重要的歷史證據，才是更值得努力的事吧！

當訂定標題「顛覆你的歷史觀」時，筆者主要是針對高中歷史所學，而副標題「連歷史老師也不知道的史實」，則是目前歷史課本上的內容皆是以西方的視野看東方的結果。那麼，應該會猜到筆者的意圖，亦即謝某想說：不久前高中生才剛剛讀過的歷史，決定了、但也扭曲了如何看待他們所處的世界，而且，台海兩岸的高中生都被教導以偏頗的視角來觀察身處的世界。換句話說，人們如何看待自己所處的環境，乃是受到其世界觀的影響，這與歷史有關。或者更應該這樣說，與被挑選出來「重要的」歷史事件有關。而世界觀是如何形成的呢？答案是教育，特別是學校教育。當然不同科別的老師對學生有不同的影響，無論在學業、為人處事、對當地事物的關心，以及對世界的看法，也就是世界觀。然而，高中歷史，若不是大學選擇歷史系，或者是輔修、雙修歷史系的話，那麼，高中歷史大概是人的一生之中，最後密集接觸歷史相關書籍的機會。對全球歷史的瞭解與否，攸關著日後學生對世界的看法，攸關著他們看待世界的視角。所以，筆者認為，這裡有三支畫筆，共同為全球（華人）勾勒出「世界」這幅畫。

來自西方的三支畫筆

今日我們看到的「世界」這幅西洋畫風的畫作，其主要格局乃是由三支畫筆所繪製而成。應該這麼說，有三支畫筆曾為我們勾勒出世界的輪廓，在這幅畫當中，模糊的東方，看起來並不那麼寫實，只是西方的對應物。可惜的是，高中（或更早）的歷史教育，讓學生誤以爲他們眼見、耳聞的東方社會之種種，是値得相信且不容懷疑。本書將完整地介紹這三支畫筆，和它們用過的種種顏料，襯托著彼此，若以藝術眼光來看，這幅畫堪稱是人類歷史上的珍品。

簡單說，西方哲學的「二分法（二元對立）」是第一支畫筆，這支畫筆可能是所有問題的根源。這個兩元對立的說詞，也包括了善、惡二元論，將東方社會僅視爲西方社會的對應物，模糊了東方的眞實樣貌；第二支畫筆是美國著名漢學家費正清（John K. Fairbank）【5】所使用的歷史劃界，他以西方人到來並打敗東方霸主之大清帝國的一八四二年來切割，稱呼之前的中國爲「傳統」的；在西方人的推波助瀾下，自是年經過戰火洗禮的「現代」中國終於誕生。學界當中特別喜歡用第二支畫筆來描繪東方（中國）的不在少數，本書所論及的主要圍繞在華裔著名學者黃宗智（Philip C. C. Huang）與古典社會學三大家之一的韋伯（Max Weber）【6】。韋伯認爲「傳統」中國法律體系是停滯的、落後、保守的，與不可預測的，然而這是天大的誤解，本書稍後將進一步說明；第三支則是世界體系大師，也是地緣政治、地緣文化的專家華勒斯坦（Immanuel Wallerstein）【7】所珍愛的「歐洲中心主義」畫筆，這支筆所描繪的圖像，讓非西方國家失去其原色。就筆者的立場，當然想嘗試找到新的畫筆重新繪製人類歷史，藉以形塑新的世界觀，這似乎是當務之急。但在此之前，我們必須拋棄這三支老舊的，以及先前西方學者筆下所畫出模糊的、扭曲的東方。在此筆者將重點置於「二分法」的討論，至於費正清一八四二年的「歷史分期」和「歐洲中心主義」這兩支畫筆的特殊筆法、筆觸，我們在稍後的章節中詳述。

那麼，到底什麼是「二分法」呢？

西方哲學的「二分法」

在分析上，本書嘗試以西方的「二分法（二元對立）」，來貫串不同章節。不過，為了達成華人處事圓融的境地，也為避免本書延續華人社會裡著名的塡鴨式教學法，筆者不願意直接說出扭曲史實的元凶，不過，仍希望讀者（可能是高中生或者高中剛畢業不久並在某大學就讀的大一、大二，以及曾受過塡鴨教育，現在在社會上工作的所有人）在字裡行間得以看出些蛛絲馬跡，甚至找出其中的紋理脈絡，那就是：華人普遍透過西方學者的眼睛來認識東方社會（特別是中國），並且相信西方學者對於東方（或者非西方）社會的描繪，即使有些誤差，但大體上都是正確無誤。於是，在現今的教育體制下，華人大都戴著西方所製造的有色眼鏡來「看清楚」東方。然而，透過這樣的鏡片所看到的，竟然是色彩形象扭曲的東方以及全世界。換句話說，我們一直以為、也一直想當然地這樣教育下一代，西方（應該）是什麼模樣；東方又（應該）是什麼模樣？那麼，如果「東方」社會是被扭曲的，相對應的「西方」又怎麼可能是眞實的呢？然而，這些重要的問題，在當今科層的教育制度下，被無數繁瑣的行政事務所稀釋，使得華人持續地戴著扭曲偏色的鏡片來看待這個世界，無論這個世界所指的究竟是當代，抑或是過去。

那麼，我們又如何解釋爲何華人經常運用扭曲的視角來觀察其所處的世界呢？或許我們可以嘗試在西方哲學的「二分法」以及基督宗教的「（善惡）二元論」中看出些許端倪。現在，讓我們先試著瞭解西方哲學中「二分法」或「兩元對立」吧！一般而言，西方的思想都建立在所謂的二分法、兩元對立之上，諸如唯心／唯物；在場／缺席；有／無；善／惡；認同／歧異等。人們透過兩元對立來感知與理解這個世界，此思想態度可謂影響甚鉅，因爲它被廣泛地運用在社會科學，尤其在東、西方歷史的比較之上。爲何影響重大呢？簡單來說，成雙成對的字眼並非彼此獨立，而是在雙元之內：因爲「缺席」，才會呈現「在場」；因爲「歧異」，才會呈現「認同」。換言之，「善」只能通過歧異（difference）於「善」的「惡」，才會把「善」這個認同體（identity）呈現出來。可見「善」與「惡」缺一不可；同樣，「有」只能通過「無」才得以呈現。更重要的是，在西方的兩元對立之中，對立的字眼中所包含的認同與歧異並非平等的，而是存在著具有上下位階的垂直不平等（hierarchy）的評價。人們給予「在場」、「有」、「善」正面的評價；反之，對「缺席」、「無」、「惡」則持負面評價，難掩鄙夷的態度。【8】

於是，雖然未必是眞實的圖像，但這樣成雙成對的字眼——例如，現代／傳統（封建）；開放（外向）／封閉（內向）；進步／停滯；民主／專制等等——就經常被拿來描繪西方／東方社會，並加以比較。具體而言，在西方學者的心目中，西方的現代、外向、進步、民主，以及西方的有（在場）、善，總是藉由只能通過有異於「西方」的歧異之「東方」，才能把「西方」這個認同體呈現出來。於是，東方（中國）社會必須是傳統（封建）、內向、停滯（倒退）、專制，再加上無（缺席）、惡等等。在談論西方資本主義獨特的生產方式時，則特別強調大規模生產的氣度與特質，然而這就必須藉由從中國「小農經濟」歧異出來，而加以得到。

在這種思維下，似乎中國這塊土地上，自古以來，直到明清時期的晚期帝制中國，都不可能出現類似西方這種理性且具有效率的生產方式。封建的、停滯的帝制中國——特別是在鴉片戰爭以前，在西方列強尚未帶來「現代化」以前——絕不可能產生與西方相似的制度。然而，這種東、西方社會的比較，過分簡化複雜的社會現象。我們以「封建」以及所謂的「封建主義」為例。

中國史的「封建」與歐洲史的「封建（主義）」並無任何共通點。前者指的是「武裝移民占領新的土地建立城市」，然而，歐洲史的**Feudalism**是指「騎士與一人或複數的君主簽訂契約，奉上土地（**feud**）一部分的手續費（**fee**），以換取君主的保護」。在晚期帝制中國的研究中，「封建」與其形容詞「封建的」經常被用來表示當時中國在各方面——無論是政治、經濟，與社會等等——的停滯性。然而，從本書敘述中，讀者將會陸續看到，對為數不少的學者而言，重點似乎不在於帝制中國到底是否眞的停滯不前，而在於作為相對於所謂「現代的」西方，中國的歷史書寫似乎只能呈現出「封建的」樣貌。換句話說，「封建的」中國好像是不證自明的，東方（中國）的學者似乎傾向於直接相信，晚期帝制中國（之前）的社會是封建的，而不去證明是否爲眞。[9]

或許這時，筆者應該舉個例子，讓讀者看看中國知識分子如何看待在鴉片戰爭之後的清朝，與自身所受到的屈辱（humiliation），單就這個例子也許可以略窺一斑，不過，還請讀者先不計較謝某的才疏學淺。先前曾在中國駐紐約總領事館任職的鄭曦原說道：「大清帝國是我心中塵封的痛……洋人的大炮轟開了我們緊鎖的國門，迫使中華民族必須以開放的姿態去面對世界……過去隱藏了千年的污穢終於見了陽光……我們民族在十九世紀中葉，由於『閉關自守』、『固步自封』……因此從一個泱泱大國淪落爲遠東一個邊緣『鄉巴佬』國家……。」[10]

這段話或許可以被視爲大清帝國自一八四〇年，至二十一世紀今日的中國爲止，台海兩岸知識分子內心的眞實寫照，即使當代中國崛起已經不容小覷，但只要一想到過去國家民族所受到的不平等待遇，華人知識分子內心大致上就如同鄭曦原所道出的「心中的痛」。清朝失敗的原因是「閉關自求」、是「固步自封」，後來是因爲洋人的大炮先打開了「緊鎖的國家」，中華民族才能以「開放」之姿再度面對挑戰，因爲「陽光」讓埋藏千年、污穢已深的「傳統」不致於過度潮溼而發霉。筆者認爲，諸多過失該由（清、中國）自己承擔，有功勞則該歸給洋人，這是鄭曦原的眞心話，也是無數中國知識分子普遍認同的觀點。筆者相信，在接下來的分析中，讀者會看到更多這類例子，這些例子充分表達中國知識分子長期以來的屈辱感，但且讓我們回到西方哲學之二分法上頭，我們還得再說說它。

兩元對立的西方哲學將西方描繪爲「正向的」西方，而將東方書寫成「負向的」東方，在二分法的思維下，西方總是站在優勢位置，東方則站在劣勢的位置。人們對於「在場」、「有」、「善」持正面評價，並將這些與西方社會連結在一起，對於「缺席」、「無」、「惡」則持負面評價，並將這些與東方（特別是中國）社會連結起來。換句話說，我們先前提到「善」只能通過「善」所歧異（difference）出來的「惡」，才會把「善」這個認同體（identity）呈現出來。「西方」也只能通過與「西方」歧異的「東方」，才有辦法把「西方」這個認同體呈現出來。進一步說，「善的西方」只有通過其歧異之「惡的東方」才能呈現「善的西方」這個認同體。那麼，「善」與「惡」這兩個對立的字眼，又是如何被運用來解釋「西方」與「東方」，或者說「歐洲」與「亞洲」雙元對立，這與西方（地中海文明）的歷史觀有著不可分的連結，同時也與基督教的「善惡」二元論有關，而「善」、「惡」兩者不也正是二元對立的字眼嗎？筆者謝某相信是的。

善惡二元論

我們先來看地中海文明的歷史觀，接著再討論基督教的「善惡」二元論。剛剛我們提到人們的歷史觀影響世界觀的形成，換句話說，一個人如何看待歷史，將會左右這個人對世界的認知。既然對世界已形成了某種認知，那麼，在選擇歷史事件時，無可避免地將選擇某些符合其既定世界觀的「重要」事件，藉以合理化個人對歷史主觀的看法。那麼，西方人（或歐洲人）

如何看待這個世界呢？西方文明的史觀是什麼呢？這與西方文明的根源——位於地中海的希臘文明——有關。出生於西元前五世紀的希臘人希羅多德，是地中海文明的「歷史之父」，其著作《歷史》主要講述波斯戰爭，他從很古早的時代開始寫起。然而，在此書中，希羅多德大幅扭曲了希臘神話，其中包括了誘拐河神的女兒伊俄的故事、擄走歐羅巴公主的天神宙斯，以及荷馬著名的史詩《伊利亞德》中所描述的特洛伊戰爭等，但他應該知道自己的說法有些勉強。其中的一個重點是，憑藉波斯學者之名所提出的看法，希羅多德所寫的《歷史》將世界劃分成歐洲與亞洲，並且認為歐洲與亞洲自很久以前開始就不斷地對立與抗爭，這樣的觀點形成地中海世界首部歷史書的基礎論調，也就是說，地中海文明的歷史觀之主軸一開始便圍繞在「歐洲與亞洲的敵對關係」之上。【11】

接著，基督教的「善惡」二元論，是如何連結到歐洲與亞洲早已存在的敵對關係這樣的歷史觀呢？與《舊約聖經》不同，基督教《新約聖經》主要集結耶穌的行誼言論、神蹟與使徒書信，講述耶穌是猶太人企盼已久的彌賽亞，與現實的歷史並無關聯。但《啓示錄》是《新約聖經》唯一的例外，這卷書著實影響地中海世界的歷史觀。希羅多德主張對立的歷史觀與基督教的歷史觀有個相當重要的共通點，或許，這正是人類歷史不幸的開始！《啓示錄》中所主張的善惡二元論，認為世界是善與惡的戰場，而當善惡二元論與希羅多德所主張之歐洲與亞洲的對立重疊時，也就是說，歐洲是屬於「神」的陣營，歐洲是「善」；亞洲是屬於「撒旦」的陣營，亞洲是「惡」。可以這麼說，兩元對立的字眼中也包括了「善」與「惡」，世界是歐洲的

「善」與亞洲的「惡」相互對立的戰場。

在這種歷史觀下，歐洲被賦予了神聖天命，也得到上帝的幫助，與被視為惡魔的亞洲對抗，歐洲最後征服亞洲，獲得了最後勝利的同時，也解除了歐洲與亞洲的敵對關係，歷史宣告終結。西元十一世紀時，這種思想高漲，十字軍進攻伊斯蘭國度，正是二元思維下的產物（此與二〇〇三年以美、英為主的聯軍攻打伊拉克有幾分神似吧!?一直到二〇一六年七月英國首相布萊爾在長達二百六十萬字的報告出爐之後，仍然站出來「宣布」出兵伊拉克的「正當性」，而在國際媒體前聲稱當年是為了將邪惡的海珊從人類歷史上塗抹掉）。[12]所謂的大航海時代開始於十五世紀，西方列強進入亞洲、非洲與美洲，他們的歷史觀完全沒有改變，還是基督教的歷史觀。[13]歐洲人代表的是「善」，其他人種都是「惡」，「善」最終會戰勝「惡」，為非西方人帶來進步、理性，與歐洲人一樣的「自由」、「民主」，與「平等」。十八世紀末，英國派遣的大使馬戛爾尼未能達成任務，官方媒體立即將馬戛爾尼對抗乾隆皇帝的英勇事蹟，描繪成為對抗古老、停滯、專制的中國的一大勝利，「叩頭」（Kowtow）立即變成了一個「專制的」、「落伍的」、「封建的」代名詞，中國在英國的媒體操作下，變成了「惡」的象徵，相對於英國「善」的形象。這使人一眼看出基督教的善、惡二元論與希羅多德對立的歷史觀重疊的部分？看起來似乎是如此。

另外，費正清的「一八四二歷史分期」與華勒斯坦的「歐洲中心主義」，本書在後面章節中將會詳細討論，但在這裡先簡短說明也無妨。在本章中，我們至少可以約略看出，海峽兩岸的高中歷史教學中，這兩支畫筆對理解世界史、中國史，或者中國在世界史的定位並無實質助益。簡單地說，費正清大概是美國影響力最大的漢學家，他撰寫不少教科書，雖然不一定明說，但至少暗示著，在一八四二年之前，也就是西方人到來之前的「傳統」中國是一個社會結構不怎麼複雜，以自給自主的小農經濟爲主的停滯社會，之後藉著槍砲，歐洲人帶來不少新奇事物，也包括制度，催生了「現代」中國。稍後，我們將會看到，影響力既深且鉅的古典社會學三大家之一的韋伯，在分析「傳統」中國法律體系時，因爲是「傳統」，所以，法律體系「自然地」也就長期處在停滯狀態，非等到西方人到來之後，才有改善的機會。然而，費正清與韋伯並未花太多時間研究「傳統」中國。

另外，本書將討論世界經濟體系學派（The Modern World-System School）創立者華勒斯坦對於西歐向外擴張的看法。筆者認爲，社會學大師華勒斯坦難逃「歐洲中心主義」的窠臼。簡單說，選擇某一視角來觀察全球變遷是合理的，但其不合理在於，華勒斯坦錯將非西方（包括中國）視爲沒有歷史的空白之地，等待西方列強引領，才能進入他心目中的世界經濟體系之運作。換句話說，十五世紀以後的歷史，幾乎不外乎這類敘述：西方的大航海時代來到，帶來了「現代性」，取代了「傳統」，非西方（包括中國）等待著「被納入」。或者，講得好聽一點，被「整合進入」西方社會所主導的世界經濟之中。然而，問題的癥結點在於，對非西方社會而言，時間與空間變得不重要了。在華勒斯坦的觀點下，除了歐洲的霸權之外，我們將看不到明朝永樂年間的印度洋霸權，我們所能看到的，總是非西方國家在等待西方列強的到來，好像守夜者在等候黎明一般，然而，等到的卻總是漫漫無盡的長夜。我們先來看兩岸的高中歷史教科書到底怎麼寫、又寫了些什麼？

高中歷史寫了什麼？

在此筆者還是得舉例說明高中歷史的確有些可以討論的空間，不然恐怕讓人誤以為筆者謝某是先射箭再畫靶，或者連靶都忘了畫，只是無的放矢，根本毫無說服力。

台灣的高中歷史課本裡，在討論明清時期的中國（十四～二十世紀，這也是華勒斯坦研究的期間，只是中國看起來有點被動而已）與全球經濟的互動時，書上是這樣寫的：「明清時期的中國普遍使用白銀作為支付貨幣，乃逐漸整合進入世界經濟體系之中。」[14]本書對「整合進入」一詞有些不同的意見，若以英文表示，或用華勒斯坦的話來說，大約等於「integrated」一詞，其意義約等於「incorporated」，二者都有將部分帶進整體的意思，這樣的說法似乎與世界經濟體系大師華勒斯坦的論述有異曲同工之妙。但很不巧，華勒斯坦的世界體系理論被批評得最嚴重的論點之一，就是：「其他非西方地方似乎只是空白一片、沒有歷史的區域而已，等待西方列強將他們納入（incorporated）世界體系之中。」很明顯，這無意間為西方入侵其他地區、掠奪資源背書，像是刻意免除其責。換句話說，以明、清為例，當時，中國的許多城市相當繁榮，像是北京、上海、杭州、蘇州、泉州、福州，與廣州等地，因為向海外輸出許多絲綢、景德鎮瓷器、茶葉等，歐洲人帶來大把銀子到中國，就爲了要購買這些高附加價值的產品。然而，在華人的高中歷史課程之中，我們卻使用被動式的動詞——等待西方列強來「打開」中國的大門，等待著西方列強將中國納入世界經濟體系之中，也等待著西方人爲中國人帶進他們心目中的「現代」。

中國在高中歷史教學的經驗分享裡，也論到非西方國家漸漸「被納入」（incorporated）的史實，在其經驗分享有一段話這樣說：「通過西歐列強在世界範圍的殖民擴張，世界上愈來愈多的地方『被納入』資本主義世界市場體系之中。」[15]中國大陸與台灣在明、清時期，特別是在十九世紀中葉以前，許多產業領先西方列強，現在也漸漸如此，這應該是優勢才對。然而，許多華人學者對自身歷史的解釋，似乎只要是發生在鴉片戰爭之前的任何事，基本上都屬於「傳統」中國，並無任何進步性可言，所剩的只是一些帶著負面語意的形容詞而已，像是「封建」、「停滯」、「落後」、「孤立」、「閉關自守」這類的語詞。爲什麼會這樣呢？**本書將運用歷史證據，告訴讀者這是被建構出來的，與過去發生的歷史事實並不相符。**

章節安排

本書在導論中，闡述社會科學充斥著西方學者所打造的世界觀，以此視角來觀察我們所處的世界不免失之偏頗。接下來，在第一章中，針對我們向來所知哥倫布發現新大陸提出質疑。

接著再以幾幅地圖，指出當時歐洲經緯測繪技術難達如此精良的水平。部分地圖上詳繪中國東北的地名，將交趾、安南名稱並列，與繪製當時歐洲航海探索頗爲陌生的區域，結合鄭和下「西洋」的史實，正因爲哥倫布手頭上握有準確的地圖，他才能四次成功往返橫渡大西洋，而那份航海圖上的種種，早在一四一八年中國的識貢圖就已詳細記載。另外，以往認爲是歐洲發現世界其他大洲，但實際此等豐功偉業，中國早在一四二一年就已完成，種種考古遺物很明顯地說出這一切。

在第二章，首先討論學者黃宗智（Philip C. C. Huang）的說法，他認爲自明代以臻中國的經濟改革，長江三角洲（江南）的農民在長達六百年的時間裡都過著日不敷出的生活，整個地區的農業並未眞正的發展，因爲邊際生產力的提升要等到經濟改革之後才得以實現。但黃宗智研究的期間與地點是明清時期的江南，是中國最爲富庶之地，美洲白銀（還有來自日本的白銀）大量輸入此地，才能支撐中國不同時期、朝代的經濟發展，但黃宗智對白銀卻隻字未提。另外，黃宗智可說是費正清的追隨者，他以一八四二年爲分割的時間點，將中國歷史就此分爲「傳統」與「現代」。傳統的中國是屬於社會結構簡單，自給自足的小農經濟爲主，但這種分期對並不能幫助我們理解中國本身。

第三章討論（資本主義）世界經濟體系，也是世界體系學派大師華勒斯坦對全球地緣政治、地緣文化與十六世紀以來海上霸權的分析，其論理中不乏洞見獨視。在歐洲中心主義的觀點下，華勒斯坦認爲世界體系起源於西歐，而非西方地區只能被動地等待被西方列強將其帶入世界體系之中。但這理論令人難以看出明朝在印度洋的霸權——大明帝國——早於他的西歐世界經濟體系而存在的事實。第四章，我們將延續華勒斯坦地緣政治的討論，進一步探討建立在地緣政治的硬實力之上的軟實力，也就是地緣文化。本章將說明，在明清中國經濟繁榮、國力鼎盛時，典章制度、非物質文明等象徵性資本（symbolic capital）也同樣吸引許多周邊國家起而仿效之。尤有甚者，在絲綢產業發展上明、清中國之技術領先全球，其生絲、絲織品，與款式時尚等，更使得太平洋東岸的西屬美洲爲之著迷，使得橫越太平洋的海上絲綢之路得以連接亞洲與美洲長達二百五十年之久。

在第五章，重新探討鴉片的政治經濟學。**「鴉片」戰爭其實應該正名爲「茶葉戰爭」**。歷史實情如下：自工業革命之後，英國人逐漸養成喝茶的習慣，聽起來似乎不錯。但正因爲愛上喝茶，而且只能使用白銀從中國購買茶葉，這使英國政府擔心白銀外流會削弱國家力量。爲解決其貿易赤字，英國人遂在印度大量種植鴉片，賣給中國的吸食者，然而這是非法的，在當時的中國和歐洲都一樣。然而英國人除了繼續販賣這種能賺取暴利的毒品之外，似乎別無他法。這說來相當諷刺，身爲一個工業大國，中國人喜歡的不是英國工廠生產的產品，而是產自其殖民地印度的罌粟花。回到茶葉的議題上，這是另一個西方列強信奉自由貿易的反例，爲了與中國的茶葉競爭，英國對從中國進口的茶葉課徵百分之三十以上的關稅，而進口自印度的茶葉則是免稅。在保護主義之下，印度茶終於打敗中國茶，使得中國茶不再具有競爭力。另外，本章也證明所謂的「文化衝擊說」並無根據，事實上，文明之間的「衝突」其背後似乎總是有經濟利益的糾葛。

第六章，筆者將扮演司法官的角色，力圖還原眞相。百年以來，社會學大師韋伯所描繪的東方（特別是中國），就其傳統法律體系而言——這是韋伯認爲資本主義最重要的基石之一，也就是法律的「可預測性」——既是停滯的，同時也是專制的狀態，皇帝可以爲所欲爲，不受任何約束。對韋伯而言，社會變遷實爲一個理性化的過程，也就是從「傳統」思維走向「理性」思維之轉變。當然，在韋伯的眼裡，只有西方才經歷過從「傳統」走向「理性」的過程，包括法律的理性化，至於中國，還停留在「傳統」的狀態。

第七章，文中證明被認爲阻礙經濟發展的「傳統」價值——也就是儒家倫理——事實上也可以找到理性化的元素，所謂「傳統」價值對經濟發展產生阻力的說法，只是西方所建構出來的論點而已，不符合歷史事實。第八章，檢視歷史視野中的世界都市，這些早期的特大城市，同樣被埋藏在歐洲中心主義的觀點下，雖然不易被發現，然而眞實地存在。唐朝長安、南宋泉州與明清蘇州這幾個曾經讓西方人著迷的城市，卻被隱藏在西方建構的知識體系的巨大沙丘之下，在都市研究領域裡繼續被遺忘。

在最後一章結論裡，以二〇三七年在北京恭王府與一對（老）戀人的重逢，稍加闡述筆者的心境。

接下來，歡迎各位讀者一同進入追尋導正歷史觀、世界觀的旅程吧！

註解

【1】茉莉・安德魯斯（Molly Andrews），陳巨擘譯，《形塑歷史：政治變遷如何被敘述》（台北：聯經，二〇一五）。

【2】張夏準（Ha-Joon Chang），胡瑋珊譯，《富國的糖衣：揭穿自由貿易的眞相》（台北：五南圖書，二〇一四），第三五頁。

【3】當代有本名著：《歷史的終結與最後一人》（台北：時報文化，一九九七），係由日裔美籍學者法蘭西斯・福山（**Francis Fukuyama**）所撰。本書大力宣揚西方的「民主」制度已經大獲全勝，福山認爲民主制度是人類最偉大的發明，世界上已經不可能再找到比民主制度更符合人性的了。但筆者認爲，「民主」與本書將在第四章詳細討論的「自由（貿易）」同樣是西方人爲東方（或全球）建構出來的，事實上，西方的民主只適用在（相對富有的）西方人身上，對於非西方國家或地區的人民並不適用。福山如果沒有其他政治意圖的話，他似乎只是個過度樂觀的學者。

【4】洪鎌德，《全球化下的國際關係新論》（新北：揚智文化，二〇一一），第四頁。

【5】費正清可以說是美國最重要的漢學家，在此之後，吾人將直接使用其中文姓名。但爲了提醒讀者，本書作者將在每一章第一次出現其姓名時，使用**John K. Fairbank**（費正清），並且，只在各章第一次出現時使用其英文姓名。

【6】韋伯（**Max Weber**）爲古典社會學三大家之一，可以說是自二十世紀初至今，百年以來全球影響力最大的社會學家，其中文姓氏爲華文世界所熟稔，自此之後，本書以使用其中

文姓氏韋伯爲主。

【7】華勒斯坦（Immanuel Wallerstein）在一九七〇年代創立世界經濟體系學派，其中文姓氏爲華文學術圈所知悉，故本書將使用其中文姓氏，但在適當的時候會提醒讀者。

【8】Jacques Derrida（德希達）論稱：「西方的思想都建立在二分法、兩元對立之上，像在場／缺席；認同／歧異；神話／書寫；唯心／唯物；主體／客體等等之上……人們對世界的感知、理解是藉這兩種二分法來進行的，這種思想態度既是影響重大，但卻引發許多問題，頗具爭議。之所以影響重大是這種成雙成對的字眼是在雙元之內，而並非從彼此獨立出來。就因爲『缺席』，才會呈現『在場』。換言之，只有藉有異於『在場』的歧異（difference）之『缺席』，才會把『在場』這個認同體（identity）呈現出來。由是看出『認同』與『歧異』是缺一不可，而且在這場對立的字眼內所包含的認同與歧異，還有上下位階的垂直不平之評價在內。也就是人們對『在場』持正面的、良好的評價；反之，對『缺席』、『不參與』採取負面的、不佳的評價。」；關於德希達對二分法的分析，請參見洪鎌德，《全球化下的國際關係新論》，第三五〇～三五一頁。

【9】關於「封建」之誤譯，請參見岡田英弘，《世界史的誕生：蒙古帝國與東西洋史觀的終結》（新北：八旗文化，二〇一六），第二六八頁。岡田英弘在該書中做了以下的解釋，他指出中國史書撰寫方式，似乎過度地強調以漢民族爲主體的書寫方式，他認爲，所謂的「漢」民族，自唐朝之後，即處於一種變動的狀態，一直到了明朝的朱元璋重新建立了以漢人爲主體的帝國，但清朝又成爲外族統治的情形。明朝將蒙古人逐回草原之

後，事實上，蒙古並未滅亡，因爲「元中國」只是蒙古帝國的一部分而已。岡田英弘此言不虛，有其道理，確實「歷史」一直是由掌權者所選擇的「重要」事件所組成，因此，「歷史」可以從不同的角度觀之，所衍生之世界觀亦有差異，這也是筆者謝某撰寫本書的用意。

【10】雙引號爲筆者所加。請參照鄭曦原，〈引子：晚清史是我心中塵封的痛〉，《帝國的回憶：《紐約時報》晚清觀察記，一八五四～一九一一》（北京：當代中國出版社，二○○七），修訂版，第I～II頁。

【11】根據日本學者岡田英弘的說法，如此之敵對歷史觀，事實上貫穿了整個西歐歷史，包括古代、中世紀、近代，一直到了現代仍然是國際關係的基礎論調。岡田英弘更悲觀地指出，希羅多德所建立的歷史觀和他所建構出地中海文明的歷史文化，至今爲止在全球引發了許多不幸事件，請參見岡田英弘，《世界史的誕生》，頁五四～六六，第六○頁。筆者認爲，二○○一年發生於美國紐約市的九一一事件，以及近期發生在歐洲所謂的「恐怖攻擊」事件，像是二○一五年一月法國巴黎《查理週刊》襲擊事件，造成十二人死亡；二○一五年十一月巴黎歌劇院的襲擊事件，造成一百二十餘人死亡，超過三百五十人受傷；二○一六年七月十五日晚上的卡車恐攻事件造成八十餘人死亡，超過二十人受傷，或可視之爲亞洲（伊斯蘭世界）對於歐洲之反擊，這類事件均可溯及其根源至此歐洲與亞洲敵對之歷史觀。而從這樣的歷史觀來看，亞洲在大多數的時間似乎是以被害者居多。

【12】經過七年等待，英國伊拉克戰爭獨立調查委員會報告於二〇一六年七月六日終於出爐。報告痛批當時遊說國會作出攻伊決定的時任首相布萊爾（Tony Blair），質疑他盲從華府向伊拉克開戰的計畫，參戰決定是基於錯誤的情報和判斷，難辭其咎。布萊爾同應稱，願對報告發現的錯誤負全責，不過他堅稱當年是基於國家最佳利益而作出正確決定，「世界在伊戰後變得更好」（標題：〈伊戰報告出爐，狠批布萊爾盲從出兵，陰霾籠罩英國十三年〉，無作者），檢索自：http://news.cnyes.com/Content/20160707/20160707142741000469784.shtml（檢索日期：二〇一六年七月十一日）。

【13】岡田英弘，《世界史的誕生》，第七一、七五～七六頁。

【14】王偲宇、洪武編著，《普通高級中學——歷史(二)》（台北：康熹文化，二〇一四），第八～二九頁。

【15】引號爲筆者所加。請參照黎廣澤、李艷芬著，〈在新課程教學中，如何理解資本主義世界市場的形成和發展〉，人民教育出版社課程教材研究所，歷史課程教材研究開發中心組編，《歷史教學經驗交流》（北京：人民教育出版社，二〇〇六），頁六一～六五，第六四頁。

1

哥倫布是個騙子：帶著前人的地圖去「探險」

話說天主教輔仁大學，有一建築物命名爲利瑪竇大樓，聽說爲紀念一位耶穌會士。其雕像立於西側，前方有一方座，刻著：「利氏，義大利人，出生於一五五二年……一五八三年來華，精通法律、哲學、數學、天文學，其豐富的知識背景使他在中國的使徒工作大放異彩……並以其科學知識吸引官員及知識分子的注意……今日各地華人，對這位……偉人十分尊敬…透過他的中文著作，享有教育家、製地圖家及數學家的崇高聲望，更被尊稱爲『天才』、『聖者』、『中國使徒』」。看過這段文字的人均不曾懷疑其眞實性，但本者深深覺得，稱利氏爲「製地圖家」恐怕言過其實。

本章中，筆者想透過探究哥倫布（Christopher Columbus，一四五一～一五〇六）冒險有關的難題，不僅源於對歷來所謂的「大發現」頗感懷疑，並且嘗試詮釋在西方知識體系中哥倫布的重要性，但長期以來哥氏的故事當中的疑點卻遭到忽視。就某種意義上講，可以說「大發現」可以看作是整個西方知識體系中錯誤的根源。

對於西方知識體系的「道統」，若讓非西方人發現世界看來有點匪夷所思。這麼說吧，發現新世界的人一定得是歐洲人。否則，世界歷史就應該重寫，或至少大修特修。這僅僅是因爲我們向來被教導，西方領導東方已經數百年，譬如在十八世紀後期的工業革命、或十六世紀的宗教革命之後，甚而在哥倫布對世界的探索之後的十五世紀，最後這說詞，弗格森與教育部應該會同意才是。現代世界系統理論的奠基人華勒斯坦（Immanuel Wallerstein）可以被視爲這種觀點的典範學者。在他的思想中，若缺少「傳統」，我們就無法理解「現代」一詞的涵義。此外，他的「現代」世界體系不應存在於歐洲以外的任何地方。

向來我們被告知，「現代」世界體系出現於十五世紀（或他所稱的「長十六世紀」）。對於華勒斯坦及其追隨者而言，這一時期可說是西方擴張的開始，也是他所稱「資本主義」世界經濟的誕生。而且，這可當作是西方稱霸過程之起點，弗格森與教育部雖未提及，但二者應該都會同意的。在這上頭，發現新世界具有其自身的重要性。哥倫布長期以來在我們的世界歷史中扮演著不可動搖的角色。毋庸置疑的是，很少有人懷疑哥倫布故事的眞實性。這豈非在幾個世紀前的冒險家和一個偉大的人物以其出色的能力來完成不可能的任務？對於哥倫布的故事，讀者不太在乎他到底曾經去了哪裡，首先是如何「發現」美洲，隨後很快地「探索」並精確地「測量」整個美洲。人們傾全心地相信哥倫布的偉大事蹟，這使華勒斯坦的世界體系理論更加「自然」，並具說服力。

但是哥倫布到底已經知道什麼信息呢？是什麼催促著他冒險航行到「新世界」之後卻無須擔心不能返回的問題呢？答案很簡單：哥倫布有一張（或多張）地圖，想必他知道返回的路線。倘非如此，誰能在毫無勝算的條件下支持他，尤其是在當時大西洋被稱爲「黑暗之海」，而「西班牙」還不是十分富裕的時候？按照常理，哥倫布知道要如何、要在何時將乘員與寶物帶回。但不幸的是，我們的好奇心卻停止了。難道大家不會自問剛才這些問題，卻將哥倫布的「發現」美洲視爲理所當然，而無需任何證據。然而，當有人主張非西方人的鄭和（一三七一～一四三五）有可能比哥倫布早幾十年來到美洲時，學者們便急於質疑與這七次下南洋的所有證據。這時，他們的批判性思維已莫名其妙地頂到最高點，但對哥氏則實在有夠寬容，好像什麼證據都不需要。

本章各小節安排如下。首先，我們按常識來描述一四九二年的發現號和哥倫布偉大故事當中的困惑。其次，將解開一些秘密，來指出需要進一步解釋的內容，包括分析兩幅中國的古地圖，與另兩幅歐洲的古地圖。第三，一四二一年被目爲人類歷史的一個重要的時點，即使並非轉折點，吾人仍得花點時間看看這年到底發生了什麼事，藉由討論有關該年的兩本著作。第四，與葡萄牙航海家亨利王子相比，哥倫布將以不同的方式被描述爲漂流者。最後，總結哥倫布的故事和西方知識體系。現在，讓我們轉身步入瞭解受衆人歡迎的「大發現」。

地理「大發現」

自從發現「新世界」、「新大陸」以來，哥倫布向來被認定是爲人類開啓近現代史的人。我們知道，這位偉人出生於義大利的熱那亞，他非常熱愛帆船運動，並一生致力於探索未知世界。他是一個早期便知道地球是圓球的人，也因此可以環海繞行地球。從歐洲，水手可以向西，也可以向東，而到達印度和中國的東部。

哥倫布——這位勇敢的探險家，在海洋上總是充滿豪情，在西班牙君王的資助下，他總共擁有三艘帆船，招募最優秀的水手，補給海上生活的必需品，在一四九二年八月三日開始他的冒險之旅。在經過七十天的漫長征服之旅，十月十二日清晨，哥倫布終於踏上踏上陸地的第一步，位置在如今的巴哈馬群島。當時他自己將之命名爲聖薩爾瓦多群島。據說哥倫布相信他最終到達令人難以置信的印度，並將上頭的「印度人民」稱爲「印第安人」，但這是個不小的誤會，稍後將會說明，即使只能簡短地。在這次航行之後，在一四九〇年代末和一五〇〇年代初他一共又進行三次航行，哥倫布先後又抵達今日的古巴、海地、多明尼加、千里達和其他島嶼。所有總總，使哥倫布成爲當時歐洲的英雄、西方冒險家的翹楚，而且在世界史中也是一個登峰造極之人。

一四九二年可以看作是人類歷史上重要的一年，因爲人們一致認爲地理發現時代已經啓動，「現代」世界體系也由此誕生。是年可以看作（一）將物產豐盈的新大陸與舊大陸連接起來的一年；（二）由此將西方文明與非西方非文明分開的一年。最後，（三）無論有多不合理，使西方知識體系爲全世界所認可的一年。一切看起來都不錯，甚至是完美的，但是在一四九二年大發現（此後稱爲一四九二年發現，大發現或簡稱爲發現）中仍然有些不切實際的感覺。

現在讓我們淺嘗輒止，在此僅提三件事。首先，到底是什麼讓哥倫布認爲只要將船繼續向西航行，他就能找到一塊土地（歇歇腿）？其次，原因相同，到底是什麼讓哥倫布相信他一定可以回到西班牙告訴國王好消息呢？倘使哥倫布沒有機會返回西班牙，那麼爲何西班牙國王願意贊助錢財？第三，如果當時無法精確測量出到「美洲」的距離，那爲什麼哥倫布如此確信自己準備的補給品能夠橫渡大西洋呢？

這裡，或許我們得岔開一下話題，有人說，哥倫布「假定」他所抵達的地方是印度。我們得解釋一下，根據Anatole Andro（安得羅）所撰寫的*The 1421 Heresy: An Investigation into the Ming Chinese Maritime Survey of the World*（《一四二一異端：明朝世界海事調查》）一書來看，首先，哥倫布（以及對冒險非常感興趣的任何人）不可能在沒有地圖的情況下航行到「未知」的地方長達七十天。但爲何哥倫布把那個地方稱爲「印地」（Indi），後來又稱爲「印度」呢？事實上，這是一種誤解，因爲在哥倫布持有的地圖中一定有個巨大的海洋，即太平洋

（滄冥宗，明朝所用的名稱）。哥倫布很難會認爲他接觸過的地土是印度，這點很「玄妙」。不過，幸運的是，Andro爲我們提供頗有見地的論點，即「印地」或「In」和「Di」與中國的「瀛地」二字有淵源。在中文語音中，「In」聽起來像「Ying」，即「瀛」意爲「海洋」；「Di」的意思是「地，就是「土地」。因此，「印地」的意思是「海洋中的土地」。這告訴我們，在哥倫布地圖上所出現的「印地」（聽起來像「印度」）一詞實與中國關係深切。關於哥倫布與印度這塊地土的各種傳言，應該可以完全解消[1]。

我們暫且回到哥氏站立著的巴哈馬群島，欣賞一下日落的美景。現在，請記住，這位英雄僅在短短幾個月內就返回國境。但爲什麼他和水手們會如此快就返回西班牙？這不是哥倫布的大冒險嗎？他是否應該迷戀於某處以使自己的航行更加充滿活力？他應該在回程中投入更多的精力吧？對於哥倫布以及我們的世界歷史而言，這「發現」的結局似乎太過廉價。

欲理解剛才提出的這些難題，我們需要知道一些隱藏在古代地圖中的秘密，所以，地圖在幾個世紀前被視爲貴重的珍寶。接著，誰告訴我們「實踐使之完美」？

因此，若要解答剛才這些難題，我們還得需要解開一些隱藏在古代地圖中的秘密，這些秘密在幾個世紀前被視爲貴重的珍寶。

破解古代地圖

在本節中，我們將更多心力投注於兩幅中國古代地圖，即1602年坤輿萬國全圖（即「大寰宇地圖」，或是，利瑪竇世界地圖，簡稱Ricci地圖）和一四一八年（一七六三年）「天下諸番識貢圖」（所有野蠻人提供給天朝貢品的地圖），以下簡稱「識貢圖」）。接著再略談兩幅歐洲地圖，分別是一五〇七年的Waldseemuller（瓦德西穆勒）世界地圖和一五一三年的Piri Reis（雷斯，或皮里雷斯）世界地圖。我們首先討論由耶穌會傳教士利瑪竇（Matteo Ricci）帶來的坤輿萬國全圖，據信該人將當時的現代製圖技術帶入了明朝中國，這誤會可大了。

一六〇二年的坤輿萬國全圖（利瑪竇世界地圖）

Andro在其《一四二一異端》這本書中討論了許多古代地圖，其中坤輿萬國全圖意義重大。正如Andro所說，這張地圖「顯示了在著名的耶穌會傳教士利瑪竇的指導下，勾勒出這幅中國一六〇二年世界地圖的樣子。」他認爲，中國人「忘記去繪製他們自己的地圖」[2]。由該西方人帶到中國的地圖表明，中國終於願意打破「孤立」局面，開始駛向海洋，這是西方人的功勞。

但事實上，透過解釋坤輿萬國全圖，至少顯示出三個特點，值得我們進一步關注。首先，Andro試圖提醒我們，中國人應該瞭解祖先曾在七海之內旅行並擁有相當傑出且準確地測量能力。不幸的是，他們被西方人給騙了。其次，人們一般相信耶穌會士利瑪竇帶來當時世界上最先進的測量技術，並使中國人知道世界的樣貌。第三，這份一六〇二年的坤輿萬國全圖，又稱爲利瑪竇世界地圖，被認爲是當時中國最先進、最準確的地圖。廣義言之，這說明歐洲人能夠在公海和其他地方冒險。

幾十年以來（即便不是幾個世紀前）這種氛圍早已在學術界廣泛傳播。筆者認爲，它可以描述作西方知識體系的一部分，係由歐洲中心的視角觀察世界歷史。依循此種角度，通常（即便並非總是）無法弄清楚，而且還模糊了我們的視野。以下將分析一六〇二坤輿萬國全圖中的一些嚴重問題。

至少部分由於西方的優越性，這張利瑪竇世界地圖以及發現地圖在西方知識體系中似乎是不容挑戰的。儘管該知識系統具有一致性，但以下

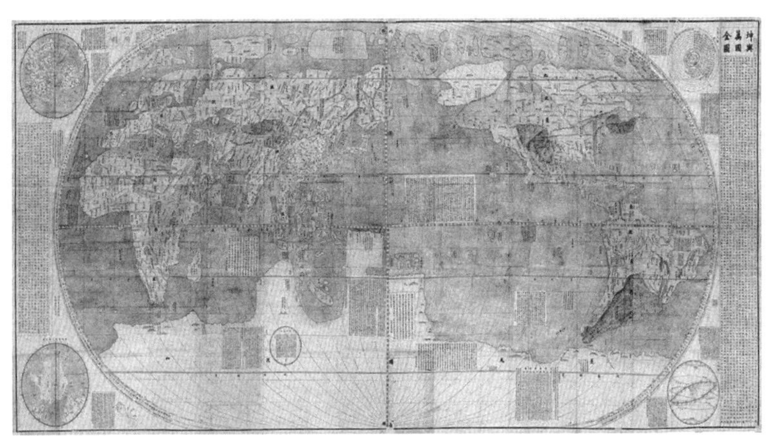

圖1-1　坤輿萬國全圖。據說這份世界地圖為耶穌會教士利瑪竇繪製，其彩色版本保存於日本京都大學，詳見維基百科，https://zh.wikipedia.org/wiki/%E5%9D%A4%E8%BC%BF%E8%90%AC%E5%9C%8B%E5%85%A8%E5%9C%96，檢索日期2020.02.08。

指出一些懸而未決的觀點，進而無可迴避地使我們對「大發現」的故事以及隨後敘述的（包括利瑪竇地圖）故事深表懷疑。限於篇幅，我們將不可能討論所有的問題。首先，有人認爲利瑪竇可能會參考兩張高級地圖，即一五六九年的Gerardus Mercator世界地圖（麥卡托世界地圖。以下簡稱Mercator世界地圖、或簡稱Mercator地圖）和一五七〇年的Abraham Ortelius（奧特里烏斯）世界地圖（以下簡稱Ortelius世界地圖、或Ortelius地圖）。利瑪竇於一五五二年出生於義大利，他在一五七七年離開歐洲，於一五八二年抵達澳門，他一六一〇年在北京去世。利瑪竇自抵達廣州後便從未離開過中國。考慮到利瑪竇的年齡，他似乎有可能從上述兩個來源學到一些東西。但是現實卻呈現給我們另一個不同的風貌，稍後會說明。

第二，關於歐洲的信息少得奇怪；相反，中國東北的位置（地名）豐富。在這方面，很好奇的是利瑪竇來自歐洲，那麼，其所繪製地圖裡的歐洲，特別是義大利，可以看到羅馬、那波里，但卻連佛羅倫薩都沒有，這令人不解。但爲何在地圖上未顯示許多歐洲的資訊？難道利瑪竇眞的有參考過上述兩個「先進」的世界地圖嗎？應該不是。第三，探索未知世界似乎對人類具有吸引力。但是，如果並未擁有所需的技術來測量距離、長度、高度，則很難完成世界地圖。利瑪竇既不是地理學家，也不是製圖師。如果歐洲人要到十八世紀中葉以後才知道如何準確地測量經度，那麼他如何在地圖上繪製經緯度？

第四，坤輿萬國全圖在中南半島東北角處，將交趾和安南並列。安南（如今是越南北部）位於古老的交趾地區。交趾、和它的新名稱安南可能會告訴我們這個秘密——並非在一六

○二年，而是在一四二一～一四三八年左右繪製的一六○二年坤輿萬國全圖〔利瑪竇獻給明萬曆皇帝（一五七三～一六二○）的地圖〕製作的。本文稍後進一步探討。第五，檢視物種在各大洲之間的傳播，可使我們證明人際間的聯繫，因爲除非經由人類，否則動植物無法輕易跨越廣闊的海洋。雞，一個亞洲物種，或許能補強證據，表明中國人是在十五世紀初到達美洲的，這比哥倫布於一四九二年「發現」美洲的日期還早了七十年。此外，這還可以間接證明坤輿萬國全圖乃係鄭和（一四○六～一四三三）環遊世界後，利瑪竇之後跟著繪製出這份地圖【3】。接下來，本文分別討論上面的難題。

關於第一個問題，據說利瑪竇地圖已經從一五六九年的Mercator（麥卡托）地圖和一五七○年的Ortelius世界地圖中學到了一些東西，因爲這兩者當時就歐洲和世界地圖的尺度算是準確的。現在讓我們回想小時候曾被教導哥倫布在一四九二年發現美洲大陸這「事實」。這意味著Mercator地圖和Ortelius地圖都能使我們更瞭解美洲大陸。然而，根據龔纓晏在《利瑪竇世界地圖研究》一書中的說法，在坤輿萬國全圖的美洲大陸中，共有超過二百五十個地名，其中一百二十多個並未收錄於當時最新的一五七○年Ortelius世界地圖。也就是說，在利瑪竇地圖中有超過一百個地名，在當時歐洲的主要地圖中竟然找不到。換句話說，一六○二年利瑪竇世界地圖確實比最先進的Mercator地圖或Ortelius地圖更先進【4】。更重要的是，所謂一六○二年坤輿萬國全圖並非在十七世紀初製造的，而是很可能在鄭和遠航後的十五世紀上半葉繪製的。我們稍後繼續討論。

其次，坤輿萬國全圖在中國東北地方的細節令人難以置信，而且中國東北部的許多地名聞所未聞。但利瑪竇竟然將它們放在「世界」地圖中。這不是很奇怪嗎？不標明大城市就算了，為什麼利瑪竇卻選擇為中國東北地區繪製一些未知的城鎮？在該地區，利瑪竇地圖上還發現許多至今沒聽過的小鎮，例如朵顏、泰寧、福餘、大寧、宣府、興和、開平〔上都（元代原首都）〕、圖拉河、沙胡鎮、斡難河和榆木川（榆河），其中有一些還是永樂皇帝（一四〇二～一四二四）與蒙古人作戰的地方，例如圖拉河，沙胡鎮和斡難河。在一四一〇至一四二四年期間，永樂皇帝親自與蒙古人進行五次戰爭，但未克竟志業。最終，他一四二四年在榆木川死了。直到現在，榆木川仍然有很多榆樹。總之，一張世界地圖能包含中國東北地區如此眾多的小城鎮，而這些小地方與世界無關，而僅與永樂皇帝的軍事行動有關。這暗示繪製地圖的日期離永樂駕崩不遠。[5]

第三，我們在這裡討論交趾和安南地名的並列，因為它們可以說明關於繪製一六〇二年利瑪竇地圖時的一些線索。從西漢王朝到唐朝（六一八～九〇七），越南北部被稱為交趾。在南宋（一一七六～一二七九）中，才使用安南這個名字。在宋元時期（九七六～一三六八），交趾和安南則交替使用。但基本上，當使用交趾時，該地區處於中國的統治之下。名為安南時，該地區相對自治。從地域上講，安南位於古老的交趾之地。一四〇七年，該地方在明朝的控制下（永樂年間），交趾再次被使用。但是，明朝與交趾之間的和平並沒有到來，硝煙又持續十年之久。宣德三年，也就是一四二八年，交趾獨立，正式更名為安南。一六〇二年，坤輿萬國全圖將新舊名稱並列——即交趾和安南。問題在於，當時中國地圖上沒有使用交趾。「交趾」和「安南」並列的唯一原因是，一六〇二年利瑪竇世界地圖其實是在宣德朝後期（約一四二八年～一四三五）所繪製。【6】一六〇二年對於完成坤輿萬國全圖並無甚意義。利瑪竇世界地圖必須比他將地圖交給萬曆皇帝的日期早個幾十年、甚至上百年，這意味這份利瑪竇所呈之圖紙不是歐洲製的地圖，而是中國繪製的地圖。

第五，二〇〇七年在智利發現了考古證據，即雞骨頭。經過碳十四年代測定，這骨骼的年代落於一三〇四～一四二四年之間，與鄭和的前六次出航在永樂年間一四〇五～一四二四年的時期重疊。這些證據說出，鄭和可能曾經去過南美洲，因爲雞並不是美洲本土種，而是亞洲種。【7】

證據似乎不嫌多吧！這裡，我們再加碼。以下的說明也可以顯示利瑪竇的世界地圖並非在一六〇二年繪製，而是在更早的時候就繪製出來。原因在於西班牙人和葡萄牙人建立的殖民城市，例如韋拉克魯斯（一五一九），布宜諾斯艾利斯（一五三六），聖維森特（即聖保羅，一五四二），里約熱內盧（一五六五），沒有一個是在利瑪竇世界地圖之上。這告訴我們，利瑪竇地圖當然不是在一六〇二年製作的，而是早於這些城市建造起來的時間。再來，一六九九年時，學術界才證明加利福尼亞不是一個島嶼，而是一個半島，但是一六〇二年的利瑪竇世界地圖已經指出該半島。還有，據說哥倫布在一五〇二年命名「宏都拉斯」，在西班牙語中意爲「深不可測的深度」。宏都拉斯是坤輿萬國全圖中的鄤度蠟。但是，如果哥倫布確實爲這個地方命名，那麼為何宏都拉斯這名字沒有出現在歐洲地圖上？第三，直說無妨，北美洲的哈德遜灣於一六一〇年被Henry Hudson（哈德森）「發現」。但在一六〇二年的利瑪竇地圖中，該海灣被稱為Lago de Conibaz（哥尼白斯湖）。換句話說，「尚未發現的」哈德遜灣早已存在於坤輿萬國全圖的舞台上。

總而言之，人們相信明朝中葉時，利瑪竇是將西方製圖學和科學帶到中國的人。但是從利瑪竇地圖中發現的許多特徵並非來自歐洲，而是來自中國，而這份地圖上的詳細資訊和地名與鄭和的遠航有著密切的關係，這點不容否認。

因此，我們可以得到以下結論：一六〇二年坤輿萬國全圖，即利瑪竇世界地圖，並非由歐洲製圖師，而是由中國所繪製的地圖。這似乎可以解釋為什麼哥倫布的冒險可以成功，並且「大發現」得以輕鬆實現，因為哥氏手中早已握有價格不斐的地圖。

一四一八（一七六三）天下諸番識貢圖

現在，我們討論另一幅更早繪製的地圖，即「天下諸番識貢圖」。這張地圖是由一位業餘的古代地圖收藏家劉鋼所發現，他在二〇〇一年春天到訪上海通泰路一個著名的古董市場。這張識貢圖是莫易仝在一七六三年（清乾隆年間一七二三～一七九〇）的仿製品。根據左下角的注釋，原始的一幅畫是在永樂十六年（一四一八年）所繪製的。注釋道出，此複製品是從永樂十六年（天下諸番識貢圖）所仿。原始地圖繪製於一四一八年，這一點似乎無須置疑。

接著，我們將提到三個主題。首先是探討一些地圖上標注的文字。其次，討論在西方知識體系建構中「歐洲第一」的必要性。第三，許多物種的傳播或許能告訴我們一些未被注意的事情。

關於識貢圖的注釋

在莫易仝的仿繪地圖上，有幾個重要問題需要解決。在地圖上有兩種注釋。第一種是：原始的——在一四一八年的識貢圖中已經存在——用朱墨框起來。第二個是：莫易仝的解釋中添加了那些沒有用朱墨框起來的注記。劉鋼在《古地圖密碼：一四一八中國發現世界的玄機》中提到，讓他感到困惑的是，地球上的各海洋和大洲，包括北極、南極和格陵蘭島，在一四一八年（當然還有一七六三年的仿製圖）識貢圖都能看到。更

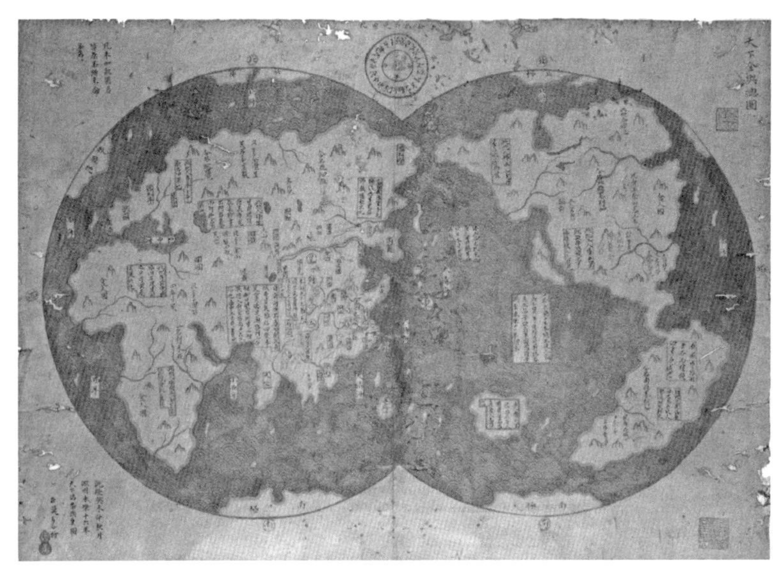

圖1-2　天下諸番識貢圖[8]

重要的是，在美洲和澳大利亞出現了帶有紅色圓圈的注釋。[9]毫無疑問，在歐洲人「首先」發現這些地方以前，有人早便造訪過這些地方。

從歷史上看，鄭和似乎是探索未知世界的唯一候選人。鄭和與艦隊應該已經環遊、並測量整個世界。[10]這是識貢圖能在一四一八年完成的唯一可能，還比哥倫布的探索要早七十年。當然，我們必須提供足夠證據，以避免被論斷，或流於優柔寡斷，因為這顛覆向來知識界的認知。不過，藉由比較西方（或歐洲）和東方（主要是中國人）所擁有的技術水平，將使我們得知何者能在全球四海之內航行，並進行準確測量。限於篇幅，我們僅能簡要指出歐洲和中國之間在航行和確切知道身處何處所必需的技術、和技能之間的重要對比。實際上，早在十一世紀，中國南宋在各種知識領域（例如天文學、數學）便已具備精良的裝備，更重要的是測量緯度和經度。鑑於歐洲人要花上幾百年的時間，直等到十八世紀才來積累相關知識，來周遊世界。有關這方面的詳細分析，光以天文學為例，在三世紀時，農學家陳卓已經發現了由一四六四個恆星組成的星系團。

此外，在對地理學進行了認真的查考之後，劉鋼發現一個不尋常的現象。他注意到，在十五世紀，歐洲和伊斯蘭世界製繪世界地圖的水平大幅提高。儘管如此，歐洲人在十五世紀才能準確繪測緯度，直到十七世紀甚至更晚才能精確衡量經度。唯一的可能性是，有關地理科學的重要信息是從東方流向西方。因此，即使人們只是使用自己的常識來判斷「大發現」這齣戲，但哥倫布的冒險仍未受到挑戰。但是，有沒有證據表明鄭和在全世界的冒險經歷？一本出版於十五世紀的書可能透露出一些事實。

穆斯林費信在一四〇九年至一四三一年間共四次隨鄭和下西洋。在他最後一次航行中，他寫了《星槎勝覽》（*Travels of the Astro-Vessels*），記錄他的所見所聞，與他聽聞的外邦風情，該書於一四三六年出版。這本書有兩個版本，有兩卷與四卷，四卷本附有地圖。劉鋼發現，《星槎勝覽》和識貢圖當中有一個極其類似的注釋，道出這本書與地圖之間的緊密聯繫。準確地說，在識貢圖上所描述的異國風情與十五世紀的歷史著作吻合。實際上，地圖識貢圖最初是在《星槎勝覽》一書中所臚列的。簡而言之，地圖在一四一八年繪成的，而這本書在一四三六年付梓。地圖和書籍中記錄的內容均與鄭和的探索有關。但是，在這些地方用朱墨框注什麼？內容又是什麼？我們需要詳細檢視。

請留意，以下在識貢圖中所列出的乃是用朱墨所圈注的，早在一四一八年完稿，這可是在一四九二年「大發現」之前。當中有些注釋值得我們關注，尤其是歐洲人發現的那些「第一」。北美靠近阿拉斯加的一個附註記道：「這裡的人看起來像是契丹和蒙古人，以魚為主食。」常識告訴我們，這種描述是因紐特人（Inuit）的特徵與蒙古人很相似，魚則是因紐特人的主食。在當今的美洲西部地區，則以朱墨框出「當地人的皮膚是黑色和紅色。頭和腰部穿戴鳥皮。是食人族」。顯然，這描述與北美的印第安人有關。在南美，有兩個用朱墨圈出之處，其中指出：「有些城市以巨岩建造。」「它們被稱為石城。」另一處指出：「該地居民信仰帕拉卡斯（Paracas）宗教，活人獻為火祭。」第一個注釋與印加帝國有關，那裡的城市是用巨大的石頭建造；第二處則應該是印第安人相信帕拉卡斯的中期（公元一～四〇〇年）秘魯。

在當今澳大利亞的位置，以朱墨框標註「當地人的皮膚也是黑色的。他們不穿衣服，而是在腰間穿戴骨頭製品，食人族」。這是對澳大利亞原住民的描述。當今非洲的一則標註則寫道：「原住民的皮膚看上去像漆黑漆。他們有白皙的牙齒，朱紅色的嘴唇和捲髮。」[11]總而言之，在歐洲人出現之前，用朱墨圈注的「識貢圖」以註解來表示某部族的外貌。這說出鄭和不僅曾到訪美洲，而且也許是出於安全考慮還爲歐洲「冒險家」測量了世界。

「歐洲第一」的必要性

理論上的複雜化或許有助於理解全球社會科學的發展。但是，就西方知識體系的主導地位而言，出現「亞洲第一」可是毫無道理的。因此，我們最好喚醒出現在歷史教科書當中的一些「事實」，畢竟不容易找到例證來說明源自西方知識的偏見。

首先，有人向我們說，歐洲人在一八二〇年「發現」南極，並首次探索Amery（阿梅里）冰架。經過這次探索，冰架的輪廓才告出現。但是，在該冰架探索前二百年，莫易仝的全球地圖便已顯示南極地區的概況。其次，在一七七二年法國國王路易十五世（Lewis XV）差派「冒險家」德．凱爾蓋朗－特雷（Yves-Joseph de Kerguelen-Tremarec）尋找新大陸。同年二月二十二日，他在印度洋發現並抵達一座島嶼（稱爲克格倫島）。在他「發現」該島之前，從未有任何歐洲地圖顯示過該島的位置。但是，在發現克格倫島之前的九年，莫易仝已在他的地圖上標示出這座小島。這意味著，在一四一八年的原始地圖已經標出該島。

第三，在英國航海家詹姆斯・庫克（James Cook）於一七六九年和一七七〇年到訪之前，歐洲人還認爲紐西蘭是地球南部大陸的一部分。連庫克船長在之前還不知道紐西蘭是由南北兩座島嶼所組成。在庫克進行探險之前，莫易仝早已在地圖上繪製出紐西蘭。[12]上面提到的種種困惑——在西方知識體系的構建中都已觀察到——但應不致撼動這個體系結構，因爲人們的心理準備不足，而且不僅是因爲人們業已慣習觀察表象？即使如此，我們最好還是繼續探索。

巧合的是，劉鋼被英國皇家海軍資深人士孟席斯（Gavin Menzies）點醒，因爲後者寫了一本書，即《一四二一年：中國發現世界》（*1421: China Discovered the World*）。[13]他得到結論：鄭和發現世界早於哥倫布。這個結論絕對令劉鋼深感興趣。劉鋼試圖與孟席斯建立聯繫，也成功聯絡上。他邀請Menzies到北京看天下諸番識貢圖，當他親自見識貢圖時感到非常驚訝。通過Menzies的安排，宣傳了識貢圖，並招致一些疑問和批評。學者聲稱，識貢圖是「非法商人和學徒根據古地圖和不充分的歷史知識所製成的現代手工藝品」。[14]可想而知，這兩位仁兄在某種程度上都遭到無情的譏誚。

現在讓我們繼續討論物種傳播的話題，因這主題具有重要性。原因是，地理發現無可避免地造成人類在內的物種遷徙。追溯物種起源至少能使我們瞭解世界歷史的梗概。儘管物種的遷徙路線似乎難以構成直接證據，但無論如何，這種分析方式，或許更能充分理解哥倫布與後繼者的事蹟。

物種的傳播

如引言中所述，西方知識體系由三大支柱支撐，即西方的二分法哲學、費正清（John K. Fairbank）對傳統與現代中國的一八四〇年的劃分，以及華勒斯坦的歐洲中心主義的「現代世界體系理論」。在此，我們來討論照顧衛護人民千餘年的中國「傳統」醫療體系所遭逢的不幸命運，特別是在醫療資源缺乏之時。一般而言，與西藥相比，中藥被視爲傳統、不科學和落後的，而西藥通常（即使不總是）是指現代、科學和進步的藥物，但這些根本不是事實。所有中藥難道可用「迷信」來解釋嗎？可能不是。但可以肯定的是，在西方知識體系下，中國的「傳統」藥物其價値已被貶低。一種可作爲藥材的植物「南瓜」或許可以揭露我們隱藏之事實的一小部分。

觀察人類的遷徙能使我們或多或少瞭解世界歷史，因此也可以研究動物或蔬菜等物種人爲的傳播。南瓜則可以告訴我們一個類似在智利發現的雞骨頭的故事，這道出玻里尼西亞人將雞帶進美洲，[15]證明早在歐洲人發現之前，這些前人的足跡早已踏上美洲大陸。向來歷史學家「認知」南瓜是十八世紀由歐洲人引入中國的。中國人絕對沒吃過這種植物，甚至不曾在南瓜到達港口之前看過。但是，由於南瓜的功效記錄在一四三六年的中國傳統醫學書籍中，例如：《滇南草本》，因此這種觀點被扭轉了，[16]南瓜更早便從美洲「飄移」到中國。

現在，歷史學家自然對鄭和的事蹟感到懷疑。[17]不過，或許我們可以先離題一下，談談鄭和遠航的原因。劉剛確實爲鄭和的航行提供一個不同但相當合理的解釋。他認爲，永樂皇帝（一個篤信奉佛道教的人）「偷」了他侄子建文皇帝（一三九八～一四〇二）的寶座。永樂的所作所當然是違背儒家倫理。爲了安慰自己，永樂皇帝在國內高度闡揚佛道教。劉剛認爲，不僅如此，因爲他意圖解消篡位的罪過，因此，他決定派鄭和率領艦船朝拜全世界的神靈。他認爲，這就是鄭下西洋（及以後種種）的原因。筆者認爲，隨著鄭和到訪，與宗教有關的東西就會留在當地，這一說法頗能令人信服。

由歸正傳，在討論兩幅中國古代地圖之後，現在我們轉過頭來檢視兩幅十六世紀的歐洲地圖，即一五〇七年的Waldseemuller世界地圖與一五一三年的Piri Reis世界地圖。這兩者都是當時「最佳」的地圖。

一五〇七年Waldseemuller世界地圖

水手爲了返航，那麼必須測量緯度和經度，否則將無法在水手圈子裡享受熱情和英勇的歡迎，能夠精準地測量緯度和經度是在海洋上環行的唯一方法。以難度來說，計算緯度要比判斷經度相對容易。一般而言，歐洲人在十八世紀中葉發明了六分儀和精確計時設備後，經度的測量問題才根本解決。當然，那時技術還在繼續改進。但是在十六世紀初之前，歐洲世界地圖中不應該存在經度和緯度的原型。然而奇怪的是，在一五〇七年的Martin Waldseemuller世界地圖中，卻畫著經度和緯度。

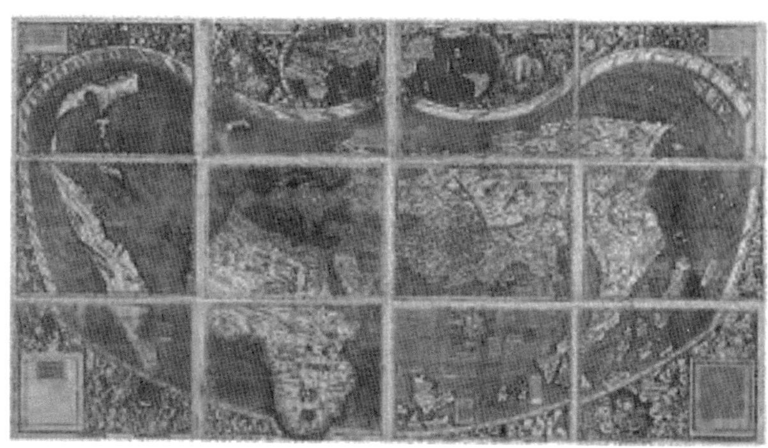

圖1-3 Waldseemuller世界地圖，該地圖本存於美洲華盛頓特區的國會圖書館，引自維基百科，https://zh.wikipedia.org/wiki/%E7%93%A6%E5%B0%94%E5%BE%B7%E6%B3%BD%E7%B1%B3%E5%8B%92%E5%9C%B0%E5%9B%BE，檢索日期2020.02.08。

因此，在一四九二年哥倫布「發現」新大陸後，Waldseemuller世界地圖能否獲得必要的技術來計算每個單位經度的距離而又不具備相關本初子午線和緯線的相對知識，這頗令人感到懷疑。一五〇七年的Waldseemuller世界地圖被視爲第一幅繪製緯度和經度的歐洲地圖，但令人懷疑的是，僅在探索美洲十五年之後內，歐洲竟然就出現這樣的高級地圖？在這麼短的時間內，有多少歐洲冒險家、地理學家和製圖師曾經到訪並測量過美洲，以便在Waldseemuller世界地圖上放上緯度和經度？

或許人們可能會懷疑中國擁有的技術是否能夠測量整個世界。實際上，根據劉鋼的說法，中國人擁有這種能力的可能性時間頗長。在此我們僅簡要提及。在秦朝（西元前二二一～二〇七），爲了進攻南越，必須開鑿一條運河，即靈渠，以連接西江上游和長江。如此重要的水力工程使秦朝能將軍隊開赴廣西，然後沿著西江派到廣東。這必須倚仗複雜的技術來計算緯度，經度和海拔高度，否則連接西江和揚子的靈渠根本無從實現。在隋代（五八一～六一九）時，大運河的建設工事中絕對得要進行精確測量。[18]這兩個例證道出中國在很久以前就具有先進的技術與測量能力。

另外，令人難以想像的是，一五〇七年的Martin Waldseemuller地圖標示出南美洲的水文，而以地峽來代表中美洲。歐洲冒險家如何知道南美洲每條河流的盆地和存在南北美洲之間的地峽？有人可以證實歐洲人在繪製地圖之前對他們進行調查的歷史事實嗎？沒有！至少未曾聽聞。

當Waldseemuller率領他的團隊在一五〇七年完成該地圖時，直到歷史學家Joseph Fischer（費雪）一九〇一年在一座城堡中發現它之前，這幅地圖被人完全遺忘。在這張地圖上有很多筆記，當中最值得留意的是記錄著美洲大陸的名字，這名字乃是由義大利冒險家Amerigo Vespucci所起的。Waldseemuller和許多人以爲Vespucci（維斯普奇）是發現美洲的那個人。當然，這顯係誤解，因爲有人比他更早到那裡了。

根據劉鋼的說法，在廿世紀初，發掘出一些或許是阿拉伯人還是歐洲人所繪製的世界地圖，[19]Waldseemuller世界地圖只是其中之一。這不僅令歷史學家感到詫異，而且使他們感到困惑。前三幅地圖說出，在所謂的「大發現」之前，好些水手已經環繞世界並進行精確的測量。準確來說：在一四九二年之前便已繪製美洲大陸和更遙遠之處。那麼，在一四九二年之前誰曾探索整個世界？那就是鄭和及其艦隊在航行中就已經完成所有的工作。但是這個「具爭議的」事實太過簡單而使人不願意相信。

劉鋼繼續說道，部分歷史學家確實相信Waldseemuller世界地圖代表了一個巨大的飛躍，但這飛躍太大而令人難以置信。此外，在十六世紀之前，歐洲人的世界觀完全由Claudius Ptolemy（托勒密）所主導。在Ptolemy的主張下，當今的美洲大陸和太平洋根本不存在。因此，在一五〇七年Waldseemuller世界地圖之前**所有的歐洲地圖**都顯示，歐洲西部海岸和亞洲東部海岸之間，僅大西洋位於其間，再沒有其他地方了。[20]那麼爲何Waldseemuller世界地圖已能繪製整個美洲大陸和太平洋的輪廓？爲什麼Waldseemuller能知道大西洋比太平洋還小？當時，這幅「最先進」的世界地圖到底從何而來？

一五一三年Piri Reis地圖

值得一提的是，一五一三年的Piri Reis世界地圖係由奧圖曼帝國所繪製的。一九二九年，在土耳其伊斯坦布爾宮中發現了部分地圖。從地圖碎片可以識別出大西洋、南歐、北非和南美東部沿海地區，地圖上有很多土耳其文。根據地圖上的注釋，Piri Reis地圖只是世界地圖的一部分，這地圖還應該包括地中海、印度洋和遠東地區。筆者認爲，這地圖至少有兩點值得更多關注。

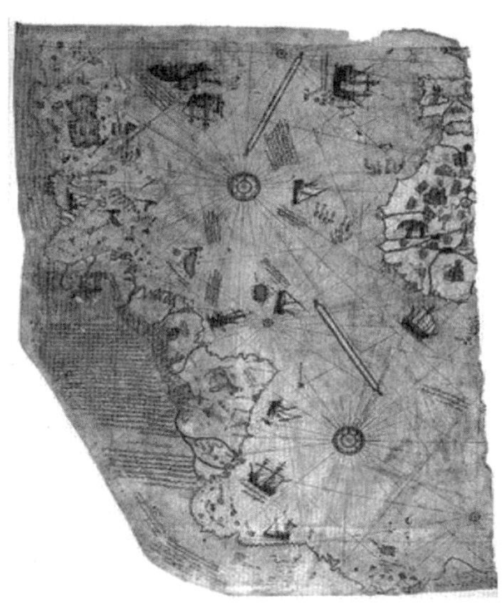

圖1-4 Piri Reis世界地圖，這張地圖保存於土耳其伊斯坦堡的托普卡匹皇宮。引自維基百科，https://zh.wikipedia.org/wiki/%E7%9A%AE%E7%91%9E%E9%9B%B7%E6%96%AF%E5%9C%B0%E5%9C%96，檢索日期2020.02.08。

首先，有人認爲一五一三年Piri Reis地圖的信息來自一四九二年哥倫布導航。時機確實看起來合理，但事實上只有部分而已，不是太多。因爲十五世紀和十六世紀，穆斯林是與東方人交易的基督教徒之反對者。前者封鎖了陸路以阻止後者。被視爲最高機密的航海圖絕無可能從基督徒手中轉移到穆斯林手中的。也因此，一五一三年的Piri Reis地圖極不可能是從哥倫布那裡複製去的。此外，哥倫布已經航行了四次，但他從未到過南半球。一五一三年的Piri Reis地圖要如何顯示南美的東海岸與哥倫布的副本一樣？顯然Piri Reis地圖的資訊已經傳布到其他地方。[21]

其次，一五一三年的Piri Reis地圖不僅從哥倫布那裡得到什麼，而且這張地圖還顯示哥倫布遠航的目的。歷史學家發現南美洲的土地上有筆紀錄。[22]令人訝異的是，Piri Reis地圖上南美的東海岸異常清晰，這與哥倫布「發現」美洲有關。這筆注釋可以描述如下：在一條名爲Antilia（安提利亞）的海岸線，由一位名叫哥倫布（Columbus）的熱那亞異教徒，於阿拉伯曆八九六年（一四九二年）發現。偶然地，這個人拿出一本書，指出在西海（即大西洋）盡頭有海濱、島嶼、貴金屬和寶石。哥倫布向熱那亞的偉大人物闡述了這本書的內容，但遭到拒絕。然後，他轉向西班牙的王室，並向他們講述同樣的故事。最終，哥倫布獲得兩艘裝備精良的船，駛向大西海，以完成他「不可能」的任務。[23]從Piri Reis地圖的注釋中可以看出，哥倫布確實知道他要去哪裡。他的冒險與「發現」無關。

另外，這幅Piri Reis地圖是世界地圖的一部分，最初是*Bahriye*這一書籍的一部，該書由Reis海軍上將編寫，於一五一三年完成，其餘已佚。Reis的手札指出，他提及「mappa mundi」（世界地圖）、四幅葡萄牙地圖、一幅印度地圖和一個西半球平面圖，哥倫布在西半球發現所謂的「安提利亞」大陸。根據Piri Reis地圖上的注釋，我們知道哥倫布有一張地圖。更重要的是，Reis確實解釋了哥倫布如何導入當時的新資訊。此外，西班牙奴隸Kemal Reis（Piri Reis的叔叔）曾與哥倫布一起造訪過新大陸三次。奴隸說，到達直布羅陀海峽時，他們先向南，再轉向西。在航行了四千英里之後，他們抵達一座小島。大海很快平靜下來，北極星變得模糊。這個奴隸所描述的內容，包括方向、距離、星象，都顯示在哥倫布的地圖上。

該注釋還指出，當地人在港口帶著魚，前來與西班牙人交換非常有價值的琉璃珠。哥倫布從這本書中學到了東西，並帶來許多琉璃珠。西班牙人告訴當地人要多帶些金子，他們能交換更多珠子。此外，該注釋還指明，該地圖（即Piri Reis地圖）上的海岸和島嶼均承襲自哥倫布地圖。[24]顯然，哥倫布看過一本書，其中標示出大西洋偏遠地區的一些島嶼，尤其是安提利亞。哥倫布被教導要帶琉璃珠來交換貴金屬。根據Reis的個人筆記，很明顯，哥倫布也有地圖和書籍。他擁有獲取「發現」新世界所需的所有信息。簡而言之，如果哥倫布手頭沒有地圖，他將是一個迷失在某處的探險家。

接著，我們得看看一四二一年時發生了什麼事？

一四二一：歷史上不重要的一年！？

這一節探討兩本書，一本是Menzies的《一四二一年：中國發現世界》（*1421: The Year China Discovered the World*）[25]；另一本是安德羅（Anatole Andro）所撰寫的《一四二一年異端：明朝世界海事調查》（*The 1421 Heresy: An Investigation into the Ming Chinese Maritime Survey of the World*）。這兩本書的標題均以一四二一年為準，表示該年發生了大事。但是歷史教科書還沒有告訴我們。讓我們檢視看看，在之前發生了什麼事。

一四二一年，中國發現了世界

Menzies與之前所提到的劉鋼的經歷雷同，都因威尼斯製圖師Zuane Pizzigano（皮齊加諾）所繪製的一幅古地圖，意外地開始進行研究。這幅一四二四年的地圖包括歐洲和非洲的部分地區。在大西洋西端有四個島嶼，分別被命名爲Antilia（「安提利亞」），Saya（「薩亞」），Satanazes（「薩塔納茲」）和Ymana（「伊瑪娜」）。Menzies將這幅一四二四年的地圖與當時的地圖進行比對，發現前者非常精確。歷經幾個月鑽研地圖和檔案檢查中，他非常確定安提利亞就是現在的波多黎各，薩塔納茲就是Guadeloupe（瓜德羅普）。這絕非巧合。因此，他聲稱，早在哥倫布造訪加勒比海地區六十八年前，早有人已經到訪過。鄭和這名字，便在Menzies的腦海中逐漸浮現。

在我們所理解的世界歷史中，鄭和可能是唯一擁有所必要的技術和技能來環遊世界的能力的候選人。Menzies在一九五九～一九七〇年間於英國潛艇部隊中進行維修的獨特經驗，他也確實在哥倫布、迪亞茲（Bartolomeu Diaz）、Vasco de Gama（達伽瑪）、Ferdinand Magellan（麥哲倫）和James Cook（庫克）曾航經的海道上航行。退休後，他還甚至造訪一百二十多個國家和九百個博物館，他所收集的證據證明了鄭和曾在一四二一年完成他的環球之旅。他前後花費十五年的時間來解答難題和尋找眞相。這種勞苦功夫使專家們相形見絀。Menzies致力於分析古代地圖，令人難以忘記。在此，本文接著將目光轉向他處。[26]

偶然出現一兩個巧合或許可說是運氣。但是，如果書中有數百個「巧合」呢？誰能視而不見呢？但很不幸，學者們傾向於選擇後者，也就是，全然忽略。根據Menzies的說法，鄭和的環球航行主要由四個艦隊組成，其中包括周聞前往北美和北極的航行，洪保前往（西）澳大利亞和南極洲，周滿前往（東）奧地利和太平洋側的美洲，楊慶派赴印度洋周邊海域，他們也都精通經度測量技術。[27]在Menzie的書中，證據包括古代地圖，航海知識、天文學、不完整的歷史資料、考古證據，例如沉船、船隻裝載物，特別是船尾柱等等。本文以下將集中關注考古證據，和物種在各大洲的傳播，後者可能是中國對世界的最大貢獻。

考古證據及其他

如果沒有直接證據，特別是歷史著作，來證明歷史學家想要說明的內容，那麼歷史文物可能會提供考古學家有力的線索。在此有些證據：首先，一個非常有說服力的證據是，在澳大利亞新南威爾斯北部的Byron Bay（拜倫灣）附近有遺物——找到兩根木樁。經過碳十四同位素年代測定，係於十五世紀中葉製造，誤差爲正負五十年，這意味著這兩根木樁是在明朝製造的。一九六五年，從該地點還挖掘出一個木舵。這根方向舵全長十二米，意味著這個舵適用於長達百米的巨船。鄭和最大的艦隻確實有長達十一米的舵。相較於此，十五世紀葡萄牙和荷蘭航海者所使用的快船的尺寸，還比這種十二米、或十一米的舵大不了多少。

其次，一九八三年，在新南威爾斯的彌爾頓發現了媽祖（海神）的石雕頭像。這是中國東南沿海的神祉。鄭和艦隊的每艘船都有一個神龕，就是要拜媽祖以求航海平安。這尊神像保存在澳洲Katoomba（卡圖姆巴）的Kedumba（肯德姆巴）自然博物館中。第三，二〇〇三年三月Menzies在倫敦的皇家地理學會上發表了演講。他聲稱，鄭和的艦隊曾到訪北美和南美的太平洋沿岸。在演講兩天後，他收到來自加利福尼亞州的信。他留意到，在舊金山灣東北部，有一艘船沉沒在沙加緬度河（Sacramento river）的沙質河岸中。沉船距離大海一百五十公里。在六個世紀之前，東北風確實可能將船引入沙加緬度河。可以這麼說，不排除是鄭和的船隻駛入這條河。【28】

第四，在一九四七年，一位明朝研究家中的佼佼者李約瑟（Joseph Needham）在其大作*Science and Civilisation in China*（《中國的科學與文明》）曾經聲稱，他對中美高度文明與東亞和東南亞文明之間的相似性印象深刻。他認為，兩者之間有三十多個文物，包括三足陶鼎、遊戲、算盤，祭祀用的玉器、音樂、中式枕頭等。【29】

第五個證據不是來自考古證據，而是由歷史紀錄呈現。據稱，鄭和艦隊的一名司令員周滿將大量胡椒帶回中國。麥哲倫是「最早」抵達菲律賓的歐洲人，他在當地所看見的精品，例如中國的絲綢、瓷器和硬幣，這可能是周滿帶到菲律賓，並用這些商品來交換貴重的胡椒粉的結果。Menzies認為正是這原因。也因此，他查考明朝的史料，發現在一四二四年進口大量的胡椒，這些胡椒被保存在府庫中，接著，這些胡椒被用來犒賞文武官員。所餽贈的胡椒總量高達一千五百噸。與麥哲倫的船隻運回歐洲的胡椒總量區區二十六噸相比，運回中國明朝的胡椒數

量確實可觀。【30】

我們如何才能不留遺憾地把這些事實一起忽略？不，除非研究人員另有目的，否則我們不能。

中國對世界的貢獻

Menzies本人想必已經知道他的研究很有可能挑戰既存的知識。但是很諷刺的是，就某種意義來說，中國對全世界的最大貢獻可能不是鄭和發現整個世界的事實（或者可能是某些人仍然選擇忽略所提及這些難題的可能性），而是遍及各大洲的許多物種。本文先前已經提到其中兩種，即亞洲種的雞和南瓜。即使Menzies研究的起點與劉鋼一樣，本文在此可以更深入加以探究。

首先，我們來看鳳梨。鳳梨起頭在南美炎熱潮濕的大西洋沿岸。但是當哥倫布在一四九三年第二次造訪西印度群島時看到這種植物。因此，應該有人把這種植物帶到哥倫布後來抵達的那座島上。第二，椰子樹起源於印尼諸島，但是當歐洲人首次來到中美洲的加勒比海、和太平海洋岸時，就已經看到了這種植物。椰子纖維可用來編製繩索，而明朝曾經是這個材料的最大買家。

第三，或許人們會說，種子可以隨季風飄送，也可以在水上漂流（例如透過洋流或涼流），這是有道理的。但是，玉米和地瓜並不適合如此，因爲其種子都無法漂浮於水面，並且地瓜太重而無法被鳥類攜帶。至於玉米，還需要進一步討論。玉米起源於中美洲，但是第一個訪問菲律賓的歐洲人，即麥哲倫，他從原住民那裡購買許多玉米，這說出在麥哲倫以前，就有人將玉米送到太平洋這頭種植。紅薯（Ipomoea batatas，也稱甘藷）來自潮濕和炎熱的南美洲，然後成為亞熱帶地區的主食。當庫克船長抵達紐西蘭時，紅薯已經是毛利人的主食。從玉米和甘藷的移植使我們知道，這些植物已經被非歐洲人帶到了其他大陸。

第四，Menzies記錄他多年前第一次訪問加利福尼亞。那是一個寧靜的下午，一整排金櫻子（Rosa laevigata）花朵釋放出濃郁的香氣。一八〇三年，歐洲移民發現這種具有強烈香氣的美麗花朵，稱之為切諾基玫瑰（Cherokee Rose）。不管這個植物叫什麼名字，這肯定是中國品種，[31]並已收錄在十二世紀的藥典中。[32]第五，運鐵蛋白是血液中一種用於輸送鐵的蛋白質。根據W.C Parker（派克）and A.G. Bearn（伯恩）合著之*Annals of Human Genetics*（《人類基因年鑑》）的研究，有三個瀕臨滅絕的土著部族，即Irapa（伊拉帕）、Paraujano（帕拉哈諾）、Marcolita（馬爾寇利塔），他們擁有非常特殊的運鐵蛋白。一九六二年，TulioArends（阿連德斯）和M.L. Gallango（戈蘭國）（卡拉卡斯委內瑞拉研究中心Instituto Venezolano de Investigaciones Cientificas, Caracas）發現，他們百分之五十八的人擁有緩慢移動的運鐵蛋白，這只有在中國廣東省的住民當中才能找到。Menzies接著說，周滿和洪保的艦隊的許多水兵是從廣東上船的。當這些水手決定（或被迫）留在那裡，這些水手看起來與原住民通婚產生後代。[33]否則，將無法合理解釋。

最後，幾個世紀以來，人們一直認爲植物是在一四九二年哥倫布對美洲地理「大發現」之後開始廣泛傳播。特別是在英格蘭擊敗法國和西班牙的聯合艦隊，在特拉法加海戰勝利之後，英格蘭的全球企業才蓬勃發展。這意味著，英國的海上霸權爲物種遷徙貢獻卓著。但筆者認爲，這根本是西方知識體系思維的產物而已。

換句話說，在特拉法加戰爭之後，許多物種被廣泛遷移、種植。人們普遍認爲庫克船長在一七七八年發現夏威夷。也因此，各種外來物種只有在十八世紀後期才在夏威夷生長。但是事實是：當歐洲人來到夏威夷和周邊島嶼時，已經有很多蔬菜，包括「紅薯、馬鈴薯、甘蔗、竹子、椰子、竹芋、山藥、香蕉、薑黃、薑、麵包樹、桑樹、葫蘆、芙蓉、蠟燭木」。它們來自亞洲、美洲甚至非洲大陸。這些植物的共同點是：沒有一個是夏威夷的原生植物，顯然有人把他們帶到那裡。

這些植物幾乎能夠證明，哥倫布之後每個探險家的故事都是假的。以上，或許可以稱之爲歷史玄案，但不宜再懸著。

一四二一年異端與亨利王子的微笑

在《一四二一年異端》這本書中，Andro提出略帶歐洲中心主義的問題，那就是「誰會想到，這個小國（葡萄牙）將是一個揚帆而行的國家，並將歐洲推向世界的主導地位？」[34]當然，葡萄牙人將爲亨利王子視爲過去居功厥偉的偉人。到目前爲止，亨利王子的雕像仍一直面向直布羅陀，帶著微笑。即使這並非Andro研究亨利王子微笑的主要目的，但他仍嘗試尋找出笑容眞正的含義。

乍看之下，讀者可能會覺得Andro戴著西方有色眼鏡，並準備低頭睥睨十五世紀初的鄭和下西洋的壯舉。但是，「異端」一詞根本不代表鄭和的成就荒誕不經而無法用證據加以證明。取而代之的是，Andro使用這個詞——異端邪說，來諷刺學者竟然將鄭和的偉大舉止視爲荒謬。他認爲，這種歪曲的論述需要糾正。

現在，讓我們看看Andro對古地圖感興趣而去發掘出的秘密。我們從地圖上與中國血統相關的線索開始。

中文命名法

在書中，Andro解釋中文命名法在世界地圖上的例證。在此舉出兩例：其一是大西洋（the Atlantic Ocean），另一個則爲千里達（Trinidad）。

他引證論道：「西方人稱歐洲和非洲西部那片遼闊的水域爲大西洋。」如果將大西洋的命名早於中國人瞭解這海洋的時間，那麼根據「規則」，相信中國人將稱之爲「亞特蘭提」（Atlantic），這是「大西洋」使用漢語拼音時音譯。但爲何中國人稱其爲「大西洋」呢？答案就是如此簡單，在「亞特蘭提」這名稱被普遍接受之前，中國人早就使用「大西洋」這個名稱。他進一步得出結論，「大西洋在中國被意爲『廣大的西方海洋』，這乃是鄭和編年史中所

使用的名字」。【35】

傳統上，西洋（西方之洋）包括東南部的水域和印度洋（可能比印度洋更西邊），這是另個證據。在坤輿萬國全圖中，在印度西海岸有一片海洋叫做小西洋。就地理位置上來說，大西洋和小西洋都位於中國的西側；就範圍而言，前者大於後者。種種論述都有其道理。總之，Andro試圖說服我們，鄭和不僅已經調查小西洋，而且他還比歐洲冒險家更先探索並測量大西洋的航路。現在，我們轉向千里達這一難題。

明史中列出的諸蕃衆地，特別是《武備志》，這是一本印刷於一六二一年，明朝毛元義編寫的防務手冊之一，其中包含數種「防衛主題」，諸如武器、行旅、行伍編成、敵方地區描述、天體圖等。此外，該書「明確宣稱中國人於一四二〇年到達加勒比和南美洲北部，發現並繪製了安提利亞、千里達和多巴哥群島」。【36】其中，千里達的名字意味著「行千里方至」或「數千里之遙」。有人會說：「官方紀錄說明，鄭和（即他的寶船隊）已經到訪過該處，並向中國納貢。」但不幸的是，《明史》並沒有提供有關千里達位於何處的直接資訊。但是此處確實在南海諸邦當中列出。我們幾乎能百分百確定「千里達這個名字就是Trinidad這個字的源頭」。【37】Trinidad的發音與中國語音非常相似。請記得，Andro試圖提醒我們一個事實，即便欠缺證據，我們仍傾向於相信西方歷史。相反地，當談論到東方的歷史時，就必須分別提供其蛛絲馬跡，這顯然有欠公允。

從這兩種情況中（例證還有不少），使我們瞭解到，不應忽視中國古代地圖當中的語源。

旁注證據

或許航海家亨利王子臉上的笑容也可以得到某種程度的解釋。他的雕像看起來總是普通人無法企及的那麼遙遠。有些證據，儘管是間接的，但本文還是討論它。

首先，可以說中國人先進行勘探工作，但由葡萄牙人獲得大家的掌聲。不僅哥倫布的「大發現」有違常理，而且麥哲倫的故事也顯得不是那般英勇。John Noble Wilford（威爾福德）猜想，在麥哲倫（再清晰不過地）傾聽了他的朋友地理學家Guy Faleiron（法萊宏）並仔細檢查了里斯本的航海圖之後，他仍然不明白這條直線（稱爲麥哲倫直線）延伸到南邊的太平洋到底有多寬。倘若麥哲倫眞知道從南美洲要抵達亞洲的眞實距離，想必他寧願選擇家裡蹲。[38]這是世界歷史上的大英雄所應該做的嗎？當然，對麥哲倫來說，葡萄牙和爲確保西方知識體系的完整性，最好別用任何一種方式來宣傳這種荒謬性。

其次，因爲對明朝海外探險存疑，而經常被樂於引用的一個「理由」是，由於中國人沒有善加保存事件紀錄，因此，一般中國歷史，尤其是鄭和的探索都不能信任，鄭和的大部分史料幾乎付諸灰燼。當然，我們確實需要證據來證明所言。但是「歐洲勘探時代記錄的缺乏通常歸因於一七七五年葡萄牙里斯本大地震和隨後大火，據稱，當時葡萄牙的大部分國家檔案館都被焚毀……」。[39]當一論及西方歷史時，我們似乎被要求只要簡單相信「共同歷史」的準確性即可。

第三，有些地圖提供我們關於世界歷史遭受扭曲的部分暗示。以下證據足以說明哥倫布其出色表現、並整個西方知識體系，其實只是一種誤導。在十六世紀初期之前，「歐洲人還未正式造訪美洲、非洲、澳大利亞、北大西洋諸島和極地地區，更別說要對其進行考察」。【40】Andro向我們提供了一些十六世紀時製作的世界地圖，當時歐洲人尚未航繞全世界，例如一五○六年的Giovanni Matteo Contarini（孔塔里尼）地圖，一五○八年的Francisco Roselli（羅塞利）地圖，一五二五年的Salviati（薩維雅提）地圖和一五二七年的Richard Thorne（索恩）地圖。

但是，歐洲地圖製作者要如何在沒有非歐洲人援助的情況下，來準確地繪製世界地圖呢？這種間接證據還可能比直接證據更有說服力。此外，這四個例證是在哥倫布一四九二年「大發現」之後的幾年後才提出的。試問，我們是否聽說過歐洲地理學家和製圖師對全球進行任何大規模的測量呢？我們是否應該傾心相信，在製作Giovanni Matteo Contarini地圖和Francisco Roselli地圖之前，歐洲人在一五○六或一五○八年之前就估量的峽谷，海岸線和大陸？在宣稱其顯著意義之前，我們是否需要準備證據？不，沒有。

第四，一五七○年，著名的出身於安特衛普（Antwerp）地圖繪製者Abraham Ortelius（奧特里烏斯）出版了他的《劇院地圖》或《世界地圖集》，其中包括當時最新、最可靠的地理知識。在十六世紀，這本書可說是印刷書籍的暢銷書。從這本書中，人們可以看到世界上所有的陸地和地區，包括比南美更精確地繪製的澳大利亞，以及歐洲人到訪之前根本未曾調查的南北極大陸。[41]請記住，這本書是在一五七〇年印刷的，輪廓相當清晰。但是我們被告知庫克船長是一七七〇年第一個訪問澳大利亞的人。此外，在一五七〇年Ortelius世界地圖上已經顯示了兩個極點。但是我們被告知，John Ross（羅斯）於一八三一年首次到達磁性北極，Robert Peary（皮瑞）和Matthew Henson（漢森）於一九〇九年到達了地理北極。至於南極，有人告訴我們美洲人是在十九世紀初首次看到該大陸的人，而Roald Engelbregt Gravning Amundsen（阿蒙森）在一九一一年終於到達了南極洲。[42]因此，似乎Ortelius在歐洲探險家在幾百年後徹底摸索清楚航路之前就已經瞭解了地球的一切。

流浪者哥倫布

亨利王子（一三九四～一四六〇）是一位航海家，與那些被葡萄牙的歷史所深深吸引的航海家迥異。可以想像的是，他是一位傳奇人物，能夠看到常人所無法察覺之物，也可以做其他人所無法完成的事情。據說他是一個虔誠的基督徒，他相信將基督教帶到他去過（或征服）的地方是他的責任。他創建航海學校，鼓勵航海志業，建立港口和造船廠。如此種種都成爲未來海上強權的堅實基礎。此外，他從戰俘和商賈那裡獲得有關海外世界的重要資訊。他非常努力地鑽研典籍。這使他相信仍然有許多未知的大陸在等待探索。因此，他派出了一支探索力量，找到了Madeira（馬德拉）和Acores（阿科雷斯）。總而言之，亨利王子確實爲葡萄牙乃至世界開啓了一個新時代。儘管亨利不是帆船比賽的忠實擁護者，但這對他作爲航海家無甚影響。

哥倫布並不像亨利王子那樣高貴。他在青年時也許曾經是流浪者，但我們無法確定。可以確知的是，哥倫布帶領另外兩艘船在一個遼闊的水域（即大西洋）上闖蕩時是個漂流者。我們所知道的世界歷史從未告訴我們哥倫布手頭上有一張地圖。因此，我們可以斷言他正努力漂洋過海，因爲歷史希望我們去這樣思考。那麼，哥倫布是到達美洲的（第一位）流浪者嗎？這個問題聽起來似乎很瘋狂。即使是小學生，也會懷疑誰能在沒有地圖的情況下做到這一點。但是地圖從哪裡來的？這是在此所要討論的問題。儘管我們可能面臨很大的困難，但仍然必須面對這個重要難題，並希望至少可以提出一種可能性。

有個線索可能會告訴我們哥倫布的地圖是打哪兒來的。在《製圖者》中，Wilford具體描述十五世紀南歐的局勢。有幾個媒體，特別是在佛羅倫斯，新地圖，文藝復興早期人文主義者的地理理論，旅行者的報導等，使抵達印度變得不再遙不可及。有位佛羅倫斯天文學家甚至鼓勵葡萄牙向西航行到印度。哥倫布確實在里斯本嗅到這種氣氛。換句話說，哥倫布受到了這種新的導航思想的影響。但是誰帶回了這個睿智的消息？誰建構出這種地理理論？儘管威爾福德從未發表評論，但他認爲威尼斯商人Niccolo de Conti（孔蒂）可能是這一新信息的來源，畢竟他曾經去過東方約二十五年，並在一四〇〇年代初，在約翰二世執政時重返歐洲。而且，正如許多研究人員總結的那樣，哥倫布獲取地圖最可能的方法是從他當時在葡萄牙國王約翰二世工作的哥哥Bartholomew（巴塞洛繆）拿到。現在，至少我們知道其來源正是東方，而不是東方後來才獲取——像是利瑪竇帶來的——西方的地理知識。

本章結語

六百年前到底發生了什麼？西方理論家堅信，歐洲人發現各大洲並將之聚集，使地球村得以實現。以前，我們從未對此表示懷疑，也從未挑戰過哥倫布的「一四九二年大發現」。先前，我們談了許多，似乎已無空間再聊下去了，因勢利導，不如就來個最短的總結。

事實上，孟席斯在史料、考古學、植物學、動物學，和他最獨特的航海天文學知識方面提供數百種證據，可謂證據充分，因此足以證明中國人在歐洲航海家爲我們探索世界之前所做的種種。但不幸的是，刻意忽略掉有關整個東方（尤其是關於中國）的知識，也必須借助中國從世界歷史舞台上「消失」，西方知識的完整性才可以更爲確立。就某種意義來說，有意無意皆可，對中國人的所作加以忽視，乃是西方知識體系的組成部分，但其手法還可能更重要。哥倫布的傳奇故事固然僅爲一斑，卻足見其梗概。

哥倫布與西方知識體系似乎難脫干係，這位「發現者」看似打開我們探索世界歷史的新頁，但實際上必需將其關閉並重加改寫。

註解

【1】關於哥倫布得到的地圖，與對「印度人」或「印度人」的誤解，本文稍後將會論及。請參閱Andro, *The 1421 Heresy*, pp. 226, 382-385。

【2】Andro, *The 1421 Heresy*, p. 311. 一般認爲，利瑪竇世界地圖繪製於一六〇二年。當然，這就是包括Anatole Andro和本文作者在內的人們選擇使用「一六〇二年坤輿萬國全圖」的原因。但是，這份世界地圖的產生時間可能早於十七世紀初期。

【3】李兆良，解密世界通用地理地圖（或利瑪竇世界地圖）：《坤輿萬國全圖揭密：明代測繪世界》，（新北市：聯經，二〇一二），第xviii、三四、三八、四〇、七〇～七二、八〇、一四三頁。

限於篇幅，筆者僅從坤輿萬國全圖中選取一些重要的問題。當然，所有問題和困惑看起來有多麼瑣碎，都在等待解決方案和/或更好的解釋。幾乎沒有更多的例子足以證明一六〇二年利瑪竇世界地圖可以看作是對「先進的」西方知識體系的反證。首先，一六九九年首先證明加利福尼亞不是一個島嶼，而是一個半島，但是一六〇二年的利瑪竇世界地圖已經指出該半島。其次，佛羅倫薩是義大利的重要城市，在地圖上也是如此。如果利瑪竇從Ortelius地圖中學到了，爲什麼佛羅倫薩竟然從利瑪竇地圖中消失了。第三，據說哥倫布在一五〇二年命名「宏都拉斯」，在西班牙語中意爲「深不可測的深度」。宏都拉斯是坤輿萬國全圖中的Fengdula。但是，如果哥倫布確實爲這個地方命名，那麼爲何宏都拉斯這名字沒有出現在歐洲地圖上？第四，直說無妨，哈德遜灣於一六一〇年被亨利・哈德森「發現」。但在一六〇二年的利瑪竇地圖中，該海灣被稱為蓋拜尼西湖（Lago de Conibaz）。換句話說，「尚未發現的」哈德遜灣早已存在於坤輿萬國全圖的舞台上。有關利瑪竇世界地圖中的其他難題，請參閱李兆良，《坤輿萬國全圖揭密》，第三一、一一二、一三三、一四〇頁。

【4】龔纓晏，《利瑪竇世界地圖研究》，（上海：上海古籍出版社，二〇〇四），引自李兆良，《解密坤輿萬國全圖》，第八〇～八二頁。

【5】李兆良，《解密坤輿萬國全圖》，第三四～三六頁。

【6】李兆良，《解密坤輿萬國全圖》，第三八、七〇～七二、一五〇～一五一頁。

【7】實際上，以下證據也可以顯示利瑪竇的世界地圖並非在一六〇二年繪製，而是在更早的時候就繪製出來。原因在於西班牙人和葡萄牙人建立的殖民城市，例如韋拉克魯斯（一五一九），布宜諾斯艾利斯（一五三六），聖維森特（即聖保羅，一五四二），里約熱內盧（一五六五），當時西班牙海權尚未伸展至此。這告訴我們，利瑪竇地圖當然不是在一六〇二年製作的，而是早於這些城市建造起來的時間。李瑞良認為，結合坤輿萬國全圖當中關於非洲的一些資訊，利瑪竇世界地圖的繪製時間是一三八七至一四六〇年，這與鄭和的航行時間重疊。參見李兆良，《解密坤輿萬國全圖》，第五五頁。

【8】現在由文物收藏家劉鋼保存。這張地圖是在二〇〇〇年代初期在上海的一個古董市場中所發現的。該地圖可見於維基百科詞條1421：中國發現世界，https://zh.wikipedia.org/wiki/1421%EF%BC%9A%E4%B8%AD%E5%9B%BD%E5%8F%91%E7%8E%B0%E4%B8%9

6%E7%95%8C，檢索日期，二〇二〇年二月八日。

【9】劉鋼，《古地圖密碼：一四一八中國發現世界的玄機》，二版，（新北市：聯經），第三～四頁。

【10】藉由比較西方（或歐洲）和東方（主要是中國人）所擁有的技術水平，將使我們得知何者能在全球四海之內航行，並進行準確測量。限於篇幅，我們僅能簡要指出歐洲和中國之間在航行和確切知道身處何處所必需的技術、和技能之間的重要對比。實際上，早在十一世紀，中國南宋在各種知識領域（例如天文學、數學）便已具備精良的裝備，更重要的是測量緯度和經度。

鑑於歐洲人要花上幾百年的時間，直等到十八世紀才來積累相關知識，來周遊世界。有關這方面的詳細分析，請參閱《古地圖密碼》的第六章〈中國古代地圖投影術〉和第九章〈測繪世界與科技文明〉，第一二六～一五五、一八八～二三三頁。光以天文學爲例，在三世紀，農學家陳卓已經發現了由一四六四個恆星組成的星系團。見劉鋼，《古地圖密碼》，第二〇四頁。

此外，在對地理學進行了認眞的查考之後，劉鋼發現一個不尋常的現象。他注意到，在十五世紀，歐洲和伊斯蘭世界製繪世界地圖的水平大幅提高。儘管如此，歐洲人在十五世紀才能準確繪測緯度，直到十七世紀甚至更晚才能精確衡量經度。唯一的可能性是，有關地理科學的重要信息是從東方流向西方。參見劉鋼，《古地圖密碼》，第八一～八三頁。

【11】劉鋼，《古地圖密碼》，第一〇～一一頁。

【12】同上，第一五～一六頁。

【13】Gavin Menzies, *1421: China Discovered the World* (New York: William Morrow, 2003).本文將略述他的說法。

【14】劉鋼，《古地圖密碼》，第一九頁。

【15】這道出玻里尼西亞人將雞帶進美洲，證明早在歐洲人發現之前，這些前人的足跡早已踏上美洲大陸。

【16】劉鋼，《古地圖密碼》，第一二一頁。

【17】劉鋼，《古地圖密碼》，第八章，〈鄭和下西洋的秘密使命〉，第一七〇～一八七頁。

【18】有關經度和緯度的測量，請參見劉鋼，《古地圖密碼》，第二二〇～二三二頁，有人說隋朝的水手們可能已經訪問了澳大利亞北部。在隋朝（隋朝）和山海經（山海故事）中，記錄了土著鸚鵡和袋鼠。請參閱：例如Louise Levathes, *When China Ruled the Seas: The Treasure Fleet of the Drgon Throne, 1405-1433* (New York: Oxford University Press, 1994), p. 197。

【19】例如，一四一五年De Virga地圖、一四五九年Mauro地圖、一四八九年ricus Martellus世界地圖，與一五〇二年Alberto Cantino世界地圖。事實上，Waldseemuller世界地圖已經呈現出安地斯山與南美洲大陸主要河流的樣貌。參閱劉鋼，《古地圖密碼》，第二八、三〇、三四、三六、一〇九頁。

【20】劉鋼，《古地圖密碼》，第二一～二二、二四、二八頁。

【21】劉鋼，《古地圖密碼》，第三九～四〇頁。

【22】根據Andro的研究，一五一三年Piri Reis地圖上南美的東海岸異常清晰，請參見Andro, *The 1421 Heresy*。

【23】根據Dr. Afel Inna’s *The Oldest Map of America*, (1954 edition), 引自劉鋼，《古地圖密碼》，第四〇～四一頁。

【24】Andro, *The 1421 Heresy*, pp. 214-216.

【25】Menzies, *1421: China Discovered the World*; Andro, *The 1421 Heresy*.

【26】Menzies, *1421: The Year China Discovered the World*.

【27】Menzies花掉超過一半時間來調查和解釋這四名指揮官的四次巡航。換言之，這四個艦隊完成鄭和在一四二一至一四二三年間對世界的探索，請參閱Menzies, *1421: The Year China Discovered the World*（特別是第六～十五章）。

【28】Menzies’ *1421: The Year China Discovered the World*, p. 196, 202, 226.

【29】Joseph Needham, *Science and Civilisation in China*, Vol. 4, Pt. 3, (Cambridge: Cambridge University Press, 1954), pp. 540-543, cited in Menzies’ *1421: The Year China Discovered the World*, p. 226.

【30】Menzies’ *1421: The Year China Discovered the World*, p. 196.

【31】這種中藥典裡的花，拉丁文學名Fructus Rosae Laevigatae.

【32】Menzies, *1421: The Year China Discovered the World*, p. 397-9.As for Rosalaevigata, see R.E. Shepherd, *History of the Rose* (New York: Macmillan, 1954), and E. Wilson, *Plant Hunting*, Vol. 2 (Boston: Stratford, 1927), cited in Menzies, *The Year China Discovered the World*, p. 202.

【33】關於此種特殊的運鐵蛋白，請參閱W.C Parker and A.G. Bearn, *Annals of Human Genetics*, Vol. 25 (1961), p. 227, 引自Menzies, *1421: The Year China Discovered the World*, pp.225-226.

【34】Andro, *The 1421 Heresy*, p. 49.

【35】Andro, *The 1421 Heresy,* p. 322.

【36】Andro, *The 1421 Heresy,* pp.38, 213.

【37】Andro, *The 1421 Heresy,* p. 320.

【38】John Noble Wilford, *The Mapmakers* (New York: Vintage Books, 2000).

【39】Andro, *The 1421 Heresy,* p. 362. 實際上，Andro在他的作品中確實爲我們提供頗有洞見的分析。但是對於坤輿萬國全圖來說，他以此爲例指出，中國人似乎忘掉「如何自行繪製地圖」。從本文的角度來看，我們討論過這張地圖，這是利瑪竇獻給皇帝的地圖。這張世界地圖確實從中國人身上學到一些重要的東西。請參閱前揭書，第三一一頁。

【40】這以他書中的幾個圖加以分析，這包括：圖225（第二三七頁）、圖232（第二四四頁）、圖217（第二四八頁）與圖233（第二四九頁），引自Andro, *The 1421 Heresy,* p.

289.

【41】並非所有歐洲製圖師都相信哥倫布的一四九二發現號。實際上，並非只有少數文藝復興時期的製圖者（根據他們的工作經驗）得出結論，在那段時間，一些不知名的海員深度航行地球上的所有水域。例如，佛蘭德製圖師亞伯拉罕．奧爾特留斯（Abraham Ortelius）便創作了一五七〇年亞伯拉罕．奧爾特留斯地圖，他大膽斷言第一個訪問美國的人不是哥倫布，而是其他人。關於亞伯拉罕．奧爾特留斯（世界）地圖（圖228）等，請參閱Andro, *The 1421 Heresy*, pp. 245, 284.

【42】Andro, *The 1421 Heresy*, p. 57.

2

美洲白銀的奇幻漂流

當我們聽到某位當代聲譽卓著的專家，或者某學界的傳奇人物，或是某學者榮獲亞洲研究最重要的獎項，羨慕的心情不知不覺地油然而生。同時，也想著趕緊上網買一本這樣重量級人物的著作，以免跟不上潮流而被淘汰。那麼，按道理說，這位專家、學者的論點應該相當有說服力才對，但這可能只是理想而已，實際上得獎的人，可能解決不了人類某些共同的問題，甚至解決不了一位研究者內心小小的困惑。

Jeffrey D. Sachs被認爲是當代美國最重要的經濟學家，也是當代經濟學界的傳奇人物，二十八歲就獲聘爲哈佛大學終身職教授。不僅如此，他更有一顆善良的心，不願看到有人受苦。因此，這位當代美國有名的經濟學者，希望在我們有生之年可以終結貧窮。他從家庭所得成長的簡易模型開始，以一家四口擁有兩公頃農地、一年生產四噸玉米的家庭談起，藉由儲存、交易、技術、開發資源等方式來增加所得。[1]這似乎是理想狀況，可是如果大家都種玉米，那麼，按照供需律，玉米的價格應該很低，即使交易也難以賺錢，就技術與資源來說，貧窮國家根本無法與已開發國家的產銷能力相比。況且，資本主義制下最重要的市場能力（獨占力），使得跨國公司、財團得以掌握更多的經濟資源，財富不斷集中在少數人的手上，而這不正是先前占領華爾街運動所抗議的對象嗎？可惜，Sachs對這樣的現象似乎不感興趣，仍一心一意想用簡易的模型來解決人類複雜的問題。可是，現實生活中是每少於五秒鐘就有一人死於飢餓和營養不良，許多人卻還願意相信在二〇二五年時，這位傳奇人物能夠讓我們住的地球變成一個沒有赤貧的世界，屆時沒有人會因爲缺乏糧食而死亡。

再談談黃宗智（Philip C. C. Huang）這位華裔學者，他因爲其大作《長江三角洲小農家庭與鄉村發展》[2]榮獲亞洲研究協會之列文森獎（Levenson Prize）。列文森中國研究書籍獎的評判標準是，該著作對於中國歷史、社會、政經，與文化之理解產生極大助益。黃宗智因爲這本研究期間長達六百年的巨著，而獲得此項殊榮。當我們閱讀著這本受到亞洲研究大獎肯定的學者之著作時，想必對中國長江三角洲（江南）的農業發展與小農的生活能有相當瞭解，因爲黃宗智告訴我們，在這六百年之間，即使在中國最富庶的江南地區，生活在這塊土地上的農民們每年生產的糧食都不夠吃，更何況中國其他地區呢？他說，這是因爲邊際生產力一直沒有提升，非得等到一九七九年經濟改革，這問題才漸漸獲得解決。

可是，長江三角洲至遲自南宋以來就已經是中國最富庶的地區，向海外輸出大批絲綢、棉花與瓷器，美洲白銀大多都流入了這個地區，但爲何黃宗智卻用整本書的篇幅，來證明江南小農們六百年來生活是如此清苦呢？也許有不少的小農過著清苦的生活，但到底誰偷走了美洲白銀呢？對此，黃宗智並未交待，然而他卻獲得了獎項。

全球視野下的區域經濟

當世界經濟整合與日俱增的時候，地方歷史不再只是眼光狹隘的關懷。但是我們怎樣能在區域、國家，乃至全球秩序與互動下，來研究地方的歷史呢？我們要用什麼研究途徑，才能夠綜覽全局呢？本書嘗試以全球的觀點，來討論江南地區的經濟活動，特別在十六世紀以後，由於白銀（當時是作通貨使用），與國際接觸的頻繁更甚以往，也因此明清時期白銀的流入也有必要加以討論。在導論中我們提到西方哲學二分法，本章將加入費正清（John K. Fairbank）以一八四二年作爲分界，來區分其所謂的「傳統」中國與「現代」中國，在後續章節中，我們還會看到以華勒斯坦（Immanuel Wallerstein）爲代表的歐洲中心主義的觀點，與他對於全球化與全球歷史的解釋，那麼，整個西方社會爲全球所建構的知識體系便將呼之欲出。然而，這的確是個相當複雜的問題，著實需要不少篇幅，以及筆者謝某、與各位看倌們的耐心，才能將之解讀清楚，察覺社會科學界（包括高中歷史教學）的世界觀，可能有重新檢討的必要。

在過去的歷史思維下，我們已經習慣於研究單一特定區域，例如中國的長江三角洲（江南）的社會、經濟變遷，只用該地區發生的些許狀況來思考評判，而這可能是所謂一八四二年之前的「傳統」中國給人一種孤立的（isolated, isolation）、不與外國連繫的印象，這其實與本章稍後將提到的，費正清以一八四二年為界，將明清時期五百年來的（晚期）帝制中國與之後區分成「傳統」（traditional）與「現代」（modern）中國有關。在這類思維下，「傳統」中國與外界的連結被刻意忽略，或者不納入學者研究的分析架構內。筆者認為，華裔學者黃宗智[3]的著作，或許就是一個例子。他將長江三角洲視為一個孤立的、封閉的區域，因為他深信，中國在一八四二年、西方列強未到達之前，與外界鮮少連繫，至少他的書是這樣說的。

黃宗智的著作《長江三角洲小農家庭與鄉村發展》[4]（簡稱《小農家庭》）曾獲得亞洲研究學會的列文森（Levenson）獎項。但糟糕的是，這本得獎的書對地方研究所採取的視角不夠宏觀，並非放眼全球。簡單地說，黃宗智的分析方式完全忽略江南與其他地區的連結，特別是海外。如此一來，這部得獎的著作不僅使人看不見明清中國在海外貿易上的優勢位置，還暗示他是費正清的追隨者。

接續他一九八五年出版的書《華北的小農經濟與社會變遷》[5]，一九九〇年出版的《小農家庭》（英文版）一書發展出成熟的理論，並翔實使用各種蒐集資料的方法，包含田野調查、文獻研究與訪談等，這可說是研究早期中國鄉村發展所必需的。在他這本書中，黃宗智對江南[6]地區特感興趣，本書也同樣感到興趣。或許大家對黃宗智的作品還會持續稱許下去，但現在，藏在密室裡幾個世紀之久，大量白花花的銀兩，清脆的響聲，開始吸引我們的注意，或許我們將能找到黃宗智苦心藏起美洲白銀的蛛絲馬跡。

本文嘗試重新檢視黃宗智對長江三角洲小農家庭的論述。他在論述中堅持，小農長期以來都是過著困乏窘迫的生活。然而，黃宗智主張這是由於勞動的邊際報酬率遞減。不過，這種主張無法解釋何以江南地區的成長停滯不前。其實，這個情況另有原因。在北宋（九七六～一一二七）時，經濟中心移往首都開封，而在南宋（一一二七～一二七九，見附錄一）則移至臨安（杭州），從此長江三角洲成為中國最富饒的地區。簡言之，我們將會發現，長江三角洲經由與外國進行通商貿易而賺取大量白銀（當時在國際市場上的主要通貨）。因此近現代中國的財政資本可算相當雄厚。或許黃宗智正確指出長江三角洲的農戶只能勉以餬口度日，但他無可否認當時該區域幾個世紀以來可是中國最富裕的。那麼，我們要如何解答這兩個看似矛盾的論述呢？雖然他認為農戶生活相當貧乏，但他卻無視江南的豐富。在此，以全球化的觀點來檢視，將有助探討這看似矛盾的現象。

本文分為以下幾部分：首先指出黃宗智的主要論點；接著，指出江南實為高度商業化的區域，可說是明清時期的金庫，縱使黃宗智堅持農戶生活困苦。第三，江南地區在絲綢與棉製品的專業化，為中國賺進大把白銀；第四，以全球觀點來看，中國在明朝國曆強盛的兩段時期，全球白銀的流入，也使當時張居正所推行的一條鞭法獲得財政上的支持。第五，提出如何「改進」黃宗智的論述，以獲得較佳的解釋，藉此來補充黃宗智對江南地區的理解之不足。雖說這些瑕疵對黃氏的著作未必構成重傷害，但當黃宗智以短視與狹窄的眼光來看待江南地區，無視白銀在總體經濟上的顯著效果，這就使得黃氏得獎之著作有重加評估的必要。

在這裡，我們將研究期間限定於南宋（一一二七～一二七九）到清季的鴉片戰爭（一八四〇），當西方以槍砲聲敲醒清廷爲止，而這正好是費正清分割「傳統」與「現代」中國之分界點，也是黃宗智認爲有趣的地方。諸如黃宗智等人認爲，直至列強侵門踏戶之際，中國的資本主義仍是一朵含苞待放的花朵。[7]在此，我們僅臚列華文世界幾位有名的專家學者，來看看他們對「傳統」中國的看法。例如，在論及明清國內市場時，傅衣凌發現：「由於白銀使用所引起的社會變革以及國內商品交換的頻繁，就使明代的社會經濟發生深刻的變化，資本主義生產關係的萌芽逐漸地出現了，儘管它們仍受著封建勢力的壓迫，然而這種新力量已在江南及沿海城市裡稀疏地看到，則是事實。」[8]對他來說，國外市場似乎與明清中國關係不大。然而，本文稍後討論會提出明清時代江南商人與國外市場緊密結合的證據。另外，在本書的〈導論〉中，也提到中國歷史上「封建」這個詞彙與西方「封建（主義）」並無任何共同點[9]，卻經常被用來表示當時中國在政治、社會、法律，與經濟方面之停滯性。在這裡，我們看到中國著名學者傅衣凌即以「封建」的力量，來「證明」資本主義在明朝才剛剛發芽，卻被強大的「封建」力量給無情的橫加摧毀，但他並未證明到底哪些力量是屬於「傳統的」，另外「封建的」社會到底應該包涵些什麼？

除了對中國經濟史學貢獻良多的傅衣凌之外，我們再看另一位著名經濟學者經君健對於晚期帝制中國在經濟等方面有何見解。在探討清代民間經濟、法律制度與立法時，經君健是這樣說的：「清代及其以前的社會經濟，乃是一種結構簡單的社會經濟，它是在以低速發展的小農經濟的基礎上構成的。」【10】經君健對於清代及其以前的中國如此的描述，事實上是一種過於概括的說法，基本上是西方衝擊論的支持者，簡單說，持這樣觀點的學者抱持一種信念，那就是在一八四〇年之前的中國大陸尚未被（西方）啓蒙，對於「現代」、「理性」、「進步」、「工業革命」，以及「自由貿易」經濟思潮等等，可謂一無所知。這是因爲清朝孤立於世界之外，皇帝仍以爲中國位於世界中心，自己是天之驕子。換個方式說，迄今爲止，還是有爲數不少的中國（乃至旅外華人）學者以西方的二分法下來理解自身，對他們而言，中國只是西歐列強（特別是英國）的對應物，資本主義大規模生產方式以西歐爲起點，在全球擴張的背景下產生。因此，中國在二分法的對應之下，只能以「小農經濟」、「小農家庭」的面目出現。即使資本主義的確在中國的土地上萌芽，也會被某些學者——像是傅衣凌等——運用某種方式來判定它枯萎了，原因是「封建的」力量壓制住中國改變的契機。現在，我們回到黃宗智的主要議題上。

黃宗智主要的論點

黃宗智提供一個理解中國鄉村轉型（或說停滯）之長期觀點的新方法。他的部分論述讓人無法不加注意。首先，他試圖證明，在中國的歷史中，確實因爲人口壓力和爲數衆多的小額貿易增多的市場活動而帶來商業發展，然而這並非亞當・斯密或馬克思在分析英國時所說的資本主義企業。簡單說，黃宗智堅信資本主義體系出現在歐洲，當時世界上其他地方並無類似的經濟制度存在。在這個議題上，黃宗智與經君健一致認爲，阻礙中國經濟無法像英國這樣如此繁榮、蓬勃地發展起來，因爲中國在清朝及其以前是屬於小農經濟的範疇。對黃宗智而言，清朝之前的中國歸屬於傳統，與「現代」二字無緣。

其次，以理論來說，我們知道對黃宗智而言，「現代經濟發展」是什麼，進而能瞭解他爲何會道出自相矛盾的詞語，例如「沒有發展的成長」（growth without development），和「停滯不前的商業化」（involutionary commercialization）。他老練純熟的區分了成長與發展兩者間的差別。黃氏指出成長（growth）是鄉村總人口產出增加，而發展（development）是每個工作天生產力收益的增加。因此，沒有發展的成長意謂總產出增加，但受限於邊際生產力遞減法則；相較之下，停滯不前的商業化標誌著經濟體高度商業化，但沒有發展，也就無從提升勞動生產力。黃宗智認爲當代經濟發展並非專注於總生產增加，而較爲注重提升勞動的生產力。黃宗智進一步認爲，過去幾個世紀，中國的鄉村只有成長，而無發展。他認爲，實質的經濟發展，只出現在一九八〇年代初期經濟改革開始之後。

黃氏所提出的詞語，聽似響亮，然而卻不恰當。如他所說的，發展經常由「較優的勞動組織……，技術進步，與增加提升勞動生產力的資本投入」而達致。【二】因此，要推導一個適用於中國人口稠密的地區，像是長江三角洲，來驗證其停滯的成長之模型時，想必他必然知道這些證據是爲他這經濟模型量身打造的。倘若這種「發展」眞的產生，照理來說應該產生更多的失業，也會因「人口壓力」而造成社會動盪。但何以黃宗智接下來相信這樣的經濟活動，在明清時期，有豐沛勞動力的條件下，能改善勞動的生產力，促進經濟發展（他認爲能促使技術進步）而節約勞動力呢？可理解的是，設置如此嚴格的標準，怎能期待在早期中國，在如此稠密的人口密度的江南，還能有這樣的發展結果？

對他而言，毫無意外的是，他認爲中國的經濟發展得從一九八〇年代才開始，那時鄉村的工業化才剛剛起步（他認爲是單位勞動力的資本投入增加，而提升勞動生產力）。此外，在二十世紀晚期之前，勞動生產力還未提升，黃宗智的確認知到總產出成長或「單位土地總產出的絕對增加」使江南地區過去幾世紀以來享受繁榮。[12]這在黃宗智的書中可算是個矛盾。至於他的解釋，在後面會進一步討論。

讓我們換個方式再想想黃宗智所說的。他主張，打從明初開始，直到一九七九年經濟改革開放爲止，江南的小農家庭在漫長的幾個世紀中，長期處於終日勞動，每年卻仍有數月飽受缺糧之苦。筆者相信黃宗智應該是對的，在長江三角洲這麼大片的土地上，不可能所有小農都過著幸福美滿的生活，至少應該有一些小農家庭過著匱乏的日子。因爲古今皆然，社會還是免不了有窮人；在電視的古裝劇裡，明清時期不也常常出現貧苦的小農們，看起來日子過得並不愜意順遂，經常要爲打理三餐煩惱。然而，這只是江南的景象之一而已，黃宗智卻誤以爲它是普遍的現象，並且還試圖告訴我們他的洞視獨見。他認爲現代經濟學裡的邊際生產力——

也就是增加一單位的生產要素所能增加的產量或收益——的提升，並未發生在長江三角洲。這正是他所定義的「發展」在這個地區是看不到的主因。他認爲這因素正好可以解釋江南的「不發展」，導致江南地區社會經濟呈現停滯的結果，也使得小農家庭的生計產生嚴重的問題。不過，黃宗智無法解釋江南的另一幅景象，且讓我們瞧個幾眼吧！這一幅相對富裕的景象，會比較符合這裡所提出的證據，那就是，明清時期的江南上繳到北京的稅收占了整個王朝的絕大部分，這表示有相當部分的小農，後來成了中農，甚至是上農，也就是相對富裕的農民。但我們還得先看看剛結束戰亂後的明初，改善農民生活的一些措施與之後的變化。

事實上，從明朝初年，一直到了嘉靖年間（一五二二～一五六七），蒙古人對明朝的威脅未曾稍歇。高中歷史課本告訴我們朱元璋於一三六八年終結占據中原的元朝，但實際上蒙古人只是暫時退回草原罷了。因爲十六世紀中葉，俺答汗還曾率領十萬大軍，兵臨北京城下，這位再度統一蒙古部族的俺答汗，與後來的英國人在十九世紀中葉兵臨南京城下時，心裡所想的，都一樣是爲了茶葉，但爲什麼香氣撲鼻、口感絕佳的茶葉爲什麼會讓人如此傾心？在稍後的第四章，我們會再看到茶葉對英國人的吸引力。

由於蒙古部族的威脅[13]，明太祖朱元璋將重兵置於西北地區，與宋朝不同，明初並不鼓勵海外貿易，因爲東南沿海倭寇侵擾，禁止人民出海貿易也許是個合理的國防政策，再加上他採取「不征諸夷」（不討伐外族）的訓令，不難看出朱元璋想要休養生息之意圖。因此，明初時期採取若干恢復小農經濟的措施，原來擁有廣大田產的江南地主在大規模的遷徙與籍沒[14]

之後，遭受一連串的打擊。明初有數次遷徙富戶以充實京師及其他地區，其中「較為重要者有兩次：前一次在洪武二十四年（一三九一年）命戶部籍浙江等九布政司、應天十八府州富戶一萬四千三百餘戶，以次召見（註：陸續召見），徙其家以實京師（註：遷徙百姓充實首都南京）。後一次則在永樂元年（一四〇三年）復選應天、浙江富民三千戶，附籍北京」。[15]不過，在大規模遷徙與籍沒之後，江南發生了些變化，像是在自耕農之中，崛起了一批批「力田（按：努力務農）致富」的農民，例如，「成化年間（一四六五～一四八七）蘇州文人吳寬概括當時江南生產發展情形道：『三吳之野，終歲勤動，爲上農者不知其幾千萬人。』當時通過力田是可以致富的……」。之後的例子，也說明了田畝經營還是江南農民致富的主要途徑，在十六世紀初期與中葉時期，「正德（一五〇六～一五二一）、嘉靖時無錫富豪安國、鄒望、華會通等，都是以業農起家的」。努力務農進而向上流動，也就是力田致富是可能的。[16]換句話說，至少在明期中期以後，江南的農民並非如黃宗智所言，因爲所謂邊際生產力無法提升，而是長久處於貧苦的狀態；事實是，有一部分的人，的確因爲力田而致富了，雖然人數可能沒有當時的蘇州文人吳寬所言「爲上農者不知其幾千萬人」這麼多。當然，有足夠的富人，明清時期的江南才可能上繳全國四分之一以上的稅收給北京，否則王朝國庫早告空虛。在稍後的分析中，我們會看到證據。

在西方知識體系建構下的東方，似乎永遠不能趕上西方。可能因爲如此，使得知識分子經常運用那些源於西方社會的理論，將之直接套用在東方社會裡，但在這種過程中，許多史實卻被忽略，無論刻意與否，這類理論就變成普羅克魯提斯的鐵床了。

明顯得很，黃宗智只選擇了符合他的理論——成長但沒有發展——的例子，而拋棄了許多有價值的歷史事實，這當然讓他的理論看起來像是普羅克魯提斯的鐵床，鐵床外的肢體全被砍斷了。可以這麼說，一部曾經獲得可說是亞洲研究最重要獎項（之一）的著作，對學術界影響很大。然而，他竟然能將中國自南宋以後最爲富庶的地區描寫成一個小農家庭生活貧困，經濟有些許成長但沒有發展，黃宗智將發展定義爲邊際生產力的提升，而這通常——但未必總是——在工業技術提升之後才會出現。不過，我們也不能忘記江南地區因爲經濟發達，足以養活較多人口，於是這個地區的人口密度相當高，勞動力相對充沛。在工業化之後，的確也會讓一些人找不到工作（摩擦性失業）。總而言之，黃宗智認爲，這個地區是停滯的，是小農經濟的簡單結構，黃宗智似乎走得比任何人都遠，因爲他主張在江南這裡，眞正要有發展得要到一九七九年的經濟改革開放之後。在分析的視角上，簡單說，黃宗智拋棄了以全球視角來觀察江南，當然這是因爲他認爲一八四〇年代以前中國基本上並沒有與外國貿易的可能，即使有，其數量也不可能太大，所以，他並未看到白花花的銀子持續湧進了他最感興趣的明清中國之長江三角洲，而這裡早自南宋開始，就已經是中國最富饒的地區了。

江南：明清時期中國的金雞母

若要瞭解江南地區的經濟，就有必要提到宋朝的繁盛富裕。在宋朝，國內市場[17]由三個商業圈組成，亦即華北圈、華南圈與蜀圈（蜀就是四川省）。相較起來，由於交通不便，蜀圈較為獨立。因較遠離戰火，四川省會成都在北宋（九六〇～一一二七）時期成為重要的貿易中心。其藥品、絲綢與養蠶吸引各地富商巨賈遠道而來。人類史上最早的紙幣——「交子」錢——便在四川出現。位於江南地區的杭州，是南宋的國都與當時的政經中心，也是朝貢系統的中心。在當時中國乃至世界，二百五十萬的人口數是最多的。在宋朝時海外貿易發達，海關遍及全國；到了南宋，紙幣在中國各地廣為流通。如此的財政系統反映出宋朝經濟的富足。[18]

在宋元兩朝的經營下，江南成為明清兩朝最富裕的地區。為數可觀之城鎮的增多，顯示區域豐富。江南地區在明清時期成為全國稅賦的重心。[19]明朝中葉的學者邱璿寫道：

> 國家稅收由全國收取，但江南地區貢獻朝廷十分之九。江南地區十分之九的稅賦由浙東與浙西而得，而浙東、浙西稅收的十分之九是由五府徵得，此即蘇（蘇州府）、松（松江府）、常（常州府）、嘉（嘉興府）與湖（湖州府）。[20]

明朝時期國庫總歲入約為二千六百六十萬石（單位換算請見附錄二）。光是蘇州府就提供歲入近一成之多。江南六府共提供全國米糧稅賦歲入的百分之二十五。[21]這六府的米糧稅賦歲入如

表2.1 明朝江南六府米糧稅賦一覽[22]

區域	華制單位（石）	公制單位（噸）
蘇州府	2,502,900	200,232
松江府	959,000	76,720
常州府	764,000	61,120
嘉興府	618,000	49,440
湖州府	470,000	37,600
杭州府	234,000	18,720

表2.1所示。

在明朝，江南地區負擔全國最多的稅賦，而清朝時，土地稅賦包括了地丁（土地稅與傜役）和米糧。我們用乾隆十八年（一七五三）的土地稅爲例，看看江南提供給中央多少稅收，如表2.2所示。

表2.2的資料顯示，在清朝時，一七五三年江蘇提供八百六十萬兩的稅收，浙江則爲五百六十萬兩。光從江南這兩省，就收到一千四百二十萬兩銀的稅收，占當時全國歲入的百分之二十六。從而看出，一如明朝，在清朝時，江南地區大約提供國家歲入的四分之一。

江南地區在明清兩朝的確是金雞母，該區域的經濟和數量可觀的市鎮吸引學者的目光，許多研究便探討江南市鎮的波動變化。例如，趙崗引用樊樹志的研究，指出江南地區蘇州、松江、常州、杭州、嘉興、湖州六府市鎮數目在不同朝代時的變化，宋朝時僅七十一個、明朝三百十六個，到了清朝時增加到四百七十九個，[24]從這六府之市鎮數不斷增加來看，江南的經濟繁榮之景象可見一斑。那麼，此時，黃宗智

表2.2 中國土地稅賦估算1753年（單位：1,000兩白銀）[23]

省分	地丁(1)[a]	米糧(2)	總和(1)+(2)
吉林（?）	2,990	190	3,180
山東	4,348	953	5,301
河南	4,417	468	4,885
山西	3,817	318	4,135
奉天	46	95	141
陝西	2,007	406	2,413
甘肅	389	635	1,024
江蘇	3,884	4,699	8,583
浙江	3,226	2,401	5,627
福建	1,515	410	1,925
廣東	1,687	938	2,625
安徽	2,158	1,654	3,812
江西	2,274	1,575	3,849
湖北	1,416	665	2,081
湖南	1,514	486	2,000
廣西	469	195	664
四川	857	21	878
雲南	375	355	730
貴州	128	233	361
總計	37,517	16,697	54,214

註：a. 地丁由土地（土地稅）與男丁（丁稅）組成。土地稅是針對持有土地課徵，丁稅是以成年男丁人口計算。其他判定標準，如財產稅，也是稅賦的一種。

所提到的小農家庭，應該會想盡辦法在這些市鎮找份差事才對，就像經濟改革開放之後在都市討生活的農民工那樣，怎麼可能留在鄉下獨自忍受三餐不濟的貧苦生活呢？照理來說，應該會有大規模的城鄉移民才對。

因此本文認爲，學者對於江南市鎮的研究，其解釋雖各有不同，但就總的影響來說，他們或多或少都忽略了該區域以絲綢換取白銀的貿易行爲，當然，這是明清中國在絲綢工業領先所致。至於黃宗智，不也是如此？但似乎又不得不這樣做，因爲他不斷強調江南小農家庭貧苦的生活，假使被讀者發現其實那裡「藏有」爲數不少的美洲白銀，那麼，他就得想辦法回答到底是誰偷走那些白銀，於是，黃宗智決定繼續隱藏這些財寶。

美洲白銀的奇幻漂流

白銀從西屬美洲重見天日之後，經過漫長而遙遠的旅程，終於來到它們最終目的地——中國的長江三角洲，也就是江南地區。

就農業而言，江南地區專業化的產業，也就是棉紡業與絲綢[25]，在明朝與清朝白銀輸入扮演極爲重要的角色。在元成宗元貞年間（一二九五～一二九六），黃道婆在松江府引進棉花。從此之後，元明兩朝便鼓勵農民種植棉花。一般說來，棉花種植多集中在松江府與太倉州，在明朝晚期時達到高峰，當時的可耕地中，大約有六、七成被用來種植棉花。在明朝，棉和絲製品同樣重要，相對地，米糧生產的重要性開始減低。在宋朝江南可說是蘇杭熟、天下足的糧倉，到明朝居然糧產短缺。[26]筆者覺得，這是當地農民基於理性選擇的結果，不過黃宗智堅持認爲數百年來當地小農生活清苦，且不曾有機會改善其生活。但確實有一些小農變成富農的例子！想當然爾，這些證據難以符合普羅克魯提斯的鐵床，以致於床上躺著呻吟而殘缺的人，床下銀子滿地散落，響聲四起，並加上一堆的殘肢敗體。

絲綢手工業在中國已經有上千年的歷史，在明清時期，絲綢的主要產區就是在江南，包含杭州府、嘉興府、湖州府與蘇州府的幾個縣。最好的絲綢是由湖州府與蘇州府吳江縣；湖絲（主要指生產於湖州的絲）與吳絲（主要指生產於吳江縣的絲）可說是海內外馳名。由於大多數的可耕地都拿來種植棉花與桑樹（以提供桑葉養蠶），剩下的可耕地根本得不到足夠的米糧，因此在明清時期江南地區可說是糧產不足。但江南的絲綢貿易可說是本文討論的主旨。

要討論世界經濟整合，絕對不能不瞭解、討論馬尼拉大帆船。馬尼拉大帆船第一次橫越太平洋是在一五六五年，最末一次則在一八一五年。[27]這條橫越太平洋的海上絲綢之路，在全球化的過程中扮演相當重要的角色，同時也是中國與美洲連結，且在產業、地緣文化（geoculture）占有重要地位。可惜，它也是被許多人遺忘的一條航線。

在這兩個半世紀中，大帆船意氣昂揚的航行在「西班牙湖」（The Spanish Lake）——從菲律賓的馬尼拉直通墨西哥西岸的阿卡普科（Acapulco）城。《東西洋考》發現在菲律賓呂宋島，白銀是西班牙人（也許再加上少數的當地原住民）用來和中國進行貿易的唯一通貨。「當船回航（中國），上頭盡是白銀」。[28]簡言之，西班牙白銀解了中國通貨的渴，而西班牙人殷切的需求中國的商品，因爲，呂宋島發展的程度相對較低。基本上，這些商品是日常用品、替代性商品、軍需用品，與絲綢。[29]

爲何中國和西屬美洲貿易能維持這麼久呢？簡單說，是因爲西班牙人使用美洲生產的白銀，來交換中國生產的絲綢，並將之運送到歐美各地高價行銷，大賺一筆。因中國與美洲之間，經由馬尼拉中轉的絲綢—白銀貿易，所以「可觀、且持續的貿易，便在一五七一年……在亞洲與美洲之間開始了」。[30]Dennis O. Flynn和Arturo Giraldez說道：

> 在阿卡普科（註：墨西哥西岸的城市）、馬尼拉與中國突然出現之大量的貿易主要由兩個產業支撐：白銀（由西屬美洲生產運抵終端市場的中國）和絲綢（中國製造，之後運抵西屬美洲）。顯在地方財政與會計上頭的，是中國的「白銀化」，導因於需求面的衝激，而使跨太平洋的貿易在一五七一年誕生。[31]

本文在此必須強調，這一條開始於十六世紀中葉，橫越太平洋的海上絲綢之路，連結了太平洋東岸與西岸，連結了西屬美洲與明朝中國，這應該是人類歷史上可以眞正地宣稱全球化時代的來臨，可惜華人社會圈裡知道的人並不多，但其重要性絕不容輕忽，特別是大量的美洲白銀流入中國這個歷史事實，決定了明清時期數百年的經濟發展。就如Flynn和Giraldez所言，其影響

表2.3　每年經由太平洋運抵馬尼拉的白銀數量[32]

年度	價值數額（披索）	數量（噸）	年度	價值數額（披索）	數量（噸）
1598	1,000,000	25.56	1724~1729	3~4,000,000	76.68~102.24
1599~1602	2,000,000	51.12	1731	2,434,121	62.21
1604	2,500,000	63.9	約在1740	3,000,000	76.68
約在1620	3,000,000	76.68	1746~1748	4,000,000	102.24
1633	2,000,000	51.12	1762	2,309,111	59.02
1634~1688	2,000,000	51.12	1764	3,000,000	76.68
1698~1699	2,070,000	52.5	1768~1773	1,5000,000~	38.34~
1700~1712	2,600,000	66.46		2,000,000	51.12
1713~1714	3~4,000,000	76.68~102.24	1772	2~3,000,000	51.12~76.68
1723	4,000,000	102.24	1784	2,791,632	71.35

是難以估計的，因爲這樣，中國帶領了全球進入了一個白花花的銀兩世界。

全漢昇則根據西班牙官方文件，計算出菲律賓由西領美洲進口的白銀數量，如表2.3所示。

在一五九八～一七八四年間，平均起來，每年約有價值二百～三百萬披索的白銀被運抵菲律賓。根據De Comyn所估計：「從一五七一到一八二一年，大概有四億披索被運到馬尼拉」。[33]然而，這些統計資料只是官方數據，當時走私可是猖獗得很。一六三八年時，西班牙總督Banuelos y Carillo對於走私猖獗，導致大量白銀流入中國感到悲哀，他寫道：「中國的皇帝大概能爲著這麼多不經向西班牙國王納關稅就獲得的白銀，來建造一個專屬的倉廩」。[34]但是最終到底有多少白銀是經由馬尼拉流入中國呢？全漢昇的估計如表2.4所示。

表2.4　每年經由馬尼拉流入中國的白銀數量[35]

年度	價值（披索）	年度	價值（披索）
1586之前	300,000	1604	2,500,000
1586	500,000	1605~1633	2,000,000
1587~1598	800,000~1,000,000	1634~1729	3,000,000~4,000,000
1599~1602	2,000,000	1825	1,550,000

表2.3和表2.4共同說明了，從明朝中葉到清朝中葉，從西班牙運送到馬尼拉的白銀，幾乎悉數運到了中國。例如，一五九八年時，運往馬尼拉的一百萬披索當中，至少有八十萬披索送往中國，另外，在一六〇四年運往菲律賓的二百五十萬披索，則全部都運到中國。具體而言，明清中國的長江三角洲，可說是當時全球絲綢產業、流行服飾的生活中心。雖然證據如此充分，但仍舊吸引不了黃宗智的興趣。在這裡，僅先舉一個例子說明，例如在一六一五年，西班牙皇室曾禁止西屬美洲的傳教士穿著東方服飾，這不就說明東方服飾在美洲流行的事實了嗎？[36]

除了西屬美洲之外，日本（銀島）是供應中國白銀的地方。據稱在一八〇〇年之前的兩個半世紀，中國從日本與歐洲輸入白銀四萬八千噸，並經由馬尼拉從美洲輸入一萬噸以上。[37]大量西班牙屬美洲先輸入歐洲，再轉運至中國。經由與西班牙通商，周遭國家，例如英國、荷蘭等，也獲得大量白銀，並以之與中國進行貿易。[38]當葡萄牙占領澳門成爲貿易根據地幾十年後，西班牙也占領馬尼拉成爲其貨物集散地。葡萄牙占據澳門，並將絲綢從中國出口，賣給西班牙。這麼一來，葡商也用白銀和中國進行絲綢交易，他們攜帶大量的西領美洲的白銀到亞洲，其終端都是指向中國。全漢昇指出：「在一五八〇年代，每年帶到遠東地區的白銀約合一百二十五萬披索。」[39]

荷蘭占據的台灣可說是與日本、東南亞進行貿易的集散地，在這裡，「荷蘭商人也以白銀爲交易的媒介來營利，因爲他們對中國的絲綢貿易深感興趣」。[40]絲製品經由荷蘭商人運抵日本的總數，在一六三五年超過一千擔（五四．二噸），到了一六四〇年增加至二千七百擔（一四六．三四噸）。[41]結果，輸往中國的白銀數量，遠多於表2.3、表2.4的數量。或許值得順帶一提，美洲白銀也流入北台灣，不過，可能因爲西班牙殖民台灣的時間極短，加上與台灣的貿易還遠不如與中國頻繁，另外，西班牙的文獻大都圍繞在馬尼拉華人圈，雖然台灣商人或許有定居在馬尼拉的，但缺乏相關資料。然而，資料顯示，在清朝初期的一六六四到一六八四年之間，從大員（台灣）到馬尼拉的商船共計五十二艘，其中有一艘應該是非法入港，這些商船大部分屬於鄭氏家族所有。在這二十年之間，從台灣進口到馬尼拉的貨品，大多以原料、民生用品爲主，也有少量的奢侈品，其中以布（mantas）、麻（lienzo）爲大宗，其次是鐵、生絲、襯裙（sayasayas）、麥、小拖網線。商品種類繁多，但主要由中國和日本轉運而來。可想而知，當時台灣的手工業尚不發達。[42]

在明清時期，江南地區主要的貿易除了絲綢、瓷器[43]之外，就是棉花產業。在江南地區之外，湖北、河北、山東等省分也都存在一些棉紡織業。[44]然而，這些產業大多集中在江南地區的松江府與太倉州。雖然直到明朝中葉，江南才成爲棉製品貿易的主要集散地，但棉紡織品早

表2.5　由廣州出口的南京棉數量（1786~1833）（單位：錠）[47]

年度	錠	年度	錠	年度	錠	年度	錠
1786	372,020	1802	1,050,000	1814	763,500	1826	547,900
1790	509,900	1803	941,000	1815	678,500	1827	1,380,500
1792	402,200	1804	1,720,000	1816	441,000	1828	1,314,000
1793	426,000	1805	1,679,500	1817	1,229,000	1829	1,055,000
1794	598,000	1806	860,000	1818	798,500	1830	1,051,000
1795	1,005,000	1807	1,488,000	1819	3,359,000	1831	438,750
1796	820,200	1808	775,000	1820	910,000	1832	170,500
1797	573,000	1809	1,245,000	1821	1,876,000	1833	30,600
1798	2,125,000	1810	1,038,200	1822	1,629,384	1817~1833	19,232,919
1799	1,160,000	1811	634,400	1823	1,110,000	1786~1833	44,622,739
1800	1,471,300	1812		1824			
1801	1,584,700	1813		1825			

成為民衆日常用品。相較於絲綢，棉製品擁有廣大的國內市場。

棉花行銷國內許多省分，像是河北、陝西遼東、寧夏、河南、福建與廣東。另外，中國出口棉製品的歷史相當早。例如，松江的棉早在九世紀上半葉就輸出到日本。[45]值得一提的是，和英國東印度公司經貿易獲得白銀在一七三〇年代便已開始。之後，各國船舶陸續來進行貿易，包括英國、美國、法國、荷蘭、西班牙、義大利、丹麥、瑞典，也從廣州採買南京棉（Nankeen）。[46]

表2.5指出由廣州出口的南京棉之數量，清朝在一七五五年時，乾隆皇帝下令由廣州十三行統一管理監督與外國人貿易的相關事務。這種「一口通商」經常被拿來當作清朝不喜歡貿易的說詞。然而，這種說法是沒有根據的。筆者在稍後章節中，將提出歷史證據說明，清代中國與英國同樣熱愛貿易。但這裡，且讓我們先談一談棉花

從廣州的出口數量。上表數據說明，在一八一九年的數量達到最多，大約爲三百四十萬錠，金額爲一百七十萬兩白銀。從一七八六至一八三三年，超過四十年的時間裡，從廣州出口的棉，就超過四千四百六十萬錠。

在一七三二至一七五九年這段期間，上海也出口棉製品，主要銷往日本、朝鮮與琉球國，和東南亞。[48]因此，想必中國輸出棉紡織品以賺取白銀應高過表2.5所指，單單計算廣州一地的數量。當然，其他的地方出口應該無多，因爲這違反清朝當時的法令。

美國在鴉片戰爭之前，在購買中國棉製品扮演重要的角色。例如，美國在一八一八～一八一九年購買二百五十萬錠，在一八一九～一八二〇年則購買超過三百萬錠的棉。[49]所以說，美國在中國出口棉紡織品上頭占了不少的比例。的確，直到二十世紀初期，南京棉還是持續銷往美國，例如在一九三一～一九三六年間，每年大約出口一百二十萬錠的棉布。[50]大量白銀輸入中國以購買棉紡品，但如此多的白銀對明清時期的經濟有什麼重大影響？並且研究白銀流入對探討全球經濟有何功效呢？

全球經濟的白銀化

明清中國——當時是全球最大的經濟體——以白銀爲主要交易媒介，再加上在幾個關鍵性產業遙遙領先，使其產品像是絲綢、棉花、瓷器，以及後來的茶葉爲全球許多國家（王國）消費者所喜愛。所以，在航海能力許可下，西方許多國家攜帶大量美洲白銀，或從太平洋的東岸橫越而來，或先經大西洋回到歐洲，再繞過非洲海岸、阿拉伯海、印度洋、麻六甲海峽、南中國海，抵達菲律賓，或到了中國東南沿海的港口，與中國商人進行買賣。美洲白銀經過了無數里程，最終抵達中國。當時長江三角洲，是全球生產中心，其高階商品例如絲綢、瓷器，與茶葉，都匯聚於此，這裡就是美洲白銀奇幻漂流的最終目的地。

中國實行銀本位制（也就是以白銀爲通貨）長達五百年之久，從一四三六年至一九三五年廢兩改元爲止，白銀可說是近現代的中國最重要的通貨。但如此大量的白銀流通對中國有何重要性呢？如果有，是如何影響？如前所述，大量白銀輸入中國，這是不容否認的，這幫助我們瞭解黃宗智所忽略的，就是全球如何影響在地的、地方的經濟，也就是近現代的中國。這使我們有必要以全球的觀點，來瞭解白銀在中國這塊地土的流通。當討論明末清初，Atwell引個有用的起始點：「〔美洲白銀〕便利貨幣成長，大大促進交易效率，這些進口的白銀能左右經濟步調，或稍微延伸一點能影響國家的經濟發展」，[51]在這裡，他覺得貨幣供給使經濟成長的過程平順，或甚而能影響整個國家的經濟成長。但我們也不能忘記，貨幣供給增加也會推動物價上漲。

水能載舟，亦能覆舟；有人認爲，貨幣供給不足會削減貨幣成長，抑制經濟活動，導致經濟衰退。分別來說，當流入中國的白銀充足（而非過量），全球的經濟活動對中國的經濟有正面的影響。反之，假使白銀短缺，則流通不足會產生不良影響。就這點看來，貨幣供給的數額對中國經濟波動的確有影響。銅的重量與價值讓它只能用在當地市場，長程貿易則不得不使用銀元。當然，紙幣更輕，然而當時的信用制度似乎難以支撐紙幣的交易模式，浮濫的發行也導致其信賴度降低。

明朝在一三七五年發行大明寶鈔，該紙幣發行浮濫，導致失去應有價值，百姓寧可使用白銀交易，勝於使用鈔票。這迫使明朝政府在一四三六年改變賦稅政策，允許使用白銀購買米糧。這麼一來，白銀便成爲官方的主要通貨。由於以白銀支付稅金，導致白銀的需求大幅增加。解決的辦法就是以出口絲綢來換取西屬美洲的白銀，而後者也是西班牙人急欲得到之物。這是因爲在西屬美洲，中國的絲綢是帶動當地流行的主要商品。事實上，白銀—絲綢的貿易被認爲是推動世界經濟整合的重要活動。然而，其重要性長久以來並不爲兩岸高中歷史教學所重視，這也是筆者撰寫本書的用意。但若說學術界對此不賦予注意力也不公平，白銀—絲綢貿易的確被許多學者所討論。【52】

歸功於白銀大量供需並存，由於套利可行，使得白銀多多地流向中國，Flynn咸信白銀也是服從供需律（也就是經濟學所說的供給需求法則）的商品：供給愈多，其均衡價格愈低。他認爲由於白銀在東方可賣得好價錢，這使白銀相較黃金在東西方的貿易成爲要角的原因。這也是何以早期白銀在東方成爲有效套利的商品，例如黃金對白銀的價格比在西方是一：二，到了東方的明代中國就成爲一：四。當西班牙人帶一百兩銀子到中國，卻可購得四百兩白銀價值的黃金。當他們帶著四百兩銀等價的黃金歸國，他們只能在當地換得相當於二百兩的白銀，而這在中國卻只要一百兩。當這過程一開始時，白銀的價值是兩倍，但當過程繼續下去，白銀大量輸入中國，白銀的價格就逐漸減低到與西方相當的水平。根據供需律，當白銀供給持續增加，其價格逐漸減低；相對地西班牙白銀價格逐漸增加。這使套利行爲因著白銀的重分配而逐漸無利可圖。[53]但我們還須記得，古今皆然，如果中國無法生產出被西屬美洲或其他地方消費者喜愛的商品，那麼白銀就不可能持續湧入中國，貴重金屬在不同地區有不同的相對價格，但套利交易只能維持一段時間而已。

在明朝，當白銀的購買力最高的時候，大約是其他地方的兩倍，所以，歐洲人非常樂意將白銀送到中國來。[54]但好景不常，由於白銀總是流向高購買力的區域，當銀子的供給增加，其價值便告滑落，因此套利活動逐漸無利可圖。套利終告結束，但絲綢貿易繼續不輟，白銀依然持續流入中國。也因此，不能就此認定套利是讓白銀持續流入中國的原因。[55]此外，絲綢貿易、茶葉變成中國主要的輸出商品。在工業革命之後，英國平民百姓逐漸養成喝茶的習慣，必須大量向中國購買茶葉，使得白銀持續從英國流出，令英國王室深感不安。稍後，我們將會看到，英國王室、資本家因爲喝（下午）茶的「好」習慣而失去他們的良知良能。

理想上，貨幣供給應能滿足所有交易者的需求量，但失控的貨幣供給則會導致通貨膨脹。例如在北宋出現的交子錢，爲世上首見的紙幣，發行數量過於浮濫，遠超過市場所需，也因此幣值大幅滑落。同樣的戲碼也發生在明朝發行的寶鈔。反過來說，如果發行數量不足，因無法完成部分交易，而導致通貨緊縮。檢視貨幣供給如何影響交易速率的有效方法，就是套用費雪方程式（Irvine Fisher’s formula）：$MV = PT$，其中M是貨幣數量，乘以流通速率V，會等於產品與勞務的價格P，和勞務與貨物的交易量T。因此，貨幣供給增加並非推動價格上漲的唯一因素，但鐵定是關鍵因素。如果交易數量與流動速度維持不變，貨幣供給和商品及勞動價格的變動會等比例增減。然而實際上，不僅貨幣供給會推動價格上升，在長期，即使貨幣供給量仍在控制之下，也可能會促使流動速率增加，使交易數量倍增。

假如明清時期製造出足夠供應流通所需的白銀，那麼大量輸入的白銀必定導致通膨失控，但倘若白銀生產不足而又不進口因應，那麼就會導致經濟停滯。因此，爲求釐清輸入白銀所帶來的影響，有必要知道中國生產白銀的數量。表2.6統計出明朝開採銀礦的總數。

將表2.3、表2.4與表2.6相比較，顯示在明朝本地開採的白銀實在算不得什麼。兩、三百萬披索的白銀（約合五一～七七噸）被運到菲律賓，最終輸入到中國。明朝政府在一四四一～一四五〇年期間，開採白銀的收入也才不過十一噸而已。平均來說，明朝政府所收入的白銀，也不過只占總數的三成罷了。[57]故此，在一四四一～一四五〇年間，本國出產的白銀才三十六噸（十一噸除以百分之三十），年平均量才三．六噸。光以這個數量的白銀根本無法維持經濟活動，特別是如此不足的生產量。或有人認爲，在明朝中期時，推動經濟巨輪的是外國的白銀。的確，在明清時期中國非得生產迎合外國商賈的商品，以從國際市場中賺取白銀。以下經由討論明朝兩段的治世，併一條鞭法，我們便能明白貨幣供給的重要性。

當景氣繁榮時，我們可看到充足的貨幣供給，縱使貨幣供給充裕並不代表景氣一定繁

表2.6　明朝政府開採銀礦的營收（1401~1520）[56]

年份	兩	公斤[a]	年平均（公斤）
1401~1410[b]	1,299,167 (+)	48,719 (+)	5,413 (+)
1411~1420	2,905,602	108,960	10,896
1421~1430	1,993,591 (+)	74,760 (+)	7,476 (+)
1431~1440[b]	1,277,863 (+)	47,920 (+)	5,324 (+)
1441~1450[b]	289,752	10,866	1,811
1451~1460[b]	363,454	13,630	2,272
1461~1470	614,680 (+)	23,051 (+)	2,305 (+)
1471~1480	589,248 (+)	22,097 (+)	2,210 (+)
1481~1490[c]	802,396	30,090	3,009
1491~1500	530,552	19,896	1,990
1501~1510	325,200	12,195	1,220
1511~1520	329,200	12,345	1,235

註：記號(+)指在原始資料中的數值並不精確，其總數應比表所示更高些。

a. 1兩約合37.5克。

b. 缺1401、1435、1441~1443與1450~1454年的資料，因此以兩與千克（公斤）來計算的數額或比實際值還低。所推算的數量是根據可得數值的年份加以推估而得。

c. 從1487至1520年，政府將金銀礦開採的稅入合併計算。由於金礦所得不多，因此幾乎可直接將數額當成勘採銀礦所得。

榮，但比較上確實如此。一般說來，明朝有兩次的繁盛（太平盛世），其一出現在十五世紀初，另一次則在十六世紀後半至十七世紀初。[58]如表2.6所示，在十五世紀初中國本土出產的白銀尚且算豐富，然而從一四四〇年代以後，便逐漸減少，幾乎枯竭。因此可想而知，要維持經濟活動，非得仰賴從國外進口白銀不可。不知是否誇大了些，Flynn和Giraldez認爲中國「白銀化」（Silverization）的影響是全球性的：

中國擁有全世界四分之一的人口〔按：一六四四年有一・六億，根據Fairbank（1992: 128）〕，並且擁有全世界最大的朝貢貿易系統。當一個占世界經濟比重如此大的經濟體要購買某個必須在大陸間運輸的貴重商品，那麼對全世界來說，對這產業的影響將會很大。【59】

明清時期中國擁有全世界四分之一的人口，並且以白銀作爲交易的媒介。我們可稱中國周遭國家爲「銀區」，畢竟如此繁盛的經濟活動對世界有舉足輕重的影響力。因此，在探討世界經濟活動時，絕不能將中國成爲吸納白銀的重要地區給忽視掉。這個事實難道不足以說明中國不只不是孤立於世界經濟，而且還扮演著舉足輕重的角色嗎？簡單說，本國出產的白銀是明朝第一個盛世的推手，但外國輸入的白銀才是明朝第二個盛世的根本。因爲大量白銀促使貨物與勞務間的交換，並且推動貨幣的成長，確保明朝後來的貨幣供給不虞匱乏。

另一個例證更能突顯白銀流入中國的效果。在十六世紀中葉，明朝政府針對積弊已久、沉痾已深的賦稅制度體系做了一番改正，推行「一條鞭法」，也就是將許多的稅賦項目簡化，並將稅金與勞動合一。在實行一條鞭法之前，農戶肩負絕大多數的土地稅與繇役（無償勞動）。大抵的情況如下所述：

每位男丁稅負的擔子乃是取決於地方官員的認定。但管理該系統的責任卻爲權貴家庭——亦即大户人家所左右，也就是，他們能經由變造、隱匿相關資料，達到逃漏稅的目的。經由賄賂，官員減少他們應繳納的稅額，使得重擔落在當地這些窮人家的肩上。【60】

明朝宣德與正統（一四二六～一四四九）年間，由於琳瑯滿目的稅賦與繇役，結合當時的社經情勢，最終導致成千上萬的人逃離家園，隱居山林。事實上，明朝許多暴動和過時且惹人厭的稅制體系脫不了關係。在稅制改革之前，明朝國勢可說是搖搖欲墜。【61】

一條鞭法在一五二二年頒布，直到一六五九年才廢止。【62】該法有幾個創舉，包含：一、將三、四十個土地稅簡化爲兩三項；二、將土地分級簡化爲兩三個稅率級距；三、以白銀徵稅。【63】一條鞭法的實施的確帶來改進。首先，使土地勞力的稅賦公平化，農民終於不用一肩扛起稅賦與勞務；其次，減少壓榨奴役百姓，政府僱用專職的勞動者，取代無償的繇役；第三，更重要的是，該法促進商業經濟的發展，因爲即使是農民，也依然要在市場上銷售商品，換取白銀來交課納稅。這些明代晚期的稅制改良，終於緩解暴亂的情勢。但假若本地出產的白銀幾乎告罄的話，這政策要怎樣才能落實呢？

明萬曆年間（一五七三～一六二〇），每年歲入白銀超過一千五百萬兩，【64】但當時中國的白銀產出卻減至最低。可以這麼說，如果不輸入白銀，那麼一條鞭法根本就無從實施起。【65】此外，要記得一條鞭法是從福建與廣東省開始試辦，在這些地方，最早有商人與外國人進行貿易，來賺取白銀。從這裡，我們就能合理推論，如果不輸入白銀，明朝早該因其老舊、過時的稅賦體系而衰亡。雖然這結果發生的機率難以量化，但即使如此，我們也不應忘記這有可能導致明朝的衰亡。

回到正題，本節主旨欲指出進口白銀的重要性。以全球觀點來看，在本文的案例中，進口白銀對白銀流通的重要性，是顯而易見的。中國與世界經濟的緊密連結可見一斑。即使黃宗智堅持一三五〇～一九八八年之間長江三角洲的小農家庭過得並不如意，但江南的繁榮卻是事實，那麼，美洲白銀在漫長的漂流之後在此處定居了，其命運如何？黃宗智並不清楚，但這顯然不是問題的全部。

黃宗智理論的其他問題，但未必是江南的

黃宗智對發展一詞的模糊定義，與他強調人口成長的因素，前面已經討論過，在這裡就來討論他得獎著作中還沒顯出的部分。一開始，他宣稱江南地區的農民僅能餬口度日，以種植穀物爲主要的經濟活動。當他回應Kenneth Pomeranz（彭慕蘭）在二〇〇〇年出版的專書《大分流》時，他依然信持江南地區的經濟活動只能自給自足，他說：長江三角洲平原本幾乎種滿供人食用的穀物，[66]這說法一點都沒錯，但這個能賺取大量外匯的區域，農民居然連溫飽都是奢求？江南的種植樣態，其實遠比他所想的還要複雜。

表2.7　沈氏農業綜合產業的經營模型[70]

項目	數量	生產量	利潤（白銀：兩）
白米（及其他穀物）	30畝	90石	90兩
桑葚	10畝	850片＝17,000條 蠶600片 布料120錠 250（單位）賣出	120兩 22.5兩
禽畜	58頭	豬、羊、鴨 鵝、雞	55.1兩

《補農書》（《沈氏農書》的續篇）指出，種植桑樹養蠶比起種植稻穀雜糧，獲利可達兩、三倍之多。[67]繅絲養蠶可說是該地獲利最豐的事業，不但如此，江南地區也非僅種植單一作物，這和黃宗智所論述的相去甚遠。曾有人認爲，縱然已有各種農業相關的產業（如製造農具、農產品加工、產銷等），但典型商業化的農業，不僅種植多種作物，還兼營家禽家畜等等。[68]例如，沈氏的管理模型顯示在江南地區種植桑樹、種稻與蓄養禽畜的重要性。[69]

表2.7顯示，豢養禽畜獲利五五．一兩白銀，占總獲利的百分之十九（二八七．六兩，當中包含蠶絲相關的產業一四二．五兩，和種稻的九十兩銀）。與黃宗智所說的剛好相反，總收益的五分之一來自飼養禽畜。這樣，怎能說長江三角洲的經濟條件是人民過著僅以餬口爲生的日子呢？或許沈氏的模型誇大了點，並且貧農根本不可能過著這種模式的生活，但較爲富裕和幹練的家庭想必能如此經營。這樣，就不能說服人，宣稱從一三五〇年直至一九八八年，也就是黃宗智所研究探討的期間，江南地區的老百姓居然過著貧窮線邊緣的生活。至少，黃

表2.8　清朝部分時期人口與土地間的比率[72]

年份	土地（頃）	人口	每人畝數
順治18年（1661）	5,493,576	95,688,260	5.7
康熙24年（1685）	6,078,430	101,708,690	5.9
雍正2年（1724）	7,236,327	130,559,740	5.5
乾隆18年（1753）	7,352,218	183,678,259	4
乾隆49年（1784）	7,605,694	286,321,307	2.6
嘉慶17年（1812）	7,886,256	333,700,564	2.3
道光2年（1822）	7,562,102	372,457,533	2
咸豐元年（1851）	7,562,857	432,164,047	1.7
光緒13年（1887）	9,248,812	401,520,392	2.3
光緒27年（1901）	9,248,812	426,447,325	2.1

宗智得告訴我們，他要如何解釋爲何這種綜合經營農業的模型，竟然只能被定義爲僅以餬口的經濟。另外，本文稍早也提出證據，說明部分農民因爲「力田」（努力務農）致富而成爲富農，所以，江南不只有小農家庭而已。

其次，黃宗智強調人口壓力是導致停滯不前成長的主因，那麼我們就有必要知道清朝時期人口與土地之間關係的實狀究竟如何，以檢視到底人口壓力是否存在。根據全漢昇的研究，明清時期每口男丁大約能分到四畝田，這也是維持生計的最低限度。[71]行龍則提供一六六一到一九〇一年，部分年份的數據，如表2.8所示。

雖然清乾隆六年（一七四一）以前的人口統計並非可靠，但很明顯的是，一七五三年以後的糧食生產便告不足，這是因爲每人能分到的農耕地不足四畝。[73]米糧短缺乃是因著每人獲得的可耕地不足。在清朝乾隆、嘉慶、道光年間（一七三六～一八五〇），人口的確呈現增加的趨勢。因此，許多學者認爲應該要強調這段期間人口增加所帶來的壓力。但清朝人口增加的根基早已在康熙與雍正朝（一六六一～一七三五）奠定。如果前任皇帝時的經濟根基不穩，那麼就難以支撐超過百年的人口增長。此外，光以每人四畝田來假設農業生產力恆常不變，而無任何改良生產力的手段，著實不合理。令人難以置信的是，在清初國際日漸強盛，從外國輸入白銀，難道不想些什麼辦法來改進農業技術、灌溉系統、種子與引進新品種作物嗎？事實上，有些作物（如玉米、地瓜便是由美洲引進）能種在不適合種植稻米的田裡，並不會令可耕地減少，卻可養活許多的人。[74]雖然清朝初期人口急遽增長是眞，但這些新農作物應該可舒緩人口增加所帶來的壓力。

事實上，黃宗智是對的，他認爲江南的農業技術並沒有提升，特別是水稻生產，在技術上沒有重大突破。不過這並非故事的全部。黃宗智並未注意到生產集約度提升不少，而且還是資本投入。以李伯重的話來說，主要的途徑是「增加以肥料投入爲中心的資本投入」，這種資本投入自明代以來，就一直以相當高的速度增長，到清朝中葉才達到肥料投入的極限：「通過改變農業經濟結構，把經營重心轉移到集約程度較高的部門」[75]，這對於江南農業的發展確實有重大意義。另外，黃宗智認爲，長江三角洲的人口壓力極大，這論點並非空穴來風。在一三六八～一八五〇這五百年之間，這個地區的可耕地面積沒有增加，然而人口卻增加了兩倍，這個問題如果不加以處理的話，確實可能發生黃宗智看到的農業「內捲化」（involution）現象。不過，這樣的現象並未出現在這段時期的江南地區，因爲在既有的水土資源上進行改造，在自然條件最適合的地方，分別配置不同的生產部門，以形成水稻、棉花與蠶桑三大專業化生產，再加上從唐朝開始的稻麥複種制，在江南地區技術進步相當明顯。凡此種種，避免掉江南農業可能遭遇的內捲化問題的產生。[76]

第三，黃宗智認爲，由於人口壓力，導致農村家庭過著悲慘的窮日子。剛剛我們提到了江南在一八五〇年之前的五百年間，耕地未增，但人口增加了兩倍，人們會直接聯想到，糧食應該會不夠才對，黃宗智也做如是想，這些人口糧必定大大不足。在這裡，我們看看中國的糧倉系統與稻米進口。中國老早便實施「均輸」與「平準」制。其中「均輸」制度（確保各省間糧食儲備與運輸互補缺短），在十九世紀中期解體之前，行之有年，且成效卓著，在其瓦解之前並未造成嚴重的飢饉。也就是說，縱使清朝連年人口增加，但直至清朝中葉，仍未造成糧食嚴重的匱乏。[77]

再者，乾隆皇帝六一年（一七七二）從外國米糧進口米糧，當時從暹羅（今泰國）進口三十萬石白米到廣東、福建與寧波。在當時前面的雍正皇帝，直到後來乾隆年間，還是鼓勵進口稻米（一七二三～一七九五）。根據許璇的估計，自同治六年（一八六七）以後，進口稻米的數量便持續增加，如表2.9所示。

雖然稻米進口增加的確是個趨勢，但在一八八六年以前增加並不快速。在整個清朝，進口白米是免稅的。還有，「防穀令（避免糧食任意跨省移動的法令）規定商人如果要跨省運糧，必須交付稅捐」，等於鼓勵沿海省分百姓購買外國稻米，因爲相較內陸長途陸運漕運的高昂費

表2.9　中國進口稻米的數量（18671933）【78】

年份	平均值（擔）[a]	指數	年份	平均值（擔）[a]	指數
1867~1870	387,633	100	1901~1905	4,505,781	1,162
1871~1875	430,820	111	1906~1910	7,479,112	1,929
1876~1880	440,824	113	1911~1915	5,733,683	1,479
1881~1885	230,637	60	1916~1920	6,213,346	1,603
1886~1890	4,288,009	1,106	1921~1925	15,610,613	4,027
1891~1895	6,928,921	1,788	1926~1930	16,632,519	4,290
1896~1900	5,947,215	1,534	1931~1933	18,215,485	4,699

註：a. 1擔約等於54.2公斤。

用，從國外進口顯然有利。直到一九二〇年代，進口白米的數量仍維持在一千五百萬擔以上，縱使這數額不過是國內消費總數的百分之二．一而已。【79】這說明黃宗智所說的糧食短缺，其實是不存在，也沒有因人口壓力而帶來嚴重的問題。

第四，黃宗智所感興趣者，爲一三五〇年起的數百年間，富饒的商業化與貧寒交迫的農家生活並存在江南地區。他下結論說：「明清時期的市場發展……伴隨著邏輯的故步自封，與實行上停滯不前，僅能餬口的農户經濟……並且多數農民家庭從事商業化的棉花、桑樹種植、紡紗與布料生產，並非因爲這些基於理性的活動能提供他們最大利益與累積資本，乃是在不合適的農耕收入與過剩的家庭勞動力的條件下，求取生存（這是我所強調的）的方式。」【80】

的確，許多鄉鎮志說出了農戶的貧窮。在十八世紀中葉，例如相對富裕的《無錫縣志》寫道：

農民僅能從田裡得冬天的米糧。當他們付租之後，他們清空米缸，放在罐裡，以取回他們典當的衣服。在早春，他們開始紡織以換取糧食與布料，因家裡已無米糧。【81】

假若農民在無錫鎮這種富裕的地方過著艱苦的生活，那麼可以想像在較貧窮的鄉鎮，那生活豈非悲慘不堪？想必如此。但地方志卻勾勒出江南地區各市鎮的富饒景象。例如：

《南潯鎮志》記載說，在明末清初，市場有如魚鱗比次，煙囪燈火成千上萬，滿港船舶。【82】

清乾隆朝（一七三六～一七九五）時，《震澤鎮志》記載：數百種商品在市場交易，看似個小都城。【83】

當我們對比小農的貧窮與市場的繁榮，對於黃宗智所熟稔的理論機制（也就是停滯不前的成長並未帶來發展），這裡產生個簡單的謎：誰拿走了錢？也就是工業化與提升勞動生產力所必需之資本積累的資金，大家有什麼看法呢？

第五，黃氏說，農民以理性的方式，不求營利，而只求生存。因此，對農民而言，市場是蠅頭小利、規模微小的。【84】爲敘述江南地區盡是這種市集，他引用吳承明的統計數據，來說明

表2.10　中國的貿易量，1840年前後（單位：百萬兩）[85]

商品項目	價值	百分比	進口淨額 (+) 出口淨額 (–)
穀物	138.833	39.71%	-
棉花	10.859	3.11%	+ 3.015
棉布	94.553	27.04%	+ 0.802
生絲	10.22	2.92%	– 2.252
絲綢	14.55	4.16%	-
茶葉	27.082	7.75%	11.261
食鹽	53.529	15.31%	-
總計	349.626	100.00%	-

在一八四〇年前後，棉花、棉布、米糧占貿易總額的三分之二，如表2.10所示。

黃宗智加總了百分之三十九．七一的穀物、百分之三．一一的棉花，以及百分之二十七．〇四的棉布，合計中國貿易項目中，布料和食物（即馬克思所說的只爲日常生活所需之「小規模生產品」）的比重超過七成。此外他還堅信「許多交易不過就是販夫走卒、市井小民蠅頭小錢的買賣而已」。[86]

黃宗智所引的同一份資料卻能呈現迥然不同的圖像：假使我們暫且無視黃宗智所言的百分比的話，則當中出口淨額或進口淨額就值得一提。首先，即使沒有穀物的進口淨額（＋）或出口淨額（－），但就金額來看，一．三八億兩，或全部的百分之三九．七一著實可怕。如果說這些數額都是市井小民、農夫、小販一分五毫的交易加總起來，恐怕難以讓人相信。就技術層次而言，即使時至今日，依然難以全盤算出，更別提在明朝或清朝。

撇開清朝曾有的防穀令不管，何以沒有穀物的淨出口或淨進口量，有種說法是，諸省間長途的糧食貿易掌握在紅頂商賈，而非那些升斗小民手中。蔣建平引用部分吳承明[87]的估算，認爲在鴉片戰爭前夕，國內貿易量大約爲三．八八億兩，當中穀物約占百分之四十二，內中約有百分之二十一是省際間的貿易。另外，每年大約有三千萬石的米糧得運至遙遠的終端市場。[88]果眞如此，那麼這樣龐大的國內外的交易，怎可能如黃宗智所言，是由小農小民獨力完成呢？

但重點是，黃宗智爲何選擇大約一八四〇年時的中國對外貿易的資料呢？這道出什麼？美國的漢學巨擘費正清以一八四二年爲分界，劃分所謂的「傳統」與「現代」中國，而黃宗智也選取這個劃分時點前後的資料，來證明中國在此時的貿易都只是升斗小民的零星買賣，這不正是一幅小農經濟、社會結構簡單的畫面嗎？這不是黃宗智想要讓我們望見的社會面貌嗎？

關於中國近代所發生的重大事件，發生在一八四〇年代的鴉片戰爭是其中之一，許多學者將此視爲中國歷史的轉捩點，黃宗智似乎也不例外。爲了證明中國經濟發展遠不如當時工業發達、社會思潮（例如自由貿易）勃興、資本主義最進步、也是最現代化的英國，黃宗智接續吳承明的研究，後者主要討論鴉片戰爭前後中國對外貿易的統計數字，包括輸出入產品的種類、金額，與百分比，因爲黃宗智的研究目的是證明中國在一八四〇年前後的貿易，都是雞毛蒜皮、蠅頭小利的小額貿易（petty-trade），相較起來，英國資本主義所發展出來的乃是大量生產、巨額（large-scale）貿易。所以，黃宗智告訴我們，舊中國在貿易種類之中有高達三分之二的比例，都只是農民日常生活所需的衣服、食品等規模微不足道的零碎貿易而已。這說法恰巧與美國最重要的漢學家費正清，將晚期帝制中國以一八四二年爲界線，區分爲之前的傳統中國，與之後的現代中國，所呈現的風貌極爲相似。但這純粹只是巧合嗎？當然不是，筆者相信，我們可以將黃宗智視爲費正清的追隨者。在這樣的分期下，所有近代中國有意義的變遷都只能發生在一八四〇年代之後，也就是西方列強在中國擴展勢力範圍。套用費正清相對委婉的說法，則是西方列強爲滿清中國帶來現代化的機會，所以，雖然要證明黃宗智與費正清之間的關聯並不容易，然而如此相近的歷史分期，若說是「純屬巧合」應該更令人難以相信。

既然費正清認爲現代中國僅僅是在鴉片戰爭之後才開始，那麼，在稍後討論鴉片戰爭時，我們會更進一步詳細討論。在這裡，爲要理解黃宗智爲何要這樣解讀吳承明一八四〇年前後中國對外貿易的統計數據，我們不妨先略爲瀏覽費正清對於超過五百年的明清時期；或者晚期帝制中國以一八四二年爲界，將此時期一分爲二，即區分所謂「傳統的」與「現代的」中國。對費正清而言，現代中國開始於西方列強帶著槍砲出現在中國領土那一刻，在西洋人到達以前，傳統的中國是停滯不前的。當然，一八四二年以前的中國無法讓費正清覺得有什麼吸引力。在他的研究中，他認爲，中國如果發生什麼有意義的變化，也絕不可能發生在一八四二年之前。因爲代表著「現代的」、「進步的」、「理性的」西方各國尚未敲醒中國這頭巨獸。[89]這裡我們約略可以看出，費正清的分期「規則」與先前我們在導論中所提出西方哲學之二分法正不謀而合，他以一八四二年之前/之後，來對應所謂的現代/傳統、進步/停滯、理性/非理性等等，而代表著現代的、進步的，與理性的正是英國（西方列強），對應於此的則是傳統的、停滯的，與非理性的中國（東方社會）。費正清在美國和中國都有許多徒子徒孫，如果這種二分法與歷史事實大致相符，那麼，受益於費正清者應該難以計數；但是假使僅為配合二分法而棄歷史事實而不顧，這樣一來，原來該受益的學生，反倒被他所誤導了。

這裡再稍微岔開話題。本文一開始舉例說明，得獎者所說的未必盡都是事實，有時候，不曾得獎的人所說的話，其眞實性也未必不高。筆者希望能證明，自二十世紀初至今超過一百年，全球被公認為最偉大、影響深遠的兩位（西方，也不可能出自於「傳統的」東方）學者——社會（科）學家費正清（一九〇七～一九九一）與韋伯（Max Weber，一八六四～一九二〇）——前者可以說是影響中國研究最重要的學者，後者則被尊稱為古典社會學大家——對於東方（中國）所知有限，然而他們說過的話，至今仍被奉為圭臬而不欲質疑，其著作被視為經典。即使經過數十年，費正清對於中國傳統法律的看法，依然延用著韋伯對中國法律體系的錯誤認知。簡單說，既然費正清對於傳統中國的興趣不高，他對中國「傳統」法律體系應該知道極少。筆者謝某在本書稍後將以專章來討論這個議題，說明「傳統」中國的法律體系不能使用「停滯的」、「非理性的」，「不可預測的」這類負面形容詞來描繪。

我們暫且回到正題，也就是黃宗智如何看待在一八四〇年前後中國對外貿易的情形。在他的說法中，我們幾乎可以肯定他是費正清的追隨者。黃宗智對表2.10數據的解讀，正好是為符合費正清對晚期帝制中國的分期，而忽略掉重要的歷史事實。現在，讓我們再回到表2.10，因為筆者有意說明，茶葉（而非鴉片）才是貿易的要角，因此讓我們先看看茶葉在一八四〇年的

「樣子」。在一八四〇年前後，絲製品的出口淨額爲二百二十五萬兩，茶葉的出口淨額則爲一千一百萬兩，是絲製品的四倍多。這道出中國經由茶葉貿易，從世界各地賺得大把銀兩。換言之，在鴉片戰爭前夕，中國的茶葉在國際市場上競爭力頗強，絲製品則相形遜色，但後者對經濟活動的助益不容小覷。故此，筆者認爲檢視總數額比百分比來得恰當。當然，茶葉比起鴉片，可說是小巫見大巫，在貿易中相形遜色許多。畢竟我們高中歷史教育一直強調鴉片戰爭是因爲鴉片而開打的。但追根究底，「鴉片」戰爭的導火線是因爲茶葉，這與一七七三年十二月十六日倒入波斯頓港的東西是一樣的。

如同黃宗智所提，在一八四〇年前後在中國都是小額、瑣碎的貿易，這的確不令人感到意外，因爲他根本沒發覺到一八四〇年代之前早在江南地區存在白花花的銀兩。他認爲，直到歐洲列強的槍砲叩門之前，中國鎖國不出。爲了堅持他認爲的，小農戶在過去六個世紀過著僅得溫飽的日子，卻完全忽略掉大量流入中國的白銀，是何等重要！正由於白銀流入中國，使得明朝有第二個治世，經濟繁榮，能夠推動稅制改革，也就是一條鞭法，其影響難以被忽視。但對黃宗智而言，全球經濟活動對江南地區，竟全無影響，非得等到洋槍大砲把中國轟醒，才起身步入國際資本主義裡頭。[90]在他的認知並所學裡，在鴉片戰爭前中國並無海上貿易，也沒有一文銀是從國外輸往中國。

黃宗智關懷貧窮農戶的初衷值得讚賞，但現在，我們對他似乎有個疑問：我們上哪兒找失落的銀子？我們業已證明，中國每年經由馬尼拉進口西屬美洲的白銀達二百～三百萬披索之多。另外，還有經由朝貢貿易帶到中國，爲數頗多的白銀。這些事實和黃宗智所說的並不相符，如此大量的白銀絕不可能平白消失。雖然在此並不適合發掘銀子到底在哪，但箇中有兩種可能。第一個可能性爲，社會權貴魚肉鄉民，以極高的利率放款來壓榨百姓，榨乾他們僅有一點原本該拿來累積資本的餘錢。趙毅指出，在明英宗正統朝（一四三六～一四五〇）時，平均利率爲百分之一百，最高利率在嘉靖年間（一五二二～一五六七），竟然有百分之六百之譜。[91]同樣的問題看來也出現在清朝，黃宗智知道：按大清律法，禁止錢莊向農戶借救命錢時收取高利。[92]然而，這鮮明的證據正說明，在清朝高利貸的問題十分嚴重。

其次，貪污並不比高利貸少。研究指出了，在一五九八到一六〇六年的八年之間，明朝的宦官光是從江南地區便搜刮了四十萬兩白銀，更有人認爲，宦官從江南地區實際暴斂的金額達徵收財產稅額的十倍之多。[93]換句話說，十分之九的稅收進了官員的紅布袋去了。當然，這些理由還需進一步闡釋，以回答這個問題：誰將錢拿走了？但黃宗智簡直就像個魔術師，將白銀硬生生地在普羅克魯提斯的鐵床上斬去，並且蓋上僅以餬口的農耕之棉布，而使之消失無蹤。

當爲數可觀的白銀源源不絕輸入中國的時候，爲何江南地區的農民仍過著貧窮而僅以餬口的生活呢？最後，究竟是誰將用來增進勞動生產力的錢給拿走？並且誰能爲江南地區勞動邊際收益遞減負責？從以上討論，我們略爲可以看出一點端倪，也終於明白，原來白銀並非憑空消失，乃是在縷縷升起的白煙所帶來的飄渺之樂中燃燒殆盡。

結語

全球對一地的影響可在不同的方面上呈現，像是建築、生活方式、政治、經濟，以及意識形態。本文經由證明在明朝後期實行一條鞭法而帶來第二波經濟繁榮，來指出白銀流通的影響。如果不考慮絲綢與棉紡織業，特別是前者，那麼江南地區絕對無法在明清兩朝，賺進大把白花花的銀子，也無法取得這樣多的稅收。不輸入白銀，江南的繁榮將無以爲繼，因此，中國輸入白銀所帶來的影響是顯而易見的。

從上文所述，美洲白銀的奇幻漂流，終點抵達長江三角洲，因爲絲綢、棉花、瓷器，與茶葉的外銷，使得這些銀子成爲明清兩朝經濟能夠穩定發展的利源，但是在學者有意或無意的忽視下，只能在幽暗的地窖中錚錚作響。

註解

【1】Jeffrey D. Sachs，《終結貧窮：如何在我們有生之年做到》（台北：臉譜出版，二〇〇七）。本書英文版爲*The End of Poverty: How We Can Make it Happen in Our Lifetime* (London: Penguin, 2005).

【2】黃宗智（Philip C. C. Huang），《長江三角洲小農家庭與鄉村發展》（北京：牛津大學出版社，一九九四），本書英文版爲*The Peasant Family and Rural Development in the Yangzi*

Delta, 1350-1988 (Stanford, Calif.: Stanford University Press, 1990).

【3】黃宗智（Philip C. C. Huang）爲加州大學洛杉磯分校教授，期刊*Modern China*之主編，本書以其中文姓名爲主，參考書目若爲英文著作的話，則僅使用Philip C. C. Huang表示之，不再使用其中文姓名。

【4】本章改寫自Vincent H. Shie, 'From the Local and the Global: Jiangnan in Regional and Global Circuits, 1127-1840 (Re-evaluating Philip C. C. Huang's The Peasant Family and Rural Development in the Yangzi Delta, 1350-1988)，《輔仁大學社會學系研究初探論文系列》，第十六期，二〇〇六年一月，第一～四六頁。

【5】黃宗智，《華北的小農經濟與社會變遷》（北京：中華書局，二〇〇〇）。該書之英文版爲Philip C. C. Huang, *The Peasant Economy and Social Change in North China* (Stanford, Calif.: Stanford University Press, 1985)。《華北的小農經濟與社會變遷》一書獲得一九八六年美國歷史學會的John K. Fairbank（費正清）獎，但本章將研究重心放在《長江三角洲小農家庭與鄉村發展》所挑起的論述上頭。此二大作，讀者得以約略看出，作者在中國農村經濟發展賦予相當之關心，這無庸置疑。不過，稍後的分析中，我們將會看到黃宗智在分析的架構上，遵循著費正清以一八四二年爲基準將中國區分爲所謂的「傳統」與「現代」中國，對黃宗智而言，傳統中國基本上可以稱之爲「小農」經濟，然而，我們將會看到這樣的區分並不適當。費正清以鴉片戰爭將中國區分爲二的分析方式影響學者甚鉅，這樣的誤解必須打破，而這也是本書的主要宗旨。

【6】本文所指江南包含長江以南江蘇省的縣分，即清朝統治時由江寧等諸府管轄的區域，包含江寧府、常州府、蘇州府、宋江府與太倉州，並今日浙江省所轄所對應清朝統治之杭州府、嘉興府與湖州府。其區域約等於William P. Skinner所劃分的長江下游地帶。請參考Skinner, *The city in late imperial China*，以及Huang, *The peasant family*。本文以江南（地區）與長江三角洲兩名詞交替使用。

【7】本章並非聚焦在辯論資本主義的起源，雖然這類的辯論對世界史頗爲重要。因爲，黃宗智在《小農家庭》一書所出現的最大問題，吾人認爲是他並未運用全球的視野，來分析在地的歷史，以致於沒有對白銀在全球的流通賦予一定之注意力。而關於資本主義的起源，社會學大師Max Weber（韋伯）宣稱可預測的法律體系是資本主義起源的必要條件，而中國傳統法律不具備。關於這樣的說法，筆者將另闢專章討論中國傳統法律體系，來證明社會學大師兼（東西方）歷史比較研究之巨擘韋伯並不瞭解東方的中國。但，即使如此，一百年來韋伯仍然是大師級人物，其地位未曾劇烈動搖。

【8】傅衣淩，《明清時代商人及商業資本，明代江南市民經濟試探》（北京：中華書局，二〇〇七），第二三二頁。

【9】岡田英弘，《世界史的誕生：蒙古帝國與東西洋史觀的終結》，第二六八頁。

【10】經君健，〈清代關於民間經濟的立法〉，《經君健選集》（北京：中國社會科學出版社，二〇一一），頁四一九～四四一，第四四〇頁。

【11】Philip C. C. Huang, ‘A Reply to Ramon Myers,’ *Journal of Asian Studies*, 50(3), pp. 629-33.

【12】Huang, 'Development or Involution in Eighteenth-Century Britain and China? A Review of Kenneth Pomeranz's *The Great Divergence: China, Europe, the Making of the Modern World History*, p. 534.

【13】事實上，從明初一直到嘉靖年間，蒙古人對明朝的威脅似不曾停止，俺答汗曾在十六世紀中葉率十萬大軍進攻北京，亦曾發生土木堡之變的慘事。請參閱周重林、太俊林，《茶葉戰爭：茶葉與天朝的興衰》（武漢：華中科技大學出版社，二〇一五）。

【14】罪犯者家產經清查與登記後予以沒收，中國歷代理朝經常以籍沒之制度為其主要手段，用來鎮壓反叛者與重罪者。

【15】《明太祖實錄》卷四九，〈洪武三年二月庚午條〉，引自傅衣凌，《明清時代商人及商業資本》，第二三四頁。

【16】范金民，《賦稅甲天下：明清江南社會經濟探析》（北京：三聯書店，二〇一三），第十一頁。

【17】國家市場的形成，區域的專業化，與區域之間的貿易流通，其例證請參考Laurence J. C. Ma, *Commercial Development and Urban Change in Sung China 960-1127* (Ann Arbor, Mich.: Michigan Geographical Publication, 1971); G. William Skinner, *The City in Late Imperial China,* (Stanford, Calif.: Stanford University Press, 1977)：錢杭、承載，《十七世紀江南社會生活》（台北：南天書局，一九九八）；程民生，《宋代地域經濟》（台北：雲龍出版社，一九九五）。

【18】請參考斯波義信，《宋代商業史研究》（台北：稻香出版社，一九九七）：Mark Elvin, *The Pattern of the Chinese Past: A Social and Economic Interpretation* (Stanford, Calif.: Stanford University Press, 1973)：陳高華、陳尚勝，《中國海外交通史》（台北：文津出版社，一九九七）。

【19】韋慶遠認為，江南地區提供最多的稅收，是因南宋時土地分爲官田與私田兩種，其中江南地區大多爲官田，特別是在蘇州府與宋江府。官田的租稅遠高於私田，但官田與私田的劃分並不明確。但作者提供何以在江南地區，官田比例遠高於私田的幾個理由，例如南宋就是因國都南遷，政經中心轉移，江南富裕的經濟，土地營收的增加，較高的土地價格，土地因財富被兼併較嚴重，並加上明朝首先定都於南京，有從江南地區較多挹注中央政府的財政。更重要的是，即使並非最主要的因素，江南較爲富裕，故此收得的稅賦也較多。想必江南地區能有足夠的財源拿來課稅，不然南宋以後諸朝代，豈不因人民無從謀生，而自掘墳墓嗎？請參照韋慶遠，《明清史辨析》（北京：中國社會科學出版社，一九八九），第一五七頁。

【20】韋慶遠，引註《明史食貨志》，第三七頁。

【21】《大明一統志》，明萬曆年間編，引自樊樹志，《明清江南市鎮探微》，第六六頁。

【22】樊樹志，《明清江南市鎮探微》（上海：復旦大學出版社，一九九〇），第六五頁。

【23】Yejian Wang, *Land Taxation in Imperial China, 1750-1911* (Cambridge, Mass.: Harvard University Press, 1973), p. 70.

【24】趙崗，《中國城市發展史》（台北：聯經出版社，一九九五），第一七三頁。研究江南市鎮的中外學者不在少數，請參照例如：劉石吉，《明清江南市鎮研究》（北京：中國社會科學出版社，一九八七）；Gilbert Rozman, *Urban Networks in China and Tokugawa Japan*, (Princeton, NJ.: Princeton University Press, 1973)。

【25】在稍後的章節中，我們將會討論到瓷器在江南景德鎮的生產，與其在全球的銷售，特別是在西屬美洲。此外，我們也會討論到該產業在智慧財產權保護的問題，特別是在本書之第四章。

【26】趙崗、陳鍾毅，《中國棉業史》（台北：聯經出版社，一九九七），第四六頁。

【27】William Lytle Schurz, *The Manila Gallon*, (New York: E.P. Dutton & Co. INC., 1959).

【28】陳樺，《清代區域社會經濟研究》（北京：中國人民大學出版社，一九九五），第三〇六頁。

【29】全漢昇，《中國經濟史論叢》，卷一（香港：中文大學出版社，一九七二），第四二五頁。全漢昇在拼音上另一個廣爲人知的拼音姓名爲Quan Hansheng。

【30】Dennis O. Flynn and Arturo Giraldez, 'Introduction: The Pacific Rims' Past Deserves a Future,' in D. O. Flynn, L. Frost and A. J. H. Latham (eds.) *Studies in the Economic History of the Pacific Rim* (London and New York: Routledge, 1998), pp. 1-18, p. 1.

【31】Dennis O. Flynn and Arturo Giraldez, 'Spanish Profitability in the Pacific: The Philippines in the Sixteenth and Seventeenth Centuries,' in D. O. Flynn, L. Frost, and A. J. H. Latham (eds.)

Pacific Centuries; Pacific and Pacific Rim History since the Sixteenth Century (London and New York: Routledge, 1999), pp. 23-37, p. 23.

【32】全漢昇，《中國經濟史論叢》，卷一（香港：中文大學出版社，一九七二），第四三八～四三九頁；Dennis O. Flynn and Arturo Giraldez, 'China and the Manila Galleons,' in A. J. H. Latham and T. Kawakatsu (eds.) *Japanese industrialization and the Asian economy* (London and New York: Routledge, 1994), pp. 71-107, p. 82.

【33】全漢昇，《中國經濟史論叢》，卷二（香港：中文大學出版社，一九七二），第四三九頁。

【34】William S. Atwell, 'Notes on Silver, Foreign Trade, and the Late Ming Economy,' *Q'ing Shi Wen Ti*, 3(8), 1977, pp. 1-33, p. 24.

【35】全漢昇，《中國經濟史論叢》，卷二，第四四四頁。

【36】方眞眞，《明末清初臺灣與馬尼拉帆船貿易（一六六四～一六八四）》（新北：稻鄉出版社，二〇〇六），第八三頁。

【37】Andre Gunder Frank, *ReOrient: Global Economy in the Asian Age* (Berkeley, Calif.: Berkeley University Press, 1998), p. 105.

【38】西班牙的鄰國爲何能從西班牙賺取白銀，主要的理由是，西班牙從美洲獲得大量白銀，進而拉抬西班牙的物價。因此西班牙白銀的購買力顯然低於周遭國家，故此，經由貿易，西班牙人以白銀從鄰國取得相對便宜的商品。商賈也同樣經由貿易從亟需白銀的中

國進行貿易，這點稍後會提及。請參見全漢昇，《中國經濟史論叢》，卷二，第四五〇頁。

【39】全漢昇，《明清經濟史研究》（台北：聯經出版社，一九八七），第八頁。

【40】全漢昇，《明清經濟史研究》，第三三頁。

【41】全漢昇，《明清經濟史研究》，第四〇頁。

【42】方眞眞，《明末清初臺灣與馬尼拉帆船貿易（一六六四～一六八四）》，第八五、一一五～一一六頁。

【43】在稍後的章節中，我們會看到瓷器在歐、美社會受到歡迎的程度。

【44】徐新吾，《鴉片戰爭前中國棉紡織手工業的生產與資本主義萌芽問題》（揚州：人民出版社，一九八一），第三四頁。

【45】南京棉所指的是在松江府一帶所生產製造的棉花，南京棉在十八世紀至十九世紀上半葉爲外國人所喜愛。請參見趙岡、陳鍾毅，《中國棉業史》（台北：聯經出版社，一九九七），第七四頁。

【46】全漢昇，《中國經濟史論叢》，卷二，第六〇四頁。

【47】資料來源：H. B. Morse, *The chronicles of the East India Company trading to China 1635-1834*, vols. II-IV，引自全漢昇《中國經濟史論叢》，卷二，第六〇四頁。

【48】Linda C. Johnson, *Shanghai: From Market Town to Treaty Port, 1074-1858* (Stanford, Calif.: Stanford University Press, 1995), p. 637.

【49】*ibid*. p. 642.

【50】請參照趙岡、陳鍾毅，《中國棉業史》，第一〇五頁。

【51】William S. Atwell, 'International Bullion Flows and the Chinese Economy circa 1530-1650,' *Past and Present*, No. 95, May, 1982, pp. 68-90, p. 68.

【52】台海兩岸高中歷史對此雖不感興趣，然而，白銀—絲綢貿易仍被不少學者討論過，也許西方學術界相對較多，例如Flynn and Giraldez, 'China and the Manila Galleons'; 'Spanish Profitability in the Pacific: The Philippines in the Sixteenth and Seventeenth Centuries; Flynn and Giraldez, 'Born with a "Silver Spoon": the Origin of World Trade in 1571,' *Journal of World History*, 6(2), 1995, 201-221; Dennis O. Flynn, L. Frost, and A. J. H. Latham, 'Introduction: Pacific Centuries Emerge,' in D. O. Flynn, L. Frost, and A. J. H. Latham (eds.) *Pacific Centuries: Pacific Rim History since the Sixteenth Century* (London and New York: Routledge, 1999), pp. 1-22; Flynn, 'Fiscal crisis and the decline of Spain (Castile),' *Journal of Economic History*, 42(1), 1982, pp. 139-147; 'The Microeconomics of Silver and the East–West Trade in the Early Modern Period,' in W. Fischer, R. M. McInnis, and J. Schneider, eds., *The emergence of a world economy 1500-1914,* Wiesbaden: Universität Erlangen-Nurnberg Press, pp. 37-60; Frank, *ReOrient: Global Economy in the Asian Age*；全漢昇《中國經濟史論叢》，卷一、卷二，《明清經濟史研究》；Atwell, 'Notes on Silver, Foreign Trade, and the Late Ming Economy;' 'International Bullion Flows and the Chinese Economy circa 1530-

1650.'

【53】Flynn, 1986, 'The microeconomics of silver and east-west trade in the early modern period.'

【54】不僅在明朝白銀的價格比世界其他地方高出一倍，在宋朝與元朝也是同樣。請參照：全漢昇，《中國經濟史研究》，卷三。

【55】由套利主宰的白銀貿易大概在十七世紀中葉告終，是因白銀持續流入中國而壓低白銀的價格。這就像發行過多通貨，會貶低貨幣的價值一樣。請參照Flynn and Giraldez, 'China and the Manila Galleons'。

【56】Atwell, 'Notes on Silver, Foreign Trade, and the Late Ming Economy,' p. 27.

【57】全漢昇，《中國經濟史研究》，卷二（香港：新亞研究所，一九七六），第六一一～六一二頁。

【58】前揭書。

【59】Flynn and Giraldez, 'China and the Manila Galleons,' p. 75.

【60】John K. Fairbank and E.O. Reischauer, *China: Tradition and Transformation* (Sydney: George Allen & Unwin, 1979), p. 206.

【61】Susumu Fuma（夫馬進）, 'Late Ming Urban Reform and the Popular Uprising in Hangzhou,' in L.C. Johnson (ed.) *Cities of Jiangnan in the Late Imperial China* (New York: SUNY Press, 1993), p. 67.

【62】Fangzhong Liang, *The Single-Whip Method of Taxation in China* (Cambridge, Mass.: Harvard

University Press, 1970), p. 2.

【63】John K. Fairbank and E. O. Reischauer, *China: Tradition and Transformation*, p. 347.

【64】楊國楨、陳支平，《明史新編》（台北：雲龍出版社，一九九五），第三七四頁。

【65】請參照例如：Atwell, 'Notes on Silver, Foreign Trade, and the Late Ming Economy.'; Flynn and Giraldez, 'Born with a "Silver Spoon": the Origin of World Trade in 1571'：全漢昇，《中國經濟史研究》，卷二、三。

【66】Huang, 'Development or involution in eighteenth-century Britain and China? A review of Kenneth Pomeranz's *The great divergence: China, Europe, and the making of the modern world economy,*' p. 506.

【67】劉石吉，《明清時代江南市鎮研究》（北京：中國社會科學出版社，一九八七），第一九一頁。另外，二～三倍於種植稻穀雜糧是概括的說法，是否必然如此，李伯重對此持不同看法，請參見《發展與制約》。

【68】劉石吉，《明清時代江南市鎮研究》，第一九五頁。

【69】《沈氏農書》，約一六四〇年，引自樊樹志，《明清江南市鎮探微》（上海：復旦大學出版社，一九九〇），第一九五頁。

【70】前揭書，第一九五頁。

【71】全漢昇，《中國經濟史論叢》，卷二，第五八九頁。

【72】行龍，〈人口壓力與清中葉社會矛盾〉，《中國史研究》，第五六卷，第四期，

一九九二，頁五一～五八，第五八頁。

【73】全漢昇，《中國經濟史論叢》，卷二，第五八九頁。

【74】全漢昇，《中國經濟史研究》，卷三，第七〇三頁。

【75】李伯重，《發展與制約：明清江南生產力研究》（台北：聯經出版社，二〇〇二），第一二八頁。

【76】李伯重，《發展與制約》，第一四九、一五〇頁。

【77】Pierre-Etienne Will and R. Bin Wong, *Nourish the People: The State Civilian Granary System in China, 1650-1850*, Ann Arbor, Mich.: Center for Chinese Studies, Michigan University, 1991), p. 57.

【78】許璇，《糧食問題》（上海：商務印書館，一九三五），第四二、四四～四五、四七頁。

【79】許璇，《糧食問題》，第四八～五十、七一頁。

【80】Huang, *The Peasant Family*, p. 309.

【81】全漢昇《中國經濟史研究》（台北：新亞研究所，一九九一），第八七頁。

【82】劉石吉，《明清時代江南市鎮研究》，第三七頁。

【83】樊樹志，《明清江南市鎮探微》，第六六頁。

【84】Huang, The Peasant Family and Rural Development, p. 105.

【85】本表摒除國內市場的交易，與穀物等商品銷售用於繳稅的比重。吳承明，《中國資本主

義的萌芽》，第一卷，《中國資本主義發展史》（北京：新華書店，一九八五），第二八四頁。引自Huang, The Peasant Family and Rural Development, p. 90。

【86】Huang, *The Peasant Family and Rural Development*, p. 90.

【87】這裡出現了一個弔詭的現象。黃宗智運用吳承明的研究來證明自己的農業內捲化（involution）的說法——也就是所謂的「成長但沒有發展」（growth without development）的現象，以經濟學的說法而論，就是總產量增加但邊際生產力卻遞減的說法是正確的。然而，吳承明卻在爲李伯重所撰《發展與制約：明清江南生產力研究》（台北：聯經出版社，二〇〇二）一書中爲其撰寫序文，在當中反對黃宗智農業內捲化理論的不恰當。吳承明說：「李伯重『根據大量直接間接資料，經過詳密考察後認爲，到明清時期，江南水稻生產已達到傳統勞動投入的極限，集約化程度的提高已主要是依靠以肥料爲代表的資本投入……肥料的投入量（折合標準肥）在明清時代增加了百分之八十強，種籽、水利面的資本投入也有增長。這個結論，不僅與一些單從人口與耕地比例得出來的集約化概念不同，對於晚近研究中提出的邊際收入遞減下的生產和『農業內捲化』（involution）理論在江南這個人口最密地區的適用性，也提出挑戰』。」請參見李伯重，《發展與制約》，吳承明序，第IV頁。

【88】蔣建平，《清朝初期米糧貿易研究》（北京：北京大學出版社，一九九二），第六～七頁。

【89】William T. Rowe（羅威廉），《中國最後的帝國：大清王朝》（*China's Last Empire: the*

Great Qing）（台北：台大出版中心，二〇一三），第八、九、九六頁。

【90】Huang, *The Peasant Family and Rural Development*, p. 101.

【91】趙毅，〈明朝高利貸論文〉，《東北師範大學期刊》，第二四卷，第六期，一九九六，頁三四～七八、第三六～三七頁。

【92】Huang, 'Development or Involution in Eighteenth-Century Britain and China? A Review of Kenneth Pomeranz's *The Great Divergence: China, Europe, the Making of the Modern World History*,' p. 530.

【93】趙毅，〈明朝高利貸論文〉，第三六～三七頁。

3

消失的印度洋海上霸權

一聽到「霸權」這個詞語，不禁令人聯想到今日的美國（或者稍早前的大英帝國），擁有著全球最龐大的艦隊，最尖端的國防科技，航行在三洋四海之上，展現出眾所披靡的國防力量，偶而也在東非海岸打擊海盜並保護其商船，以免遭到不法分子的掠奪。再加上，美國是個在海外有數百個基地設在重要戰略資源、位置的國家。可想而知，美國與這些國家維持著良好的關係，唯有如此才能維持美國利益的極大化，也能同時扮演好世界警察的角色。

向來我們被灌輸西方國家向海外擴張的歷史觀。在世界史當中，自十五世紀起，從西班牙開始，荷蘭繼而起之，接著是日不落的大不列顛國協，再到二十世紀的美國。基本上，這是數百年來海上霸權更迭的結果。可是，我們印象中的「霸權」，或許因爲都是從西方國際媒體所傳回來的畫面，使我們以爲「霸權」除了打擊國際秩序的搗蛋分子、維持正義使者的形象外，我們很難將美國霸權與中東數百萬難民加以連結，因爲美國人他們認爲這個「邪惡」的國度擁有大規模毀滅性武器，進而侵攻推翻海珊政權，然而後來發現這些威脅根本不存在。但國際媒體卻將伊拉克描繪成「邪惡」力量，出兵的美、英聯軍則代表「善良」的力量。古今皆同，回教世界總得扮演惡人的角色。

在西班牙稱霸大西洋之前，在以歐洲爲中心的觀點下，世界經濟在十五世紀（或稱長十六世紀）之前成形。在西方人到達之前，印度洋也存在一個海上霸權——明朝中國，其旗幟飄揚在寬闊宏大的海域上，這霸權並未與大西洋的西班牙霸權正面交鋒，甚至連照會的機會都沒有。在歐洲中心主義的觀點下，甚至連露面被認識的機會也欠缺。這麼重要的歷史事實怎可被隱藏起來？即使這個印度洋霸權維持的時間不長，但的確眞實地存在過。

這個人類歷史上更早出現的印度洋霸權，看來好像未曾對當地產生任何破壞，而只像是在維護某種「國際秩序」，但事實不總是如此。

世界史上被切割的晚期帝制中國

在世界貿易史中，某種程度上忽視了兩條海上絲路，一條是經東南亞的海路，這條航路已經被討論多時，但在十五世紀時，這條海上絲路上還有另一個名爲「大明帝國」的區域霸權。然而，在歐洲爲中心的觀點下，讓人眼睛朦朧，看不清這條海上絲路到底發生過什麼事。另一條海路則橫越太平洋，但知道其重要性的人並不太多。上一章，我們仔細討論過太平洋航線。本章將討論另一條絲路上被忽略的海上霸權——印度洋霸權。簡單地說，這兩條海上絲路發生的事，向來被歐洲中心主義的觀點所蒙蔽，使得晚期中華帝國在全球歷史上遭到破門排出、切割丟棄，本書前兩章便有意補足這樣的缺憾。

近來，有個與絲路相關的消息引起注意，中國共產黨中央委員會總書記習近平在二〇一五年三月正式提出「一帶一路」的口號，不僅成為年度經典的口號，更在之後成為攸關全球幾十億人口的政策。【1】這個政策的名稱不禁令人想起中國數百年、甚至千年以前便已出口高品質的絲綢與陶瓷。因此，一方面「一帶」意謂著從中原西北的邊疆經由南亞、中東，最終到達歐洲大陸之「絲綢之路經濟帶」。「一路」則指的是由福建或廣東省開始，經由南亞、印度洋、阿拉伯半島、東非，經過蘇伊士運河、地中海，而最終到達歐洲的「二十一世紀海上絲綢之路」。總而言之，「一帶一路」所牽涉的是六十多個國家，超過三分之二的世界人口，其國內生產毛額之加總超過全球三成以上。【2】

可以預見的是，「一帶一路」不止對海上航路的相關國家有顯著的影響，同時也衝擊著地緣政治、地緣文化，與發展研究等之學術領域。雖然在二十一世紀的當下，這樣大的計畫，其影響的效果還難以斷言，但關於數百年前或更久即已存在的海上絲路，留給我們兩個值得思考的問題。其一，當我們說到海上絲路的時候，會讓人想到那條從東南沿海出發，經由南中國海、麻六甲海峽、印度洋、波斯灣，最終到達非洲東岸的漫長航線。但在歐洲中心主義的觀點下，我們似乎遺漏了些什麼——在西方所建構的知識體系下，十五世紀初葉時在東方的明朝，似乎被忽略掉了。其次，經由太平洋的另一條海上絲路（太平洋航道）似乎未受應有的注意，而這條航道即是我們在第一章所提及，自一五七一年至一八二一年之間，馬尼拉大帆船年復一年地載著數百萬披索價值的美洲白銀來到呂宋，再轉運到終點站中國的海上絲路。簡言之，這兩個被忽略的重點導致東西方歷史比較研究的偏頗不正。

明朝與後繼的大清帝國統治中國大陸超過五百年，前者由朱元璋（年號洪武，一三六八～一三九八年在位）於一三六八年所建立的明朝。假想明朝是軟弱的國家（帝國），那麼豈能存在超過二百五十年呢？但由於某些理由，研究中國歷史的人對於明清兩朝並未抱持太大興趣；本土學者與其他研究人員反而多聚焦於鴉片戰爭後慘澹的中國近代史。然而在晚近的中華帝國，特別是明朝與大清帝國，卻呈現出強盛的經濟與統治疆域強盛的態勢。這令研究者實在不習慣何以中國有如此光輝燦爛的過去，強盛的經歷，與外國保持親密的關係。一般說來，研究中國歷史，有意無意間常被忽略的，其一就是「世界觀點」的歷史觀，或者可說是思考方式，導致從正確的思路上岔出去。

這裡再提醒一次，根據老字號馬克思主義者的洪鎌德教授看法，世界觀云云，「是人群對世界、對我們周遭的境遇和實在所持的看法」。簡單地說，世界觀就是「我們對世界的看法，也是對世界之存在、之演變而所持的看法」。[3]故此，對世界歷史的演展有正確的理解，才能對其演展有更正確的理解。當我們以充滿空白片段的歷史來教導學生，我們就不能期望他們能有正確的世界觀。換句話說，爲求使研究者對周遭世界能有更清楚的認識，有必要將世界史模糊不清的部分重加釐清，而這正是本文的意旨。

關於中國的全球視野，劉新成（音譯）認爲：「世界歷史的概念是由於西力東漸獲得成功的過程而引入的」。這種必然性導致華人在探索世界歷史時，總有百感交集的心理糾結。一方面，中國期望經由世界歷史的概念、方法論與所有的知識，給中國「加把力」；另一方面，也令他們覺得這些外來的理論令人感到不是滋味。[4]有意無意地，這種扭曲的研究態度會反應在比較與解釋東方（特別是中國）與西方社會文明上頭。筆者認爲，西方的二分法會導引（亦可能誤導）人研究中國歷史，特別像是本文研究晚近的中華帝國，與探究世界史。

廣義說來，東方學界經常以西方社會二分法所建構的知識體系來教導其學生。這樣一來，東方的學界以傳統對現代、自給自足的小規模貿易對資本主義的貿易、被動的對主動的貿易，甚或非理性對理性的法律體系，來衡量東方（特別是中國）與西方社會。東方與西方社會最大的分野在於西方社會擁有東方社會所沒有的某些特質。其實，這些學者心中所存的這些態度應該加以改變，因爲在他們心目中，相較於西方社會的積極進取，東方「停滯的」社會其實也正在開疆闢土。

我們在本章要討論幾個子題：首先，我們檢驗高中歷史教科書上所寫的國際貿易裡，海上絲路到底有沒有被正確的關注。這樣的話，就能瞭解形塑之後世代的歷史觀與世界觀。其次，討論在十五世紀時，明朝在印度洋與其他海域的通商活動。當我們論及這個世界霸權時，也將抽離歐洲力量東漸，來略微討論其地緣政治，或地緣文化，以修正向來知道卻是被扭曲的觀點，認爲後來的時代因西力東漸，而使東方社會幾乎無法存在區域霸權。第三，解釋明成祖（一三六〇～一四三〇）永樂皇帝在十五世紀初戮力推動的大明帝國夢，在其疆域內外的政治、外交，與軍事經略。當然，這個印度洋「霸權」與歐洲中心主義觀點下所看到的歐洲「霸權」相似，雖然明朝看似有意維持某種定義下的「國際秩序」，但在歷史的書寫程當中，即使有受害者的話，也總是輕描淡寫地幾筆帶過而已。

二分法思維下的高中歷史

第一章所述的二分法思維，其實隱藏在高中歷史課本裡面，所謂普遍接受的說法，事實上極容易陷入導論中所提「二分法」思維的泥淖裡。這種分析方法對理解複雜的社會變遷過程雖並非全然無助，只是，它也容易讓人不假思索地認爲答案就在簡單的分析框架之中。或許因爲這樣的思維，讓人得以用最快的速度來理解（或誤解）世界歷史。在本章，我們將討論幾位學者的看法，因爲他們的說法經常——即使不是「總是」——影響到年輕一代的世界觀。

在學校中，無論是東方或西方，在研究晚近的中華帝國時，總會下個結語說，明朝與大清帝國的封建社會（在所有方面）是封閉的。假若在心中存著這樣的論述時，就會使人無法接受在明清時期中華帝國製造工藝的進步。[5]換句話說，由於認爲晚近中國社會是停滯不前，導致難以想像其實在後期的明清時期手工藝卻是非常發達；也令他們相信，中國在製造業的技術在明朝初年已經開始處於落後的地位。例如，有人認爲，「晚期中華帝國經濟活動僅以自足，無法發展商貿活動」。或有甚者，「由於傳統觀念的束縛，例如只賣（商品給外國人）不買，導致初級產品的優勢漸漸消失。」[6]但這種說法無法說服我們，因爲明朝與大清帝國絲與陶瓷製品這類高端技術製品已經說明一切，相關的例證還有許多。

筆者相信，主流學者的說法——也可以說是普遍接受的論點——常常會影響到年輕一代的歷史觀。以下，我們用幾位學者當例子。他們所說的論點不一定是正確，但至少在某種程度上是被廣爲接受的說法。舉例來說，顧澗清在分析廣東省的海上絲路時，或許提供另類的看法。一方面，他認爲清朝的在經濟或政治/軍事方面的「衰退」乃是因爲鎖國政策。因此，他告訴我們說，中國何以失去海洋（霸權），主要的原因是將貿易侷限於自乾隆朝二十二年起，在廣東省獨攬貿易的「十三行」（一七五七）。顧澗清認爲，所有對外商的限制都可在廣東省見到。[7]顯見者，他所持的「理由」乃是建立在錯誤的二分法上頭——也就是西方「開明的」貿易政策和東方「閉鎖的」外貿政策的意識上頭。在鴉片戰爭前少數在廣東省，且能說中文的外國人，杭特（William C. Hunter）在一八二五年抵達廣東，當時年僅十三歲，後來定居在此超過四十年之久。他記得這十三行誠信的貿易，並且對外國人的各機構態度非常友善。根據杭特的說法，官署竭力保護外國人，「讓我們（例：外國人）在身家性命上感到無比安全」。[8]關於這點，我們在第四章會詳細地討論「十三行」相關議題。

但在另一面，顧澗清則提出證據，說明在清朝時，中國的絲製品在世界市場上占有優越地位。他說，在乾隆（一七三六～一七九五）與道光（一八二〇～一八五〇）年間，英國的東印度公司每年從廣東省購買二十萬～五十萬兩白銀的生絲。在該公司專利許可取消之後，中國的生絲出口大幅增加。在一八三三～一八三七年，出口至英國的數量增加到一萬擔（挑夫可肩挑的重量單位，每擔數十斤）。在十九世紀初葉，中國對美國的貿易量還勝過英國。有時，在美國商船帶回的商品中，絲製品便占了三分之一，英國只能瞠乎其後。例如，在一八三二年，英國從全中國地區進口五萬四千六百多錠的生絲，美國光是從廣東省就進口了二十一萬五千錠以上。【9】這些數據告訴我們，繅絲產業在清朝是諸產業的領頭羊。然而，這數字在所謂的「鎖國」政策下卻被忽視。從顧澗清質疑先前學界研究的論述中，我們的確能一窺西方知識體系下對此論述的偏頗。就如第一章，我們引用傅衣淩、經君健，當然還有黃宗智的說法，來證明的確有許多學者受到影響，忽略歷史事實，而選擇輕易相信「傳統」中國是停滯的、孤立的、自給自足的小農經濟，生活過得並不愜意。【10】

在所謂「封建社會」的思維下，就不難想像爲何當晚近的中國經由兩條海上絲路——其中之一是經太平洋，之二則經由麻六甲海峽——來賺取大量外匯，這樣「開放、開明」的中華經濟體之經濟發展，竟然被加以忽視。當學者在討論海上絲路，他們所探討的多爲經過東南亞、阿拉伯，而到達東非海岸的路線，相較之下，太平洋航線在教科書中則幾乎不見蹤影。但我們也必須承認，在十五世紀早期的明朝，已經由對東南亞、麻六甲、阿拉伯海，直到非洲海上絲路航線的開拓，以求成爲東南亞海上霸主的事實，這正是接下來所要討論的。

當論及「全球化」，令人無法不將太平洋海上絲路加進來思考。明清時期中國與外頭世界的密切聯繫，特別是經由跨太平洋的海上絲路，與西班牙所占領的美洲區域的經濟活動。這個連結不僅在地緣政治，也在地理文化產生重大的影響。然而，有些發生這兩條海上絲路的大事卻不被重視。簡言之，當討論到絲路時，讓我們聯想到的就是存在已逾千年，連結歐亞的路上絲路而已。例如，趙化勇指出，西漢（西元前二〇二年～西元八年），在張騫出使西域之後不久，在羅馬城已可見到中國的絲製品。雖然趙化勇強調經由陸路的絲路之重要性，但終至在十五世紀時，其重要性逐漸爲海上絲路所取代。但對他而言，海上絲路並非重要，因爲那是歐洲人後來開啓的新頁。[11]沈濟時則認爲，在海上絲路崛起前，陸路的絲路商貿繁盛長達一千五百年之久，並且商貿的商品逐漸增加。因此，西元七一四年唐朝在廣州設立了市舶司，以管理海上商貿。[12]

這些例子在我們的觀點中勾勒出一些圖像。當我們討論到絲路，映入眼簾的是人們經由歐亞大陸的荒漠，商賈騎乘駱駝互通東西兩方。換句話說，如果能準確地理解，那麼應該要想到是一些在海上洋面航行的船隻，從泉州或廣州，之後取道麻六甲海峽到阿拉伯世界，或者還航抵非洲東岸，相較之下，太平洋航線則不見蹤影。

一般說來，學界並不太關注太平洋海上絲路，甚或未曾提及這條航路的存在。[13]先前提到，或許學者並不熟悉這條跨太平洋的海上絲路，更甚者，這點忽視同樣地反映在編纂高中的歷史教科書上，進一步誤導下一代的莘莘學子們。筆者在此加以簡單整理兩條主要的海上絲綢之路。從上述分析中，我們注意到太平洋海上絲路鮮爲人知，而繞行東南亞，遠至印度、東非的海上絲路，則因爲在歐洲中心主義的觀點下，使得十五世紀初實際存在的印度洋霸權竟告消失無蹤。

接下來，我們來看看海兩岸對於太平洋航線的海上絲路敘述之不足。中國（大陸）幾乎無視亞洲—美洲間的海上絲路，至於台灣，雖有論及，但僅寥寥幾句，仍顯不足。總而言之，海峽兩岸當局並未讓學生知道這個該知道的事實。對高中生而言，就其生涯規劃來說，高中幾乎篤定是學生知悉國內、區域，乃至世界歷史的最後機會。即使不是全然如此，學生在此之後，也多在繼續升學後習得專才，以圖求取職場上的優勢。因此很合理可見的是，假使繼續灌輸學子不正確的觀念，那麼他們對世界史地的觀點就難以改變。本文認爲，關於晚近中國史的部分特定內容與寰球地緣政治、經濟地理與人文地理脫鉤；特別是全球史若不討論以下幾點，則不能充分瞭解：一、永樂年間所構築之明朝霸權；二、太平洋的海上絲路從十六世紀晚期到十九世紀早期連結美國、東南亞與東亞。台海兩岸的高中生並未習得在十六世紀晚期時，東西方社會首次接觸時，明朝與其他地域「跨國」間情勢的演展。這些連結在明清時期的經濟、區域，乃至全球的確產生相當大的影響，這也是本文所欲探討的。但不幸地，台海兩岸的高中生所面對的，正是如前所說，令人諷刺的條件。

這些能決定學生應學習內容的決策者並不十分熟稔與通盤認識中國史，特別是晚近的明清時期。本文首先舉台灣為例，解釋當局允許學生通盤習得中國歷史，接著討論對岸中國的情況，並加以比較。在台灣，教育部採行一綱多本的政策，由教育部制定課綱，而讓各大書局的編輯人員根據這藍本來編寫、製作與印刷高中課本給高中生使用。

根據台灣當局在二〇一一年所制定的課綱，在不同出版社所出版的高中歷史教科書也看到大同小異的結果——絲製品自千年前便已開始出口。在中國歷史中，經由陸路、或者經東南沿海、麻六甲海峽最終抵達歐洲的海上航路，向西方世界輸出的貨品中，絲製品即使不是最主要的，也算是很重要的項目。然而，相較於全球化的觀點，以陸路的方式聯繫歐亞大陸，海上航路更顯為值得一提。在這方針下，高中的歷史教科書第二冊第八章裡，便據此認為，中國的經濟與世界逐步「整合進入」世界經濟體系。[14]然而，教科書裡使用「整合進入」這類動詞似乎過於被動，看似西方國家對國際貿易是主動積極，而中國只處於消極被動的狀態。然而，事實上，中國至少自十六世紀末起，在絲綢、陶瓷工業是領先全球，既是如此，為何要被「整合進入」世界體系呢？況且，如果大部分的人並不清楚連結太平洋東西兩岸的太平洋航線，那麼，所謂的「世界」經濟體系又從何而來呢？

雖然台灣的教育部當局在高中教材中對太平洋的海上航路敘述仍嫌不足，但至少仍使學生知道些許歷史事實。首先，在明朝中期以降，長江流域所在的江南地區生產出來的手工藝品——特別是絲綢與瓷器，轉手貿易到歐洲，並從美洲取得為數可觀的白銀，使江南地區的經濟發展呈現一番榮景。[15]其次，白銀的輸入使一條鞭法（納銀代替徭役）成為可行，也造成將白銀用於貿易。另外，輸入農產品（玉米、地瓜、落花生與煙草）也使人民的飲食習慣更行多樣化。在這些產品中，地瓜能使地勢貧瘠的福建與其他區域成千上萬的人獲得溫飽。[16]

第三，明成祖（一三六〇～一四三〇，一四〇二～一四二〇在位）差遣鄭和率艦隊出使六次，在高中歷史科中，記述海上遠征之目的為尋找前任之建文帝（一三九八～一四〇二在位）的下落，確保海疆綏靖，宣揚明朝國威，並增進外邦友誼。[17]或許不幸的是，鄭和在宣德八年（一四三三）的第七次出航（也是最後一次），至此官方的海外探索告一段落。[18]第四，明朝初年，在洪武年間開始的海禁政策，則在明穆宗隆慶元年部分解禁。[19]

第五，中國擁有廣大的領土，其面積相當於歐洲數個國家之和，並且擁有龐大的市場，且能成為新世紀中推動世界經濟成長的火車頭。[20]傳統上，從南宋開始，中國的國家市場已經衝破地理限制，而與許多遙遠的地區進行貿易。[21]相較之下，中國的國內市場即使未被全然忽視，也可說是不夠受到重視。奇怪的是，在中國的校園中，西方國家的船堅砲利成為推動探索新世界的動力，與此同時商貿成了被迫的不樂之舉，使中國「整合進入」到世界的經濟體系裡。[22]而這就是中國當局在歷史教科書中灌輸給高中生的知識。

最後，但可能是最重要的，在高中生的歷史課本中並未多論及海上絲路，也甚少例證。所論及的海上絲路為從中國東南沿海出發，經由東南亞，最終抵達美國。[23]然而，事實上海上絲路有兩條航線，一條是眾所熟知的，由福建經南中國海，經過麻六甲海峽到印度洋，阿拉伯海，最終抵達非洲東岸，這航線頗接近習近平所提的二十一世紀海上絲路。另外的海上絲路則是由馬尼拉大帆船（Manila Galleons）從江南（長江下游）所生產的絲綢航運到菲律賓的馬尼拉，再橫越太平洋，到墨西哥的阿卡普科（Acapulco）城。無可避免地，經由跨太平洋的海上絲路輸入白銀的重要性也未受到重視。

論到絲路使西方與東方往來的影響，中國的歷史教育並未提供更好的解答。在二〇〇一年關於絲路並未多加論述，海上絲路更是寥寥數言而已。在中國義務教育的實驗本，舉例來說：中國歷史——七年級第一冊，有提介陸上絲路。西漢（西元前二〇二年～西元八年）時差遣張騫通西域，這是第一條，也是最爲人知，是經由陸路連結西域與當時的西漢中土。

在二〇〇四年九月，中國的高中歷史科裡，中國與世界史不再分流。換句話說，中國的歷史從此不再被從世界歷史裡切割出來。[24]在新教科書的課綱中，正確無誤地指出，早期資本主義在開發世界市場，乃是藉由暴力征服與強奪奴隸人口，這不僅讓殖民地爲西方強權提供原物料，與廣大的市場，同時也爲殖民母國帶來可觀的利益。[25]但不幸的是，關於歐洲資本主義的興起並擴展到全世界，導致封建社會的崩解與資本主義勃興之階段的論述，卻顯得暗昧不明。[26]這種傳統論述只爲顯出西方開明的資本主義與東方停滯不前的封建社會，從而，封建主義與資本主義的對比，就成爲詮釋「西升東落」（西方進步而東方落後）的最佳「理由」。

在二〇一五年三月，筆者謝某和一位來自中國，名叫吳雙連的學生經由電郵（email）交談。他當時是修習法律的大二生。當時我問他兩個問題：首先，在義務教育中有所謂的「標準實驗本」（教科書），但在這種教科書之外是否有「一般」教科書？其次，在這些中小學的

「實驗本」教科書中，高中的歷史科對於絲路有什麼敘述，特別是關於海上絲路？

在二〇一五年十一月，筆者再經由電郵訪問了徐曉東先生，徐先生業已取得歷史學碩士學位。[27]他說，關於海上絲路的議題，太平洋航線的部分並未見於高中教科書中，即使在大學教育時，也未曾知悉。從而看出，中國的高中生從未學過太平洋兩岸初次經貿往來的歷史事實。奇怪得很，即使時至全球化的當今，學生對於早期太平洋兩岸的經貿往來仍是一無所知，更別論到他們能知道其連結的實狀。

即使我們只詢問吳徐兩位先生，相信答案是管用的，因爲在中國的教科書可說幾乎完全相同。吳先生回答說，中國主要採取「科教興國」的策略，這使當局者得以持續更新包含歷史學科在內的所有教科書供學生研讀。因此，許多教科書冠以「實驗性的」，然卻幾無果效可言。吳先生說，這些撰寫高中教科書的作者只選取「顯著的」因素，而摒除「不顯著」的成分。並且他也說到，當他在高中的時候，並不知道太平洋海上絲路的相關知識。換句話說，在編輯中國高中的歷史教科書時，此橫越太平洋的海上絲路僅被當成「不重要」的事件。

歐洲中心主義觀點下的霸權

或許是未預期到，但高中歷史教科書中充斥著歐洲中心主義。一如前述，歐洲挾其船堅砲利，來敲開亞洲商貿的大門（特別是中國），以使整個東方社會期待西方社會的到來，讓東方社會「整合進入」西方社會開疆拓土的行列。[28]或者如華勒斯坦所說的，開疆闊土難道是西方海上霸權（如西班牙、荷蘭、英國與美國）制霸的必要之惡嗎？在西方首個霸權，或說「世界」霸主（也可說是西班牙所建立的大西洋霸權）出現之前，其實在南中國海、東南亞乃至印度洋，明朝早已建立起霸權。

Janet L. Abu-Lughod便是一個反對華勒斯坦所持歐洲中心主義觀點的學者，她不認為「世界」經濟發展始於歐洲在「長十六世紀」中葉的一四五〇年前後的海外拓殖。[29]如果從華勒斯坦的視角來觀察，非西方社會俱都殷切期盼西方強權將他們帶入、聚合於歐洲世界的經濟體系之內。Abu-Lughod以間接的方式，在她的大作中反對華氏的論點（如《在歐洲霸權之前：西元一二五〇～一三五〇年的世界體系》，*Before European Hegemony: the World System A. D. 1250~1350*），來演繹在華氏所言現代世界體系「誕生」之前，在環球經濟體系早便有好幾個經濟體系存在。就Abu-Lughod來說，華氏似乎有意將現代世界體系當作是首先出現的體系。[30]

Abu-Lughod所研究的期間，比華勒斯坦研究現代世界體系理論所採起始於一四五〇年更早，從一二五〇到一三五〇年便告開始。在世界史當中，一三五〇～一四五〇年這段期間發生哪些事呢？朱元璋在一三六八年將蒙古人趕出大都建立明朝之後，明成祖即位的永樂元年（一四〇二），便開始大力宣揚國威，達於東亞、東南亞，乃至西洋（今波斯灣與印度洋）。[31]本文認為，Abu-Lughod的論述相較華氏更有見地。雖不能就此認定資本主義出現在十五世紀的西歐，但至少不會像華氏的理論所言，在歐洲世界以外幾乎空白一片。但在歐洲中心主義的觀點下，無論華氏採取的觀點，抑或Abu-Lughod的說法，都難窺明朝霸權的眞相實貌，然而這並非後者的錯，因爲她的研究期間只到一三五〇年止。

Arturo Giraldez出版的新書《貿易時代：馬尼拉大帆船與全球經濟的黎明》（*The Age of Trade: the Manila Galleons and the Dawn of the Global Economy*, 2015）值得我們留意。當然，在「漫長的十六世紀」，若西方列強並未崛起，則如世界體系理論創始者（例如華勒斯坦）所言，要奢談什麼全球化過程，就顯得毫無意義。更進一步，Abu-Lughod證明更早的一二五〇至一三五〇年其他霸權已經崛起。在一三五〇至一四五〇年這段空白的期間，Giraldez的研究更能幫助我們瞭解世界史的發展：在當時明朝雄據東亞、東南亞，乃至印度洋。但他認爲瓦斯科．達伽馬（Vasco da Gama，葡萄牙探險家）抵達印度南部的卡利庫特（Calicut，又稱Kozhikode），不但開通亞洲航路，並且建立霸權。[32]但實際上早在葡萄牙人抵達印度之前，鄭和不但下西洋，還完成明成祖交付之通商、宣揚國威的使命。這觀點雖不若華勒斯坦或Giovanni Arrighi之看法的極端，但顯見Giraldez也被歐洲中心主義所影響，或至少對中國歷史不甚瞭解。

義大利裔美籍的Arrighi（亞里基）是位聲譽卓著的世界體系論學者，他嘗試探索世界上諸個霸權，發現都存在著有系統的累積資本循環，例如十四～十五世紀之交的熱那亞（Genoese）循環，十六世紀的荷蘭循環，十八世紀的英國循環，及二十世紀的美國循環。根據Arrighi的說法，金融擴張並非代表一切，因爲與此同時，權力爭鬥傾軋的加劇，特別在交戰時期公私立銀行都會承作衆多的借貸。[33]雖然Arrighi嘗試著去追尋世界經濟的起源，但他所觀察的四個景氣循環全都在歐洲，這觀點不禁令我們懷疑。問題是：要如何定位歐洲以外的強權——例如東亞，或者是東南亞，在十四世紀晚期，那時地中海的熱那亞財富積累的循環（Genoese Cycle）才剛起步。

很明顯地，Arrighi所在意的並不是我們所處的整個世界，而是只有歐洲，所以他並未討論歐洲以外的地方。在他心目中，亞洲，不管東亞或是東南亞，或許他都無意研究。

明成祖的帝國夢

談到這位「雄才大略」的明成祖永樂皇帝，首先値得我們讚賞的就是修築連接政治中心（大都）和經濟中心（江南）的大運河，使經濟繁榮。北京城的工程在永樂八年（一四一〇）竣工，成爲明清五百年以上的政治與文化的中心；江南則成爲工商業中心。

其次，在永樂二年（一四〇四）在東北設置「奴兒干都指揮使」，並徙民到此遙遠之境，圖求掌控黑龍江流域和口岸（位於今日俄羅斯境內）。[34]第三，同一年，也就是永樂二年（一四〇四），明成祖便有意介入安南內政，兩年後便以號稱八十萬大軍南征，使其臣服，並置府設縣。在唐朝以後，這樣的武功在中國歷史還眞是少見，也大大的影響到東南亞區域，明朝的國威提升至最高點。[35]不過，或許我們可以用「雄才大略」來形容明成祖，就好像我們一聽到美國霸權，心中總是浮現出世界警察、國際秩序維護者的形象。然而，明成祖在征服安南之後，試圖摧毀安南文化，這點不光明的「大謀」，我們稍後會更詳細說明。這樣的行徑除了與「雄才大略」的形象不符之外，當然進一步使安南人的民族意識高漲，終至揭竿起義。

第四，為維持明朝優越的地位，明成祖在他在位時，六次差遣鄭和下「西洋」，首次出航在永樂三年（一四〇五），共有六十二艘船與二十七萬人參與。在永樂年間，每三年下「西洋」一次，航線到達南海與西洋（西方海域）。這說出明朝的朝貢貿易系統能平順而不受干擾的發展，因為海上航線與途經的王國、城市均受到明朝政府的保護。這樣一來，明朝得以持續發展對外關係，直到葡萄牙來到東南亞為止。【36】

為要實現明朝的大業，明成祖第五個目標乃是討伐臨邦「蠻夷」之國。他招聚軍隊，至少發動五次討伐（起碼可算威嚇）北疆鄰國。例如，明成祖永樂八年（一四一〇）發動三十萬大軍征伐韃靼，曾深入至斡難河。四年後（一四一四），又動員五十萬軍隊討伐瓦剌，攻抵圖拉河。這兩次的北伐不僅對蒙古的影響巨大，提升明朝地緣政治的地位，特別是軍事方面。但這些征伐也動用到要修築北方抵禦外族長城的人力。【37】但我們認為，這些武力討伐鄰國的政策，也可能會破壞向來懷柔的印象，而讓人認為這與西方國家在發現「新」大陸時的行徑實無分別。

上述的「五大功績」，當中部分值得我們注意。但是，明成祖似乎也知道，如果總是以武力征服鄰邦，使他們臣服，這並非是個好方法。因此，在一四一三年，他差遣李達、陳誠與哈藍博至中東七國。旅途中，使團順道抵達撒馬兒罕、哈烈等國，並與帖木兒汗國建立外交關係。有些位於西域的國家，像是哈烈、撒馬兒罕、火州、土魯番、失剌思、俺都淮，都遣使來大都（北京）晉見明成祖。在使節中，陳誠（字子魯，一三六五～一四五七）曾赴中亞四次，穩定西域各國與明朝的關係，並加深影響力。相較於北方訴諸武力討伐，南方路線則採取較溫和的手段。[38]另外，對於青海省與西藏（Tibet，圖博），明成祖授予當地法王（首領）采邑，來統治百姓。換言之，明成祖選擇封采邑和不干預政策，此舉穩定青海省和西藏兩地。[39]對西南地區，明成祖追隨明太祖的政策，遣西平侯（侯爵）抵禦雲南省，使全境平靜。種種政策，使明朝影響力得以深入西南邊疆。[40]

根據華勒斯坦的說法，現代世界體系，也就是資本主義世界經濟大約誕生於一四五〇年。在華勒斯坦探析資本主義在何時、是如何醞釀而生，他不僅強調核心區域的經濟強度，同時也強調地緣政治權利在全球範圍內如何競逐資源與利益。然而在這種歐洲中心主義的觀點下，卻令我們不易看出明朝地緣政治的思維與行爲。如前所述，西方知識體系的三大根柱石，是西方哲學的二分法、費正清一八四二年的歷史分期，與本章所討論的歐洲中心主義。本章以世界經濟體系創立者華勒斯坦爲代表，他的觀點在世界歷史比較分析上有意無意地廣爲學者所採用。

大明帝國的地緣政治

筆者在這裡則提供例證，來證明在十五世紀早期的明朝，能夠發現地緣政治與（下一章將討論）地緣文化的蛛絲馬跡。明成祖（一三六〇～一四二四）在位的時候，硬實力（征討）與軟實力（外交）的兩手策略，都拿捏得當。其中一個布局是，六次差遣鄭和下「西洋」（第七次下西洋在明成祖之後）。此外，為壯大與穩固明朝，明成祖還運用一些值得我們注意的方法。我們用這些來指出，在歐洲列強尚未來到東方之前，明成祖永樂年間，已經在東亞大陸、南海、東南亞與印度洋等地建立霸權。這裡還要再強調一下，「霸權」二字在民族主義高漲的當代似乎指稱某個國家的豐功偉業，似乎是值得大書特書，如果可行，還能起而仿效。然而，在競逐霸權的過程中，國家經常為了取得資源而造成許多無辜的受害者，這一點還請讀者記得。

如先前所說，歐洲中心主義使我們難以明察早期在印度洋上的政經霸權。由於該種研究方式阻礙我們正確地理解歷史，因此當我們論及明朝的霸權時，發現在十五世紀上半葉，當時中國的商貿活動的確稱霸印度洋，此時西班牙還尚未稱霸於大西洋上頭。這就是何以歐洲中心主義的論點會產生盲點的原因。或許在歐洲中心主義的觀點下，所詮釋的地緣政治並非完整論及全世界，而僅為歐洲一隅而已；對許多學者而言，西歐國家是十五世紀開始擴張海外的版圖，然而這種歐洲中心主義的視野布局無法燭照歐洲以外的世界之實狀。歷史事實告訴我們，事實上，在歐洲霸權出現以前，中國明朝早已經是既存的霸權。因此，本章嘗試提出以中國為中心的東亞朝貢體系（中國中心主義？），來討論明朝與清朝初葉的地理文化實貌。至於為何鄰邦對中國進貢以示輸誠，實際上，在十九世紀中葉以前，晚期帝制中國相較於鄰國，特別在軍事方面，其實力比想像的更為強大。

本文以下討論幾個議題。首先，論述大明帝國稱霸於印度洋，自十五世紀初開始，延續很長的一段時間，晚期帝制中國在該區域大體上維持著明成祖所建立的「國際秩序」。第二，明初所建立的「國際秩序」因為爪哇的崛起受到挑戰，我們將看到大明帝國如何因應，以維持其霸主地位。第三，解釋明成祖的地緣政治觀，相信透過這樣的討論能辨明何以過去討論海上霸權的興衰起伏時，總是以西方為馬首是瞻，並且令人難以看清非西方世界的眞實樣貌，而這是過去社會（科）學、歷史學建構了偏頗的世界觀所造成的。

看不見的印度洋霸權

如前所述，華勒斯坦所建構的現代資本主義世界經濟在一四五〇年左右出現，這給我們一個印象，在歷史發展中，現代世界體系不從其他地方，而從無可取代的地方——西歐誕生。這麼一來，就不能不提十五世紀中的歷史斷裂，那時西方國家開始探索「新」世界。但如果是這樣，當時太平洋的東西兩岸並未連結在一起，之前的強權是否只能被當作「區域」的，而非「全球」的呢？關於這點，本文認為這就是Abu-Lughod選擇探究一二五〇～一三五〇年代的區域強權，來反對華勒斯坦資本主義世界經濟的說法。[41]

Abu-Lughod認爲在一四五〇年之前有區域強權的說法是正確的，她指出：「南宋晚期和元朝……不僅中國開放更多港埠，並且更多中國平底帆船前往印度的口岸和阿拉伯船隻相會，進行貿易。」「明朝一三六八年建立後這情況無甚改變。」【42】「明朝初期中國持續維持壯盛的海軍，在十五世紀尚未鎖國之前幾十年裡面，明朝鄭和率領的海軍足跡廣布。」「此外，在一四三〇年代中期，中國完全自印度洋抽身而退，不再遠航。」【43】我們認爲，Abu-Lughod似乎很不幸的低估明朝地緣政治的重要性。當她嘗試指出明朝不曉得地緣政治的意義時，她引用Kirti N. Chaudhuri's 對於印度洋霸權的敘述如下：

> 在葡萄牙人抵達前……在一四九八年時，這裡並無政治強權有組織地掌控亞洲海上航路與長途貿易……印度洋與鄰近海域並未被特定國家所掌握。【44】

關於這段話，雖然Abu-Lughod或許說對了：「商人並不經常依賴……國家護衛航路」，但我們有些意見。【45】

這觀點爲大多數人所接受。如Giraldez所言：「歐洲人在明朝海上實力削減後才抵達中國沿岸」，【46】因此，忽略明朝對地緣政治關切的重心看似無理。很幸運地，鄭永常在這方面提供有創見的論述。關於他所說的，我們也加以強調的，就是，至遲自南宋以來，中國便支持自由貿易政策。明、清初期這兩段不算短的時期之海禁令則爲例外。但總之，大多數的時間裡，朝廷張手歡迎外國商賈前來貿易，一如先前所知的。我們在稍後的章節，特別是「鴉片的政治經濟學」這章會詳細說明。實際上，學者對於所理解的歐洲經驗之外，並不多加嘗試「理解」所處的社會。並且，大多數人信持西方社會所灌輸的思維——自由貿易能帶來社會進步。爲強調自由貿易政策的成功，因此一般對比非西方社會，或特別拿中國來比較，來突顯出非西方國家看起來經常只是西方的對應物，而不去考察究竟是否爲原來的、眞實的樣貌。

就地緣政治而言，除倭寇之外，東南沿海遠處的威脅還有爪哇的滿者伯夷（Majapahit）王朝。該霸權的存在威脅到明太祖時期，明朝力推的「朝貢貿易一體化」（也就是朝貢與貿易合一）。在這裡稍加解釋：明太祖主要採取兩個政策來鞏固疆域，其一爲海禁，目的在防堵倭寇侵擾東南沿海，其二採「不征諸夷」（不去征伐其他國家）的策略，這裡共計有十五個藩邦，包含朝鮮、日本、琉球王國（Ryukyu）、安南（An Nam，越南）等。[47]與此同時，爲使百姓不與「蠻夷」之民往來，明太祖禁止沿海省分居民與外人通商往來。在這種國防思維底下，明太祖採取「華夷之防」，徙民防禦北疆，同時徙民離開沿海，藉由斷絕貿易往來，以求絕海盜爲禍之患。[48]故此，當權者所掌握的貢船貿易是唯一能正式與「蕃邦」貿易的途徑，但在民間走私則非常猖獗。

鄭永常明確指出，如要充分瞭解鄭和下西洋的背景，首先需要瞭解當時明朝的國際情勢。在元世祖忽必烈（Khubilai Khan，一二一五～一二九四）死後，爪哇當地政治勢力崛起，其中有滿者伯夷（Majapahit）王國。如前所述，明太祖決定優先防禦北疆，他將東南一隅暫放一旁，以求防禦外敵。由於大海是防禦外敵的天然屏障，因此明太祖採取閉海鎖國的政策。就地緣政治的角度來說，此時的海禁政策乃是基於國防的需求。換句話說，實施海禁便是基於地緣政治的考量。【49】

對南海諸邦來說，要獲得明朝貨物的方式，只能經由明朝官方所制定之貢船貿易的遊戲規則。就外交手腕而言，明朝以提供稀世珍品、各種寶物來吸引外邦來朝。廖敏淑認為，明朝的「貢市合一」有別於清朝的「貢市分離」，明朝是藩屬國或友邦船隻前來朝貢，取得官方許可，同時進行非官方的貿易；後者（清朝）則是朝貢與貿易二者能夠分開進行。換句話說，在清朝想要進行貿易者，不必隨著朝貢隊伍而來，只要遵守相關規定即可進行貿易。因此，清朝的「貢市分離」更能吸引非藩屬國與中國進行貿易活動。因此，如廖敏淑所言，我們似乎不能像濱下武志那樣，將明朝與清朝的朝貢活動混為一談。【50】

爪哇挑戰大明帝國的「國際秩序」

明太祖所欲建立的「國際秩序」，很快就遭遇到挑戰。這與爪哇島崛起的王國有關。而這所謂的「國際秩序」一旦為該地區霸權——大明帝國——建立之後，古今皆然，當權者都會想方設法地維持它，避免其他勢力的崛起而受到挑戰。

簡單說，明太祖的貢舶貿易也不是沒有問題。起初，他所想要達到的「國際」貿易競合是將朝貢與商貿活動結合，因此他差遣使節在海外各邦設置，促成各國與中國朝貢貿易。但這樣巨大的改變無意間地挑戰今天印尼爪哇島泗水一帶之滿者伯夷王朝的威權，這種在南中國海（南海）宗主權的爭奪行動令滿者伯夷國王深感不安。爭奪該海域主權歸屬的行動就此展開。使明朝與爪哇王國爭鬥行動白熱化有兩個事件，其一，於一三七一年（洪武四年）汶萊國王一度遣使上貢明朝；其二，三佛齊王國（Samboja kingdom，又名Sri Vijaya）的國王受封於明朝。[51]

我們從第一件事情可以知道，明朝當時國力仍無法與當地統治且實力逐漸增強的滿者伯夷王國相比，這也是為何汶萊僅上貢明朝一次之原因。在當時懾於滿者伯夷王國的軍威，也就是在地的霸權，使汶萊不敢妄自上貢明朝。[52]這說出明朝的國威在當地實力漸增的滿者伯夷王國面前，逐漸感到鞭長莫及，而使汶萊轉而朝貢滿者伯夷王朝。[53]

第二件事，在一三七七年冬天（洪武十年）明太祖敕令冊封三佛齊國王，並授與「三佛齊王國印」之玉璽，該印標誌著明朝與三佛齊王國的宗主—藩屬的關係。當時遣使一行超過三百位官員與士兵。按路程應於次年（一三七八）年七、八月間返回北京。然而遲至再次年（一三七九）仍渺無音訊，並且在一三七八年亦無該國來朝。當中想必發生變故，三百個文武官員盡為所殺。這說明爪哇在地有其勢力，並且有意挑戰明朝的宗主權。

對三佛齊（唐代稱室利佛逝）來說，這無疑是個政治賭局，國王嘗試藉著與明朝建立宗主—臣屬的關係，以擺脫滿者伯夷的控制，然而，國王卻瞭解後者在當地實力逐漸提升。更重要的是，明成祖天真地認為明朝實力極大，或者，他錯認鄰邦懾於明朝，而決定授與「三佛齊

王國印」。這導致滿者伯夷國將明朝遣使盡行殺戮，並攻占三佛齊國。【54】

綜前所述，明太祖並不懂得在國際場域上如何軟硬兼施，由他所建立的朝貢貿易體系遭逢無情挑戰，也使之難以管理。【55】令明太祖想不到的是，在他在位後期，居然只有四個藩邦來朝，分別是琉球、占城（Champa）、眞臘（Khmer Kingdom of Kampuchea）與暹羅（Siam）。這可說是洪武年間朝貢體系徹頭徹尾的失敗。他的布局不僅造成區域動盪，也使明朝聲譽掃地。【56】這樣所不樂見的情況得持續到明成祖一四〇二年登基爲止。

明成祖的地緣政治觀

有別於明太祖的作法，明成祖意圖藉著幾項鴻圖，來扭轉糟透的「國際」情勢。其中常爲人津津樂道的是「鄭和下西洋」，其中一個目的便是維持麻六甲海峽的暢通，這與最近習近平主席與泰國合作開通克拉地峽的邏輯相似。一旦麻六甲海峽受阻（中國有百分之八十的原油經過此海峽），克拉地峽就可以取而代之。或許明成祖的種種想法，在地緣政治的觀點裡，既能補歐洲中心主義之不足，也是挑戰其觀點，讓我們可以觀察到非西方社會是否爲不理性的、傳統的，所有非西方國家都是一樣的？這是個用來檢驗華勒斯坦現代世界體系理論的例證：到底非西方社會等待西方列強用槍砲迫使他們加入世界經濟。在此我們嘗試重現明成祖地緣政治的觀點，而這卻是只有拋棄歐洲中心主義的有色眼睛，才會看到的圖畫。

在一三七八年，爪哇的滿者伯夷入侵三佛齊王國，乃因三佛齊接受明太祖遣使贈「三佛齊王國印」。這樣一來，滿者伯夷在當地的勢力大增。滿者伯夷的優勢地位也危及三佛齊。在三佛齊被擊潰之後，滿者伯夷掌控麻六甲海峽航路。由於航路不通，因此印度與阿拉伯商人要與東方國家做生意的話，只剩下兩條航路，其一是停泊在麻六甲海峽西側的蘇門達臘，其二，是通過馬來半島的克拉地峽（Kra Isthmus），之後進入南中國海，再北上到達廣東或福建。故此，西洋諸國有段時間無法前來中國，是因爲滿者伯夷掌控麻六甲海峽。於是，明成祖體認到南海與西洋諸區域的國際情勢。爲完成明朝建國大業，明成祖充分瞭解到，必須確保麻六甲海峽的制海權，才能使西洋諸國能自由的前來中國。【57】

明成祖接續太祖朱元璋的海禁令與朝貢貿易政策，但他也制定相對的政策。例如，明朝對南海諸國的外交政策可說是積極的、活躍的。當時在安南，篡位是常見的，也去侵擾鄰國占城（Champa），安南的舉動侵蝕明朝的威望，因此明成祖在一四〇六年十月發動戰爭，占領安南。此舉對南海諸國影響甚大，鄰近諸國先後對明朝輸誠，明朝瞬時聲譽崇高。並且，爲維持麻六甲海峽的暢通，在一四〇五年，鄭和率領六十二艘戰船，二萬七千名士兵下西洋。基於外交的目的，鄭和到遍該海域的各個國家。同年七～八月，當戰船抵達南方水域，震懾的效果已經呈現出來。【58】在一四〇五年九月，前來北京朝貢的國家包含了爪哇東王（East King of Java）、舊港（Palembang）、暹羅、麻六甲（Malacca）、西洋古里（Calicut）、蘇門達臘（Sumatra）、回回、爪哇西諸王（West King of Java），如碟里、日羅夏治、金貓里等。【59】

可以這樣說，明成祖地緣政治的理念是：對他來說，麻六甲領地扼住了船隻經過海峽前往西洋的咽喉。因此，爲確保藩屬能順利抵達北京，主要戰略便是藉由差遣鄭和率艦隊下「西洋」，以削弱爪哇與暹羅在該區域的勢力，並弭平陳祖義在舊港（Palembang）和三佛齊等地的敵對勢力，確保航路暢通無阻。在一四〇五至一四三三年之間，每兩三年，鄭和往來與南海與印度洋，一方面確保海峽航路暢通，另一面，他在各地宣達外交活動，與推廣官方貿易「勘合」（即允許貿易的簽證或執照）。在這些年間，鄭和與「寶船」隊在南海與西洋航行，使明朝居於地緣政治的高位，直到葡萄牙人出現爲止。[60]當鄭和下西洋結束後十七年，華勒斯坦所說的現代世界體系在一四五〇年才出現。這是何以Abu-Lughod主張，在歐洲強權出現以前，在亞洲想必還有其他強權存在的因由。[61]但不巧的是，她研究的期間止於一三五〇年代。

根據鄭永常的說法，鄭和在十五世紀數次下西洋的結果是，在東亞創建之後近五百年的新秩序（朝貢貿易）。這些由明成祖擬定的策略與行動，經由鄭和率領戰船出航，確實重整東亞，建立新秩序。例如，陳祖義在麻六甲阻礙鄭和的船隊，被捕後殺害之。鄭和征伐錫蘭國（Galle，今斯里蘭卡），推翻其王朝，因其國王對明朝不敬；另外，還逮捕蘇門達臘的篡位者。這些都顯示出明朝的硬實力，而霸權力量的展現，肯定會造成當地一定程度的死傷，但諷刺的是，歷史常常忘記爲無數的受害者留下幾聲哀鳴。至於有較強國力的，像是日本、爪哇與暹羅，明成祖則採取宣撫，來避免直接衝突。[62]

在鄭和數次下西洋期間（一四〇五～一四三三），最值得一提的是明朝扶助麻六甲建國，這反映出明朝插手於南海的事務中，展現其建立國際新秩序的雄心壯志。令人想不到的是，麻六甲後來成為世界貿易與營運的中心。一百年後，亞洲諸國秩序井然，並無嚴重的軍事衝突，這顯然與當年鄭和下西洋有所關聯。在（特定方式下）和諧的國際關係繼續維持，直到十六世紀初葡萄牙人東來為止。[63]無疑地，我們也可以把這個叫做（當時的）「國際秩序」。雖然，如果拿這個來與當今的美國霸權所要維持的秩序相比，可能會遭到社會（科）學研究者的鄙視。但筆者謝某還是忍不住想比較這兩者，雖然時空背景差異極大。但謝某心裡所想的是，就維護海上航道（制海權）的考量上，明朝與美國其實相去不遠。

在整個宋朝（九六〇～一二七九）裡，幾乎沒有維持「宗藩」關係（即宗主—臣屬關係）的國家，亦即外國人無須建立這種關係，即可商貿往來。換句話說，外國人無須納貢，將宋朝當成宗主，才能通商往來，不過，相對於北方遊牧民族而言，軍事上羸弱的宋朝還得納貢給北方「蠻族」，或許我們可以稱這個為朝貢體制的「反向」（reverse）操作。總之，在宋朝與之後的元朝（一二七一～一三六八）這段期間，中國對海外的影響並非在於政治或軍事，而是經濟力的影響。例如，位於蘇門達臘東南方，扼麻六甲海峽的三佛齊王國從南宋（一一二七～一二七九）以來，便與福建的泉州保持密切的關係。自唐朝（六一八～九〇七）以來，「三佛齊成為西洋與東洋船舶往來的門戶」，西亞與南亞諸國商賈齊聚在此，銷售他們的貨物。[64]中國的遠洋航海活動開始了，元朝曾派遣軍隊出海，但並未占到便宜，征日失利，敗於占城，再敗爪哇。[65]比起其他民族，中國眞的千年以來都喜好和平嗎？我們稍後再回來討論這個議題。

在晚近的中華帝國開始前，只有（蒙古人建立的）元朝對遙遠的海外國家感興趣。但元朝的軍事布局，不僅導致在日本或爪哇的慘敗，也幾乎使國威掃地。然而明朝的鄭和將局面加以扭轉。明成祖派鄭和六次「下西洋」平衡政治、軍事與貿易三種實力，並使南海、印度洋周邊國家加入明朝的朝貢貿易系統之內。[66]在鄭和一四三〇年代中期最後一次出使之後，其影響依然持續。南海與東亞諸國仍與明朝保持朝貢貿易的關係。因此，或許華勒斯坦所言出現在一四五〇年代左右之「漫長的十六世紀」或許眞的存在，但在洋人航行至印度洋與阿拉伯海的時候，明朝的國力也早已存在於這裡。[67]

中國位居東亞朝貢貿易體系的中心，並且能穩定運作，係由兩個因素共同支持的，其一是軍事力量，其二是軟實力，這兩者相輔相成。如果沒有軍事力量，中國將受威脅，甚或敗於周邊「蠻族」，就像是宋朝那樣，還得向其敵國納貢以換取和平；若沒有軟實力，例如先進的制度、精湛的工藝、發達的文化等等，豈能勉強這些鄰邦前來朝貢呢？朱元璋在一三六八年建立明朝（大明帝國），在當時東亞另有兩個主要勢力，其一是爪哇的滿者伯夷，其二是倭寇（日本的海盜）。這兩股勢力使明太祖改變既有存續千年之久的朝貢貿易系統的作法。他選擇防禦北疆，而暫且不理倭寇的侵擾。因此，本文認爲，實施海禁，以求維持東南沿海的安寧，是明太祖在地緣政治上主要的考量。海禁令的頒布是基於國防的需要，而非明朝厭惡與外國進行貿易。

在明朝初期，政府管制朝貢貿易，也在特定的時點內管制貢船貿易。「蠻夷」船舶攜帶

「方物土產」（貢物與當地商品）前來明朝。明朝則回贈他們所殷盼，匠人精工製造的工藝品。各邦國准許定期前來中國通商一段時間，如每三、五年，或更長；以日本爲例，其船舶每十年可前來一次。爲加以管理，明朝經書面授權這些國家，這稱爲貿易的「勘合」（證照或簽證）。前來北京朝貢，商人跟隨使節來到，必須要有官方批准的證照，以此進行貢船貿易（朝貢，也同時通商）。【68】

從一四〇五至一四三三年，每隔二～三年，鄭和率領船隊出航南中國海與印度洋，一方面爲要確保海上航路暢通無阻，另一方面也要宣達外交活動與官方朝貢貿易。雖名爲朝貢貿易，但實際目的卻是通商貿易。這些國家獲得明朝政府授權，能有些時間來往做生意。商賈能隨著使節團前來中國，同時進行買賣。當鄭和返回北京（大都），其船隊載著紀念品，和在外邦交易所得的商品。同時，使節團也能戴著貢物同著鄭和那被稱爲「寶船」的航隊，一同前往北京晉見皇帝。當鄭和被遣往「西洋」執行軍事與外交任務時，這些寶船滿載明朝的威望、禮物、商品而出航。換句話說，隨著鄭和揮軍下西洋，其軍隊旗幟也將明朝的聲威推至最高。無疑地，中國的史家會認爲這是中國海事史上最光輝的一頁。【69】因此，本文認爲在Abu-Lughod所說的一二五〇～一三五〇年，與華勒斯坦所指出的一四五〇年，在這空檔裡面，有個既存的霸權，就是明朝（大明帝國）。然而不幸的是，學術界卻不甚加以留意。

結語

本章以消失的印度洋霸權爲題旨，力圖使讀者看清西方知識體系的三根巨大柱石，首先是歐洲中心主義，抱持這樣觀點的西方學者不在少數。本章以世界經濟體系大師級人物華勒斯坦，同時也是世界體系學派的創立者爲例，蓋因該學派是現代世界比較歷史研究之泰斗，也是其設立宗旨，力求在歷史事實的基礎之上，分析全球社會變遷、東西方歷史比較研究。然而，我們所看到的卻是，根據華勒斯坦的世界體系理論，以其歐洲中心主義的觀點下，反而讓我們無法看見先於西歐大西洋海上霸權存在的印度洋霸權——大明帝國。筆者在本章結尾還得再提醒一次，關於「霸權」二字，不應有太多正面的想像，以免偏離歷史事實太遠。

話說鄭和七次下西洋一事，其中一個經常被提及的原因是尋找明惠帝。在我們年輕時，好像沒有人對此表達過反對意見，即使有的話，恐怕也只是心裡的嘀咕呢喃而已。讀者曾懷疑過這個「原因」嗎？明惠帝膽敢承認自己的眞實身分嗎？想必不敢，因爲明成祖掌握數十萬大軍，最好的辦法，應該會明哲保身，隱姓埋名地度過餘生，才不致於死於非命。不過，我們似乎不該多花時間在這個瑣碎理由上。看完本章之後，相信讀者能夠知道，原來印度洋曾經出現過海上霸權，也就是後期積弱不振的大明帝國，而這是歐洲中心主義觀點下難以覺察的。過去，我們一直認爲，三寶太監下西洋，只是鄭和率領艦隊出遠門，到處說說明朝的偉大。不過，更正確的說法是：鄭和是明成祖永樂皇帝地緣政治觀的執行長兼海軍上將，指揮過當時全球規模最大的戰艦群，在浩浩蕩蕩的行軍行列中，展現其文攻武嚇的實力，相信周邊鄰國會非常樂意表達「象徵」性的敬意才是。

在討論明朝地緣政治及其作爲之後，本書下一章要看看晚期帝制中國在地緣文化的具體表現。

註解

【1】當習近平在二〇一三年的九~十月訪問哈撒克（**Kazakhstan**）與東亞國協時，事實上他首次提出由這些國家共同經營，共圖「絲綢之路經濟帶」與「二十一世紀海上絲綢之路」。詳參見任宣編，《圖說「一帶一路」大戰略》（北京：人民日報出版社，二〇一五）。

【2】蕭富元，〈習近平經濟學來了〉，《天下雜誌》，特刊一六九號，二〇一五年八月，頁三八~五一，第三九頁。

【3】洪鎌德，《全球化下的國際關係新論》（*IR Theory in the Age of Globalization*）（新北：揚智文化，二〇一一），第四頁。

【4】Liu, Xincheng, "The Global View of History in China," *Journal of World History*, (2012, September, Vol 23, No. 3, pp. 491-511), p. 496-497.

【5】徐曉望，《明清東南海洋經濟史研究》（北京：中國文史出版社，二〇一四），第一七頁。

【6】前揭書，第二一頁。

【7】顧澗清，《廣東海上絲綢之路研究》（廣州：廣東人民出版社，二〇〇八年），第二一頁。

【8】William C. Hunter，馮樹鐵譯，《阿兜仔在廣州》（*Foreigners in Guangzhou*）（台北：台灣書房，二〇一〇），序言第三頁。

【9】顧澗清，《廣東海上絲綢之路研究》（廣州：廣東人民出版社，二〇〇八），第三一頁。

【10】將傳統中國描繪成這幅景象的學者不在少數，而且不是限於明清時期，也有學者將商業繁榮的宋朝說成封建的社會，請參見張全明、李文濤，《宋史十二講》（北京：中國國際廣播出版社，二〇〇九）。

【11】趙化勇主編，《新絲綢之路》（北京：中國廣播電視出版社，二〇〇六）。

【12】沈濟時，《絲綢之路》（香港：香港中和出版有限公司，二〇一一）。

【13】例如：趙豐，《錦程：中國絲綢與絲綢之路》（香港：香港城市大學出版社，二〇一二）；傳奇翰墨編委會，《絲綢之路》（南京：江蘇科學技術出版社，二〇一三）。

【14】王偲宇、洪武，第八章〈經濟的繁榮與變遷〉，《百試達普通高級中學：歷史㈡》（新北：康熹文化，二〇一四），頁八—一～八—三八，第八—二九頁。

【15】黃錦綾、張又瑜編著，第八章〈經濟的繁榮與變遷〉，《無敵高中歷史㈡》（台南：翰林出版社，二〇一四），第二〇〇～二二六頁。

【16】楊素娟、黃俊文編著，第八章〈經濟的繁榮與變遷〉，《超群新幹線：高中歷史(二)》（台北：南一書局，二〇一四），頁二二二～二五三，第二二四、二三七頁；季子欽、林怡慧編著，《歷史第二冊——自學手冊》（台北：三民書局，二〇一四），頁一六九～一八九頁，第一七〇頁；黃錦綾、張又瑜，〈經濟的繁榮與變遷〉，第二二二、二三〇頁。

【17】楊素娟、黃俊文，〈經濟的繁榮與變遷〉，第二三一頁；黃錦綾、張又瑜，〈經濟的繁榮與變遷〉，第二三〇頁；季子欽、林怡慧，《歷史第二冊——自學手冊》，第一七五頁。

【18】前揭書，第一七五頁。

【19】王偲宇、洪武，第八章〈經濟的繁榮與變遷〉，第八—二六頁。

【20】Giovanni Arrighi, *Adam Smith in Beijing: Lineages of the Twenty-First Century* (London and New York: Verso, 2007).

【21】斯波義信，莊景輝譯，《宋代商業史研究》（新北：稻禾出版社，一九九七）。

【22】王偲宇、洪武，第八章〈經濟的繁榮與變遷〉，第八—二九頁；楊素娟、黃俊文，第八章〈經濟的繁榮與變遷〉，第二二四頁。

【23】王偲宇、洪武，第八章〈經濟的繁榮與變遷〉，第八—二八頁。

【24】黎廣澤、李艷芬，〈在新課標教學中，如何理解資本主義世界市場的形成與發展〉，許斌、楊雲主編，《歷史教學經驗交流》（北京：人民教育出版社，二〇〇六），頁

六三～六七，第六三頁。

【25】黎廣澤、李艷芬，〈在新課標教學中，如何理解資本主義〉，第六四頁。

【26】黎廣澤、李艷芬，〈在新課標教學中，如何理解資本主義〉，第六三頁。

【27】在本書中，所有受訪者皆經過匿名處理。

【28】王偲宇、洪武，第八章〈經濟的繁榮與變遷〉，第八—二九頁；楊素娟、黃俊文，〈經濟的繁榮與變遷〉，第二二四頁。

【29】Wallerstein, *The Modern World-System I*; Wallerstein, *The Capitalist World-Economy.*

【30】Janet Abu-Lughod, *Before European Hegemony: The World System A.D. 1250-1350* (New York: Oxford University Press, 1991); Wallerstein, *The Modern World-System I*; Wallerstein, *The Modern World-System II.*

【31】西洋係指由蘇門答臘海域起算，該處扼往印度洋的麻六甲之咽喉。

【32】Giraldez, *The Age of Trade*, p. 41.

【33】Giovanni Arrighi, *The Long Twentieth Century: Money, Power, and the Origins of Our Times* (New York: Verso, 1994).

【34】鄭永常，《海禁的轉折：明初東亞沿海國際形勢與鄭和下西洋》（新北：稻鄉出版社，二〇一一），第三頁。

【35】鄭永常，《海禁的轉折》，第四頁。詳參鄭永常，《征戰與棄守：明代中越關係研究》（台南：成功大學出版組，一九九八），第二二六～四四頁。

【36】鄭永常，《海禁的轉折》，第四頁。

【37】前揭書，第四頁。

【38】牟復禮等著，《劍橋中國明史》（北京：中國社會科學出版社，一九九二），第二八七頁，引自鄭永常，《海禁的轉折》，第四頁。

【39】張輔監修，《明太宗實錄》，卷三五，第六〇八頁，引自鄭永常，《海禁的轉折》，第五頁。

【40】鄭永常，《海禁的轉折》，第五頁。

【41】Abu-Lughod, *Before European Hegemony*; Wallerstein, *The Modern World-System I*; Wallerstein, *The Modern World-System II*.

【42】Lo, Jung-Pang, "The Decline of the Early Ming Navy," *Oriens Extremus*, V: 149-168 (1958), quoted in Abu-Lughod, *Before European Hegemony*, p. 274-275.

【43】Abu-Lughod, *Before European Hegemony*, p. 274-275.

【44】Kirti N. Chaudhuri, *Trade and Civilisation in the Indian Ocean: And Economic History from the Rise of Islam to 1750* (Cambridge: Cambridge University Press, 1985: 14), quoted in Abu-Lughod *Before European Hegemony*, p. 275.

【45】Abu-Lughod *Before European Hegemony*, p. 275.

【46】Giraldez, *The Age of Trade*, p. 36.

【47】《皇明祖訓》，〈祖訓首章，四方諸夷條〉，引自廖敏淑，《清代中國》，第五〇頁。

【48】李金明，《明代海外貿易史》，第一章〈明初的社會經濟與對外政策〉（北京，中國社會科學出版社，一九九〇），頁一～一〇；曹永和，〈試論明太祖的海洋交通政策〉，引自廖敏淑，《清代中國》，第五〇～五一頁。

【49】鄭永常，《海禁的轉折》，第三一～三二頁。

【50】廖敏淑，《清代中國》，第六～八頁：Hamashita, "Tribute and Treaties"; Hamashita, "Editors' Introduction"; Hamashita, "The Tribute Trade System and Modern China"。

【51】廖敏淑，《清代中國對外關係新論》（台北：政大出版社，二〇一三），第三一～三二頁。

【52】廖敏淑，《清代中國對外關係新論》，第三四～三五頁。

【53】鄭永常，《海禁的轉折》，第三五頁。

【54】夏原吉監修，《明太祖實錄》，卷一一五，第一八八頁，引自鄭永常，《海禁的轉折》，第三五～四〇頁。

【55】鄭永常，《海禁的轉折》，第十九頁。

【56】鄭永常，《海禁的轉折》，第四九～五一頁。

【57】鄭永常，《海禁的轉折》，第一〇四～一〇五頁。

【58】鄭永常，《海禁的轉折》，第五二頁。

【59】夏原吉監修，《明太祖實錄》，卷四六，第七〇九～七一六頁，引自鄭永常，《海禁的轉折》，第五二頁。

【60】鄭永常，《海禁的轉折》，第一七〇、一八六頁。
【61】Abu-Lughod, *Before European Hegemony*.
【62】鄭永常，《海禁的轉折》，第一九〇頁。
【63】鄭永常，《海禁的轉折》，第一九二頁。
【64】徐曉望，《宋代福建史新編》（北京：線裝書局，二〇一三），第二三三頁。
【65】鄭永常，《海禁的轉折》（新北：稻鄉出版社，二〇一一），第十、十五、十八頁。
【66】鄭永常，《海禁的轉折》，第一九二～一九三頁。關於中國的朝貢貿易系統，濱下武志（Takeshi Hamashita）有更為精闢的分析，其主要論據是建立在清朝朝貢貿易系統呈現的型態上。其細節請參考濱下武志，《近代中國的國際契機：朝貢貿易體系與近代亞洲經濟圈》（北京：社會科學文獻出版社，一九九九）。參見濱下武志著，朱蔭貴等譯《近代中國的國際契機：朝貢貿易體系與近代亞洲經濟圈》（北京：中國社會科學文獻出版社，一九九九）。但濱下武志並未探討宋元與之前朝代的朝貢貿易體系，實情是，明清的朝貢體系與之前各朝有所不同。為瞭解存續長達五百年以上的這個制度，我們有必要知道「朝貢合一制」與鄭和下西洋的史實。參照鄭永常，《海禁的轉折》，第一九三頁，註十八。
【67】鄭永常，《海禁的轉折》，第一九二～一九三頁。
【68】鄭永常，《海禁的轉折》，第一八五頁。
【69】鄭永常，《海禁的轉折》，第一八六頁。

4

引領時尚的明清江南

筆者年少時，與大多數的學生一樣，念的是家長有興趣的、當時的熱門科系企業管理，所學是如何爲老闆的公司運作得更有效率，減低其成本，增加其產品附加價值，也花些時間討論勞工的問題、勞資關係，若學期末還有時間的話，還可以談一些企業倫理。後來，只是爲了跟同學賭一口氣而已，不巧地就選擇了社會學，因爲該大學尙無社會科學的系所，也就自學了。不久之後，我開始覺得馬克思（Karl Marx）的衝突論讓人著迷，在看似平靜的資本主義制度下一直隱藏著不平靜的勞資對立。因爲自許（我得承認或許也有一點「自詡」）爲馬克思主義者，以前住在台北時，只要有機會就會去凱達格蘭大道與勞工朋友站在一起，向政府控訴勞工所受的不公平待遇。也因爲個人主觀的認知、偏好（與偏見），課堂上，我很少批評馬克思的學說，即使有，也是點到爲止，不具批判性，也不好一邊說自己是個馬克思主義者，一邊批評著馬克思，這只是人之常情而已。

我曾經向學生承認，我做不到社會學大師韋伯（Max Weber）所建議的「價值中立」，因爲我的寫作動力，來自於我個人對某位學者，例如韋伯和馬克思，偏頗的看法，我總覺得「偏見」才是批判的動力，有了「偏見」，人們才會想要改變，改變先前既定的概念、理論、某種說法，甚至是「課綱」，況且，我說的話一定要有證據，但難道這些證據不都是經過我主觀的選擇之後才成爲我要的證據嗎？我有我的標準來選擇，又怎麼好意思說自己是價值中立的呢？不過，這樣的想法大概不會很快地就被學術界與教育界所接受。

以前，我選擇盡量不去批評馬克思的論點，這不表示他說的全是對的，我只是刻意地如此而已。不過，偶而還得有些突破，是故，在此，我決定一反之前的偏頗看法，本文將先責備馬克思對於亞洲（特別是中國）的誤解，之後，我們或許可以看到明清江南領導時尚潮流的原因。

歐洲經驗的侷限性

當今的大學體系起源於歐洲，這點應無庸置疑，是故，社會科學的種種理論的生成、精鍊與定型，是建立在歐洲的經驗之上，也許再加上對歐洲以外的世界（或簡稱爲，非西方、東方）之研究或想像。也許，因爲某些對東方臆測，再加上這些說法可能符合西方的政治目的，於是，在學術界的知識傳遞與媒體的傳播之下，當然，還得加上東方知識界普遍以西方知識體系為學習的對象，並欠缺足夠的批判性——也許是因為填鴨式的教學法，高中歷史大致上也採用此法——至今社會科學界對東方仍存在著誤解，繼續扭曲著東方（或華人）知識分子的世界觀。事實上，筆者謝某自三十年前，走在（當年）時代的前沿，採用自學方案，在租屋處研讀社會學，當時深受馬克思批判資本主義之熱情所感動，長年下來，對馬克思的「褒」遠勝於「貶」，如果眞有後者的話。當然，這樣的確容易產生偏見，筆者勇於承認。然而，若不是因為「偏見」，吾人也將無法告訴學生「偏見」是如何對一位研究者產生正面的意義。言歸正傳，讓筆者謝某「嚴厲地」批評馬克思的說法，特別是其對亞洲的看法，藉此反省年輕時所學的是與非。

與目前檯面上的大師級人物——通常是西方名校的學者，但還好有少數例外，雖然這些少數者總在主流之外——其概念建構、理論形成，與思維模式總是建立在歐洲的經驗之上，原本，這是很自然的，不需要刻意地塑造。不過，如果加上價值判斷的話——此時，韋伯的「價值中立」相當有賣點——這樣的歐洲經驗可能就不只有「侷限性」了，反而有了政治的目的，雖然學術界可能會因此而難為情。原因相當複雜，但簡單地說，西方社會普遍認為自己發展快速，在「地理大發現」之後，尤其是「工業革命」之後，原本西方對於東方（特別是中國）的愛慕逐漸轉變為輕視。[1]也許吧！人活著，總是在比較，一出生時，父母親就開始幫著讓孩童學會與其他人比較了，從小孩在哪家醫院出生、接生的醫生有沒有名氣、媽媽是否去了某昂貴的坐月子中心、小孩的嬰兒車是不是名牌開始，一直比到養老中心是否就是那個某財團在某山坡地新建的、擁有奢華設施的美麗建築。不只是在現實生活裡比來比去，其實，在社會科學裡，東、西方歷史比較研究，似乎也在比較世界上到底是東邊比西邊好，還是西邊比東邊好？或者是複雜一點的，爲什麼開始的時候，東邊看起來繁榮一點，而西邊後來居上了呢？

馬克思——與先前提到的費正清，與稍後將詳細闡述的韋伯得以相提並論——可以說是影響社會（科）學既深且廣的學者，對於社會學之衝突論貢獻相當大。然而，這三位社會科學裡如此重要的學者，對於東方（中國，具體而言）不甚瞭解，但卻影響最大。換句話說，至今，爲此三位學者所啓發（與誤導）者早已不知凡幾。不過，馬克思對於整個世界、對於亞洲（或印度、或中國）的理解，至少有一部分是建立在西方哲學的二分法之上。如果馬克思同樣無法逃脫二分法，那麼，我們會看到與費正清以及稍後將討論的韋伯之說法一樣，都認爲「傳統」中國處於一種停滯的、封建的，與沒有理性的狀態，那麼，我們也就不可能看得到明清江南在地緣文化上能夠站在優勢的位置，能夠在流行時尚中扮演著領導者的角色，即使相隔了一個太平洋，在交通尚不算便利的時代裡。但很不幸地，我必須承認，馬克思對亞洲（中國）的理解並不符合歷史事實。筆者認爲，我們可以看出馬克思的論點有著西方哲學二分法的影子，同時也受到古典經濟學的影響，人類學家Jack Goody這樣說：

馬克思在一八五〇年至一八八三年間生活在英國，是深受古典經濟學思想影響的學者之一。他汲取了早期經濟學家有關思想以及一些流行的觀念，亦認爲亞洲處於一種停滯不前的社會狀態，在政治上是以對卑屈的農民的專制政治爲特徵的。這是亞洲人的生活方式。究其深層原因，即是亞洲社會未能遵從這樣的一種社會發展序列，即從古代社會，到封建社會，再到資本主義社會，然後到達社會主義社會。馬克思關於發展階段的設想拘泥於刻板的形式主義，這種假設是基於歐洲的發展歷程而得出來的；他將亞洲排除在歷程之外，認爲亞洲走的是一條停滯不前的、「東方式的」社會發展道路，即一條「亞洲例外論」的道路。[2]

從上面這段敘述當中，我們可以花點時間談談幾個論點：第一，亞洲被馬克思認爲處於一種「停滯不前」的狀態，然而，明朝有兩個經濟繁榮的時代，一在十五世紀初期，另一個則是十六世紀末與十七世紀初葉；另外，清朝自十七世紀起，一直到了十九世紀中葉時，清中國才剛過了康熙、雍正、乾隆的盛世，人口快速成長，至少，就經濟的角度來看的話，這段期間應該不是處於停滯的狀態。第二，馬克思——後來的韋伯亦持相似之看法——對於中國皇帝的「專制」也感到興趣，這呼應了孔誥峰（Ho-Feng Hung）所說的，在十八世紀之後，西方中產階級逐漸崛起，於是，對於東方（中國）的印象也漸漸地從熱愛轉變到對中國專制主義的批評。[3]然而，馬克思此論點並非基於歷史事實，而是因爲——至少部分地——西方人已經征服了世界上許多地方，對於中國同樣持著征服者的心態，於是乎「必須」找到可以批評的事物以合理化侵略的事實，此心態即所謂的「白種人的負擔」。第三，亞細亞生產方式是一種原始共產社會，是在古代（奴隸）社會、封建社會、資本主義社會之前的階段，這純粹是馬克思的臆測，因爲唐代的長安、南宋的泉州、明清的蘇州（還有北京、上海，廣州等等）都是世界級的大都市，光是要供應數十萬人、百萬人每日生活之所需都不是件容易的事，更何況是將之定義爲原始共產社會？關於長安、泉州與蘇州，我們在稍後的章節會詳細討論。

第四，所謂的歐洲經驗並不適合套用在中國，原始共產社會（也就是亞細亞生產模式）可能適合，數千年前，散布在全球各地的原始社會，爲求生存，共同擁有某些必要的生存工具是相當可信的。古代奴隸社會，在中國早期也存在，這也是可信的。然而，先前，我們業已提及，中國並無類似於歐洲的封建主義之制度，與費正清不同，馬克思並未以一八四二年來界定封建主義與否，他使用歐洲的「封建（主義）」（feudalism）這個帶有負面含義的詞來概括中國在帝制時期的狀態，只是用來對照來西方的「進步」與「現代」而已，只是用來說明西方已經從落後的封建社會，進步到資本主義社會，但傳統中國則停滯在封建社會，無法與時俱進。筆者謝某以爲，像這樣的東、西方對比——現代/傳統、進步/停滯、理性/非理性、文明的/不文明的、大規模的資本主義/蠅頭小利的小農經濟等等——眞可稱得上歷史比較研究此領域最大的錯誤。就此錯誤而言，馬克思確有其應受批評之處，然而，（東、西方）歷史比較研究的大師韋伯似乎更是難辭其咎。言歸正傳，若眞如馬克思所言之亞細亞生產模式，中國處在停滯的狀態——近似於費正清的一八四二年以前停滯的「傳統」中國——那麼，根本無法解釋大量白銀經過了千萬里的漂流之後，最後選擇在中國的江南地區落腳，更無法想像其絲綢等產品會在太平洋的另一端引領著時尚潮流。先前，基於個人偏頗的觀點，筆者謝某一定會多談馬克思下層建築與上層建築之間的關係，得以理解「意識」如何受到物質基礎的影響，而且，刻意地少提亞細亞生產模式暴露出馬克思本人對亞洲（中國）幾乎是一無所知，其「想像」是建立在歐洲的經驗之上，對理解東方未必會有幫助。

基於對馬克思理論的偏好，我還是得替他說幾句好話，即使出生在馬克思之後數十年的韋伯應該也遇到同樣的問題，相信不少人願意挺身而出，爲韋伯說點好話，筆者謝某就將此機會留給別人了。那麼，可想而知，出生於一八一八年的馬克思，大概也得到一八三〇年代末才可能出國吧！那時候，大約是成年人了，可以出國做田野調查，可惜他沒有。所以，馬克思對於東方世界的印象，大抵都從去過印度、東南亞，或者中國廣州做生意的商人那兒得到的，或者從報紙上得知東方所發生的事。讀者可以試想自己身邊的有錢人吧，到底有多少做生意賺了大錢的富裕人家，能夠一生謙卑的打從內心看得起三餐不濟的流浪漢，視貧窮人家如親姐妹、弟兄？應該不多，如果有的話，通常是神職人員而非富裕人家。所以，可以猜得到，不一定得先做完研究再說，西方的生意人首先看到了非洲，經過阿拉伯世界，再到南亞、東南亞，最後到了中國，沿途所看到的景象，大都不比歐洲「進步」，除了中國沿海及內陸的大城市看起來還好些，但也僅止於此。再加上當時其先進的武器之幫助，歐洲人走到哪兒幾乎攻無不克，因爲崇尚「自由貿易」又讓他們賺了大錢，難保不會看不起東方人吧！可想而知，馬克思聽到的亞洲、中國，必然不比馬可波羅所見之宏偉景象了。在這種資料不易獲得的情況之下，馬克思也只能用猜測的方式來進行其亞細亞生產模式的研究，所以，這樣的模式可信度應該不高，但固執的筆者謝某仍不打算苛責馬克思，因爲長年居住於亞洲（中國）的知識分子，卻不曾質疑過，或止於輕描淡寫地批判亞細亞生產模式的學者似乎不在少數，這些人不是更應該受到責備嗎?筆者謝某在批評馬克思之後，相信自己又向「價值中立」這個（虛假）的目標邁進了一小步。

另外，在批判二元論之世界觀時，比起吾人，人類學家Goody應該是比較適合讓年輕讀者學習的對象了，因爲他認爲二元論基本上是難以避免，這似乎是個自然而然的過程。本文認爲，Goody所言是極具啓發性的，他說：

> 看待世界的二元論，是探究者時常要面對的一個問題。二元論把社會從許多的可能式中歸納爲兩種類型：現代的與傳統的、先進的與原始的、炎熱的與寒冷的、資本主義工業化國家與前資本主義前工業化國家、第一世界以及原先的第二世界與第三世界等等。這樣的二元性對比，即使不是刻意爲之，那麼，至少也是在所難免的。例如，人類學家自然要把自己在野外現場所查到且瞭解到〔如迦納的阿桑特人（the Asante of Ghana）〕的情況，與自己所由來的歐洲社會進行比照，反之亦然。從一般層面上來說，這種做法的結果，導致了語言表述上的二元分類（如簡單的與複雜的

等）。【4】

雖然二元論（二元對立）可能難以避免，然而，如果再加上基督教的善惡二元論的話——西方代表的是「善」，東方則是「惡」，善的一方最終會得到勝利，惡的一方則需要善的一方來拯救之。這不就可能讓研究者，特別是在一八四〇年之後的中國知識分子陷入一種屈辱感裡？而這樣的屈辱感難道就可以避免嗎？相信是不太容易。換句話說，如果難以清楚地面對歷史的眞相，那麼，東方（中國）知識分子在努力學習了西方建構的知識之後，如何期待這樣的世界觀能讓他們看得清這個世界呢？筆者認爲，馬克思同樣受到二分法的影響，故在其亞細亞生產方式的模式，與明、清中國經濟繁榮的景象形成了強烈的對比，根本不符合歷史經驗。歐洲經驗或許可以用來與其他地區比較，然而，歐洲的經濟有其限制，馬克思的亞細亞生產模式即是一例，關於歐洲經驗的侷限性，在本章稍後的分析中，我們還會看到其他的例子。

總之，馬克思的亞細亞生產模式與歷史事實並不相符，所以，導致的結果是，此模式不可能看得到我們在先前所提出的證據，也就是十五世紀初的大明帝國可謂是印度洋海上霸權，無法看到明清江南是美洲白銀經過數千里漂流之後的終點，明朝，以及清朝的前期有其地緣政治上的優勢。而地緣文化通常伴隨著地緣政治之優越地位而產生，一個政治、經濟與軍事力——也就是硬實力——相對較弱的朝代【5】（或國家、政府）通常不易產生地緣文化之軟實力。

晚期中華帝國的地緣文化

根據費正清所區分的「傳統」與「現代」中國，我們被這樣告知：一八四二年以前的「傳統」中國不可能有堅強的實力——無論是硬實力或軟實力。果眞如此的話，一切有關於「進步」之思維、典章制度、著作權等智慧財產「權」保護的觀念，都不可能在「傳統」中國產生，當然像是商標，也就不可能在「傳統」中國這塊土地上被發現了。清末西方法律體系進入之前，官府與人民均無權利的概念，然而，中國「傳統」法律體系確實有著作「權」保護之效果，如此進步的觀念與作爲在印刷術發明之後，因爲利益的追求，民間即要求官府處罰侵「權」者了，我們在稍後將另闢專章，並以宋朝官方文件來證明之。簡單之，使用「傳統」一詞來概括一八四二年之前的中國，掩蓋的眞相遠遠地多於「傳統」所挖掘出來的。

同樣的問題亦發生在先前所提到的印度洋海上霸權——大明帝國。在前一章，我們討論明成祖所施展的硬實力，也就是武力征討，而軟實力也值得我們加以研究。地緣文化（geoculture）一詞很適合討論一國的軟實力，該詞語在一九八〇年代晚期由奈伊（Joseph S. Nye）提出。他認爲，軟實力取決於說服與吸引他者。相較於動拳頭與經濟勢力的硬實力，軟實力更能使他者屈服。奈伊認爲，國家的軟實力從其文化、制度、政治理念與治安（警政）可以看出。[6]就分析層面來說，這種國家實力的分法看似合理。但本文認爲，軟實力並不能以文化的「優越」或抽象的意識形態來運作，而是以經濟實力爲後盾所展現的軍事力量來審視。故此，在晚期的中華帝國中，貢舶貿易（朝貢貿易）系統可視爲軟實力的展現。蓋無軍事力量的震懾與經濟力量的展現，那麼無法想像這些番邦爲何要來進貢中國這個宗主國，並與之進行貿易呢？簡單來說，中國要能製造出他們想要的商品才行，而這就與經濟力有著直接的關係了。

論及朝貢貿易體系時，一般而言，讓人想到這是在東亞地區以中國爲中心，與其周邊的鄰國互動的「國際」關係，中國擁有較強的經濟力之外，其文化的、政治的與意識形態（思想）上，以及制度的先進。中國所要者並非進貢之土方寶物，而是象徵性的受尊崇。結果是，不僅以中國爲中心的朝貢貿易系統在歐洲人來到之前運作良好，在某種程度上經濟力量也遠勝鄰近國家。本文認爲，中國的經濟實力可認爲是擁有功能完善的朝貢貿易系統所必備的。但晚期中華帝國經濟的活躍說明了什麼呢？濱下武志（Takeshi Hamashita）有其想法。他認爲，在十九世紀以前，東、西方社會的發展可說旗鼓相當，扣除掉西方國家後來的影響，中國的朝貢貿易系統，使中國在亞洲諸國之間長久站穩霸主寶座。

濱下武志認爲，實際的情況是，十六～十九世紀的歐洲人帶著大量的白銀到中國（明、清時期），來換取絲綢、陶瓷與棉紡織品，顯示亞洲區域經濟情勢的強盛。[7]轉個話題說，在明清時期的朝貢貿易系統之下，外國商人帶著白銀來中國來買終端產品（也就是製成品），特別是長江三角洲地區產製的絲綢，還有棉製品與陶瓷製品。[8]他所指出的是，明朝第二次的治世在十六世紀末至十七世紀初期開始。如前所述，第一次經濟繁榮則在十五世紀早期。[9]現在，對於地緣文化而言，我們必須找到些許有價值，有時能在生活器具、髮型、流行時尚之中呈現，華勒斯坦認爲，這些都充斥在世界體系當中。[10]

另外，對於鼎盛的陶瓷業，特別是我們所提的青花瓷，是很鮮明的例子。種種證據說明絲綢生產於中國（特別是江南地區）引領太平洋、乃至世界的潮流。這間接說明了明清時代中國經濟的繁榮。明清時期的中國在絲綢業在世界居於領先的地位。如果一國能領導世界流行的潮流，那麼實在無法想像這個經濟體沒有強大的經濟動能。現在我們使用「競爭力」這個名詞來衡量一國經濟的能耐。如果在經濟上沒有兩下子，恐怕很難長期領導世界流行的潮流。以下的例證說明在太平洋東岸（美洲西岸）絲綢有多麼流行：

> 從加州到智利，富有地區的主教、神父、修女的聖餐袍都是絲製品。長筒絲襪廣受歡迎，大帆船源源不絕帶來新品。曾經，光一條船就帶來超過五萬雙。中國商人知道亞洲的商品在新西班牙（註：今美國大部與中美洲）如此暢銷，也很快學會適應瞬息萬變的市場，靈巧的仿造顧客喜愛的款式。墨西哥城議會一七〇三年在中央廣場啓用照著華人在馬尼拉開設市集（Parián）的樣式，而稱爲洛加度（Zocado）的永久性市場。這些市集商店販售大帆船所運來的商品，市政府靠著出租商店大撈一筆。【11】

不僅江南地區製造，並經由馬尼拉運到新大陸宗教用途的衣服，中國商人也在從加州到智利的新西班牙設計並行銷給貴婦穿的絲襪。但不幸的是，現今海峽兩岸大多數的高中生只知道「新美國棉」（"US Cotton"），卻不曉得中國之前曾在世界棉業居於領先地位。這讓人想到經濟榮景的光環已在晚期的中華帝國褪色失光。

再者，高價的通貨（如白銀、銀幣），在地緣文化方面，也道出明清時期，中國經濟的強盛。一如現在美元在全世界的「暢銷」通行，白銀由西班牙人帶至明清時期的中國大陸，並成爲最普遍的貨幣（通貨）。結果是，在十八世紀，流入亞洲白銀的樣式多爲西班牙銀元——「墨西哥八銀元」（Mexican pieces of eight），直徑約爲三十八公釐（38mm），蓋幣値爲八里亞爾（reales）而得名，按照上面的符號（圖案），被通稱爲dos mundos與bustos（雙柱、佛頭）。在一七三二～一七七二年間，大約製造出五十萬枚的dos mundos；在一七七二～一八二二年間則大約鑄造了九億枚的bustos。[12]這顯示墨西哥銀元在世界通行的程度（中國稱這種貨幣爲佛銀、本洋）。在中國南方，墨西哥銀元數量甚至多過墨西哥。從西伯利亞直到印度孟買，也在西太平洋諸島嶼可見墨西哥銀元的蹤影。可以這麼說，在殖民的北美洲，「只以墨西哥八銀元進行買賣，美國商人用這些銀元披索在西非購買奴隸，和中國購買茶葉」。[13]

從上面敘述，我們看見明成祖永樂年間要實現他眼中地緣政治的建國大夢的企圖心。他所做的其實與世界霸權相差無幾，一如西班牙（或熱那亞）、荷蘭、英國與美國。[14]十五世紀早期的明朝霸權，雖然受到南海與印度洋的限制，但並不輸給華勒斯坦所提，稱霸大西洋的西班牙。假使我們想找出明朝霸權特色的差異，那麼，我們會觀察到明朝不願意放棄制霸北疆（即長城以北）。總之，要是以歐洲爲中心的觀點，就根本無法看出明朝是個霸權。這看來很怪異，當華勒斯坦建構其現代世界體系時，認爲其出現應該是在「長十六世紀」中期的一四五〇年代。[15]在Abu-Lughod所研究的一二五〇～一三五〇年間，還存在一三五〇～一四五〇這漫長的一百年，居然無視明朝的船舶戰艦往來於南海和印度洋，甚至遠達波斯灣與非洲東岸。但可惜的是，在歐洲中心主義宰制的地方，卻看不到這霸權存在的事實。現在，讓我們將目光調轉到其他被忽略掉的海上絲路，特別是在十六～十九世紀的太平洋航路。

白銀的輸入與晚期的帝制中國之興盛

就台海兩岸的研究，對於跨太平洋的海上絲路並未充分研究。一方面，在中國高中教科書中未見隻字片語，而在台灣也只三言兩語地帶過。我們認爲，這種輕忽導致兩岸學生以扭曲的觀點來看待區域/環球的歷史。但爲何學者時常（即使並非總是）無視與海上絲路相關，且如此重要的議題？本文認爲，這有可能是西方知識體系建構下的學術氛圍所造成的，使學者在評析主流說法時會感到不自然。當然，要驗證這點還得要花更多功夫作研究。但首先讓我們討論太平洋航線、經濟繁榮之間的關聯，和晚期中華帝國的些許事情。

結果是，有些學者注意到太平洋航線，但這不夠，特別是中國先進的手工藝技術居於世界的領先地位。我們常用尖端科技一詞來描述國家發展的階段，並敘述該國經濟的強盛，但諷刺的是，當我們探索晚期的中華帝國時，學者通常被前述的謬論所誤導，認爲明清時期的中國是閉關自守、停滯不前的封建社會。要歸功於這前提，特別對華人學者來說，的確很不容易找到討論晚期帝制中國有價值的著作，並且，還要指出絲路確實是存在的。

輸入的白銀。【16】在一九四九年中共建政之後，相關研究持續進行，雖然在這議題上沒有熱烈的辯論。【17】在一九八〇年代，研究海上絲路的學者持續增加，議題直指圍繞在中國不間斷的輸入白銀，什麼管道使白銀持續流入，並且進口白銀對中國的社會經濟有什麼影響等等。【18】韓琦認爲，台海兩岸高中教育所教導的僅以非常寬闊（卻也模糊不清）的框架來回答，卻不見細節，解釋輸入白銀對晚期的帝制中國有何影響。【19】先前，我們已經討論過，明朝的稅制改革，也就是使明朝中興的一條鞭法，在此略爲重述一下應無妨才是。

紀雲飛認爲，早在一九三〇至一九四〇年代，中國學者（如：梁方仲）早便討論過從美洲

明朝稅制改革的一條鞭法首先在福建實施，因爲福建沿海是華人商賈前往呂宋與西班牙人進行貿易的基地。西班牙人帶來美洲開採出來的白銀，要購買中國商人帶來的絲綢和其他貨物。這個維持很長時間的貿易滿足明朝推動稅務改革所需要的大量白銀，作爲貨幣供給。進口白銀和一條鞭法的密切關係，在高中的歷史教科書中僅止於輕描淡寫，但糟糕的是，進口白銀的重要性被低估了。從不同角度進行探索，我們能證明從美洲進口白銀的重要性絕非誇大其詞。實行一條鞭法，至少還有四個方面，能幫助我們瞭解白銀在晚期帝制中國的重要地位，包括：一、提供維持經濟健康運作的貨幣供給；二、促進明朝第二次的經濟繁榮；三、提升產業，特別是絲綢與陶瓷業；四、相較於人口眾多，經濟規模進一步增大。

但在高中的歷史教科書上，並未充分說明一條鞭法的重要性。以台灣來說，也只說到實

施一條鞭法與進口白銀的密切關聯而已。[20]這顯然低估其效果，事實上，若不進口白銀，稅務改革根本持續不了那麼久。這點本文會稍加解釋。另外，就方法學來說，對於一條鞭法的忽視使我們難以看清，何以世界的經濟活動，在實行一條鞭法時，如何藉由輸入白銀，而影響中國，作爲海禁政策拒絕外國商賈往來的主要反證。就歷史來看，在市舶司設立以後，南宋（一一二七～一二七九）時期，特別是早期，海上貿易賦稅的收入高達歲入的百分之十五。[21]目前大多數人能同意，自宋朝（九六〇～一二七九）與元朝（一二七一～一三六八）以來，中國對外貿活動大多採取開明的態度。故此，本文認爲，明清初期的海禁政策是例外，那是基於地緣政治的考量。

在這裡，我們簡略探討全球如何影響中國的經濟。在十六世紀中期，明朝政府實行一個新的賦稅與徭役系統，以取代過時繁複的稅賦體系，稱爲「一條鞭法」，將繁複的項目加以整合。在該法施行前，國家稅賦大多落在佃農的身上，他們肩挑絕大多數的稅賦與勞務。一條鞭法（一五二二年實施，一六〇九年終止）將繁複的土地稅目和地目大幅簡化，由原先三、四十個減少至兩、三個，並且以白銀納稅。這不僅改善賦稅公平性，減少徭役帶來勞動移徙的不便，也充實國家稅收。將明朝陳痾積弊已深的稅務體系重新改造，使國運能振弊起衰，再次復興。但如果沒有貿易，而自國外進口白銀，相信連要怎樣推動一條鞭法，都可能是個問題。

本文既然旨在指出進口白銀的重要性，那麼，白銀爲何能持續流入中國呢？答案很明顯，就是中國製造的陶瓷與絲綢擄獲全世界人的目光。我們能證明，晚期帝制中國，「產業」

技術進步的確存在，中國製造的產品，無論數量或品質都深受世界廣大消費者喜愛。這裡，我們回頭來看看貨幣供給的議題。

徵稅是政府的課題之一。因此，要使商業巨輪順暢運轉，即使並非直接，卻也是很明顯的，就要讓百姓能以謀生，賺錢繳稅。因此，充足的貨幣供給是維持經濟環境健康所不可或缺的，但失控的貨幣供給將導致通貨膨脹，不足的貨幣供給會造成貨幣緊縮。簡單來說倘若不是明朝從國外獲得充足的白銀，那麼後來經濟繁榮所需要的白銀供應便無以爲繼。正如MV = PT方程式所指出的，更多的貨幣供給，能夠推動更多的經濟活動。兩個例證都說出，明朝實行一條鞭法，與第二次經濟繁榮，都與世界經濟活動保持密切的關係。因此，我們認爲，自二〇〇四年起，海峽兩岸嘗試不再將高中的歷史教科書分開成中國與世界史兩部分，算是一個好的開始。

然而，晚期中華帝國的歷史在高中教育體系裡被忽視掉很多史實，基於什麼理由還有待進一步發現。但我們推測可能的理由是，教育當局的意識形態（思維）仍停留在西方的二分法之下，以致於認爲古舊的中國乃是「封建」、「鎖國守成」、「凝滯不前」、「經濟僅能餬口」、「亞細亞生產方式」、「小農經濟」，甚或「傳統」（老古板、老頑固），而一講到西方「資本主義」時，就說是熱衷海上貿易、進取、規模經濟、現代等等。對於這種被廣爲接受的二分法，謝某深覺遺憾。

第三個觀點顯示晚期帝制中國並未閉關鎖國，反而擁抱貿易，特別是明清時期中國擁有睥睨全球的絲綢與陶瓷工業。另外值得一提的是，我們認爲，這也說出明清時期的中國密切的參與世界的商品流通。至少在十八世紀以前，如Arturo Giraldez所說：「中國的製造力是舉世無雙的。」【22】恐怕兩岸教育當局還未瞭解中國眞實的過去。

與現在的中國——世界物美價廉商口之生產中心——略有不同，幾個世紀以前開始，依據Giraldez的說法，晚近的中國帝國，特別是從明朝中期至清朝初期，可說是世界經濟的超級強權與生產中心，生產質精量多的商品供應給全世界。就青花瓷來說，明窯光是在南方的景德鎮便僱用數以千計的勞工，以一千三百度的高溫來製作精美的瓷器，這使明朝時期的中國工藝的進步，在青花瓷上頭展現領先世界的手工藝技術。在十六~十八世紀，青花瓷（白底青紋的瓷器）在世界許多地方廣受歡迎。例如，在一五四〇年代，「里斯本的菁英用自明朝進口的瓷器飲茶，並放在葡萄牙人擺設中的特定位置」。數十年後，景德鎮的陶瓷製品更受歡迎，價格也更爲低廉。在一六一四年，「明青花瓷是阿姆斯特丹百姓的日用品，直到安地斯的的喀喀湖岸，四千五百米的海拔，說明中國陶瓷在秘魯也很普及」。【23】

此外，由荷蘭東印度公司也說明景德瓷輸出的另個故事。如果不計經由巴達維亞轉運至東南亞數以百萬計的瓷器，光在一六〇二~一六五七年，這五五年之間，銷往歐洲的數量就高達三百萬件之譜。在一七二九~一七三四年，短短的六年裡，就有四百五十萬件運抵歐洲。在一七三〇至一七八九年，一甲子的功夫，荷蘭一共進口四千二百五十萬件的景德瓷。【24】

與陶瓷製品齊名，中國的絲製品，包含生絲，是中國的領導產業。在十六~十七世紀時，波斯的薩法維帝國是提供歐洲絲製品的主要國家。當中國的絲製品大量出現在日本的貿易（在澳門與長崎間的海運）與馬尼拉大帆船的貨物裡，有位葡萄牙官方的編年史學者Antonio Bocarro指出，在「十七世紀初期，中國估計每年生產兩千五百噸的絲，當中大約三分之一（約八百噸）行銷海外」。以馬尼拉市場爲例，「在一六三〇年代，一條帆船能運載三一．三～五二．二公噸的貨物到墨西哥的阿卡普科。在十八世紀早期，一條大帆船可以攜帶二百～七百噸的生絲回到新西班牙（按：北美南部至中美洲）進行加工」。在國際貿易中，直到十八世紀，這項產品仍是基本的紡織原料。如此，便提升參與其中人民的生計。約在一六三〇年，出生於福建的何喬元（音譯）指出，陶瓷與絲製品的大量輸出，確保窯戶、繅絲與商戶的就業，並提升全體的生活水準。【25】

最後，不僅如此，當我們討論到太平洋海上絲路所導致的影響，我們要對不同的人口數量保持警覺。正如Arturo Giraldez所建議的：「我們要修正我們當代的論點。在十九世紀之前，由於世界人口遠不及今日，因此貿易規模也小上很多。相較於二〇〇〇年時全球的六十億人口（二〇一五年達到七十億），在一六〇〇年只有約五．四五億人，一七〇〇年時爲六．一億，一八〇〇年有九億人……在一七五〇年時，亞洲的人口約占全球七億的六成……當世界經濟中如此大比例在購買這個特定商品，特別是如此高價值、便於在國家間運輸，該產業對全球的影響是想當然的。」【26】試著思考一下這樣的畫面，十八世紀中葉時，亞洲占世界上總人口數的百分之六十，這兒，長程貿易需要質純量輕貨幣，白銀正是這樣的金屬，自十六世紀末葉起，美洲白銀即扮演起重要角色，推動著亞洲貿易的巨輪向前飛奔，吸引著許許多多歐洲的商人來到亞洲，來到中國，尋找有利可圖的生意並試圖壟斷之。這與高中歷史課本所說的，中國被「整合進入」世界經濟的過程正好相反，是明、清中國的硬實力（包括產業的領先）與軟實力（包括典章制度與流行時尚）將西方商人從世界各地吸引到有利可圖的亞洲市場裡。然而，筆者謝某不說是歐洲被「整合進入」中國為主的經濟圈裡，以免被質疑帶著「某某中心主義」之嫌。

總之，不幸的是，在東方學術界，如此大的影響卻未被加以觀察，也未教導學術後進。這無疑是在灌輸他們失之偏頗的世界觀。

中國開明的對外貿易態度

當我們比較東西方文明時，我們似乎被西方哲學的二分法所「引導」（「guide」，操弄）認為東方社會欠缺一些西方社會才有的元素。因此傳統思想告訴我們，當在討論「國際」貿易時，特別是西方社會開始「探索」新大陸和仍處史前文明的化外之民。西方社會抱持開明的態度，而東方社會（或者在中國的學界所認為）「並非」如此。在有意的精心布局下，中國社會被認為是「封建」、「傳統」、「守舊」與「停滯」，然而事實勝於雄辯，根據歷史證據，我們發現中國其實相當開放。這裡我們就提出證據來說明，實際上中國對於和外國進行貿易是採取相當「開明」的態度。

當學者嘗試闡述晚期中華帝國的「傳統」時，「封建主義」一詞的語意被過渡渲染。在西方知識體系下，不僅將中國社會的「傳統」指向「停滯不前」、「守舊」，同時也意謂著，中國不若西方社會能與外國進行獲利豐厚的貿易活動。在西方社會抱持開明的貿易態度而獲致「成功」時，中國成為僅能進行低賤之商貿活動的例證。誠如先前指出，中國能大量獲得白銀，或然暗示我們，其實晚期的中國也像西方一樣，能進行獲利豐厚的貿易活動。

此外，這兩個觀點至少能說明中國與許多國家一樣地樂於貿易。至少，本文認為在唐朝（六一八～九〇七）時期，中國的外貿頗為發達。由晚唐直到清朝末年，在超過一千一百年的時間裡，中國的外貿活動可說是相當「開放」。再者，與歐洲國家不同，中國領土廣大，從而跨省的貿易活動之熱絡能和與歐洲國家貿易相提並論。就這個意思而言，在比較這兩者時要格外留心。如果人們所取得的商品「只」在諸省流通就能維持日常生活的話，那麼就無須和外國通商了。這點與歐洲的情況相當不同。【27】

但從第一個觀點來看，明清時期的海禁政策令人注目，因此首先就來看看這海禁政策到底是怎麼回事。經濟潛能不過給我們一個梗概，儘管能夠支持其軍事能量，然則展現軍事力量則更為直接，並充滿地緣政治的意涵。當明太祖在一三六八年建立元朝之後，所面對的外部威脅值得我們重視。一般說來，北方蒙古的韃靼、瓦喇二部，與侵擾南方沿海的倭寇並稱為兩大外患。為求有效防治這兩個外敵，明太祖令精銳部隊戍守於北疆以抵禦陸上的外族。無可避免地，如要抵禦倭寇則只有一法，就是禁止東南沿海居民以海為生，切斷與外國所有的聯繫。【28】

基於這種考量，明太祖頒布實施的海禁維持兩個世紀，再加上清朝初期繼續實行數十年，以封鎖台灣的反叛勢力（明鄭）。這略少於二百五十年的時間不可不謂漫長。這令學者認為中國無意「開海」，和外國進行貿易活動，特別在帝制晚期更是如此。就本文所指出的證據而言，這種說法顯失公允。實情則是這樣：中國第一個市舶司（海事部門）在唐朝顯慶六年（六六一）於廣州設立。該機構為兼具商貿與外交活動的官方單位。南宋時，於西元九七一年在廣州設立市舶司。當時市舶司一共有八處，用以管理勃興的國際商貿活動，在在說明中國熱衷於參與國際貿易。

若我們計算從市舶司設立（六七一）直到大清帝國在一八四〇年鴉片戰爭戰敗而與西方「先進國家」締約，在將近一千二百年的時間裡，實施海禁的時間不過二百五十年左右，在其他大多數的時間裡，則與外國通商往來。如今，無論市舶司的興衰如何，從明朝建立（一三六八）直到清帝遜位（一九一二），晚近的中華帝國維持了五百四十四年之久。因此，在超過明清兩朝半數以上的時光裡，中國其實是張開雙手，擁抱外國的商賈。簡單來說，認為中國向來拒斥外國商人的論述並無根據。但令人難過的是，不少學者堅信，中國在與外國貿易時，並不曉得如何經商致富。

依循第二個觀點，在歐洲中心主義的論點下，事實上，當在探討國際貿易時，我們試圖尋索歐洲人經驗的蛛絲馬跡，諸如海外探索或拓殖。在這種歐洲中心主義的思維影響下，看來人們忘記中國擁有龐大的市場，這絕非歐洲市場所能比擬的。或許學者習於使用「民族—國家」

作為分析單位，意圖繞開特定國家的空間場域之規模。近來，中國廣大的市場在許多方面都令人側目，甚至有人認為中國將取代美國，成為推動世界經濟成長的火車頭。[29]不僅如此，中國市場的重要性還被大大的忽略。這至少可從兩方面觀察到。其一，就是當我們討論到「國際」貿易時，浮現出來的圖像就是西方強權「探索」新世界，並從那裡獲得豐厚的利益。經由亞當·斯密「絕對優勢」的原則，和李嘉圖的「比較優勢」之幫助，被稱為「自由貿易」的理論在校園間大行其道。這種人為建構的知識在非西方社會的知識界卻廣被接受。要證明這點並不容易，雖是如此，還是有意稍加探究，以檢視是否眞的存在。

當討論到中國省分之間的交易時，王國斌提供我們一個有創見的解釋。他認為，假使摒除人煙稀少的地區，中國任何一個人口群聚的區域，還比歐洲任一個國家更大。據此，我們這樣想會比較好；拿整個中國來對比歐洲，而非與單一國家進行比較。歐洲諸國之間國際貿易的規模，或者還不比中國跨省，或跨區域的規模還大。中國內部的交易或許能影響一兩個省分的市場，卻不會達到整個中國的層級。[30]然而這或許另外導出一個問題，學者常引用相同的因素，來「印證」其歐洲（特別是英國）的經驗。這不僅發生在所謂貿易的意識形態，例如西方以開放的「自由」貿易來接觸中國的閉關自守，同時也觀察到在明清時期中國棉產業長途貿易的發展。關於西方所謂的「自由」貿易，稍後我們將以更大的篇幅來詳細討論。

當我們論及晚期中國棉產業的組織改變時，這裡有個問題令學者感興趣。一般而言，棉產業可說是能挹注家庭經濟、維持城鎮家庭生活的產業。在這段時期，中國的棉產業的特徵是

「放料制生產」，亦即商賈或/和勞工提供原物料或中間產品給家庭手工業來完成後續的生產步驟。約略在十七世紀時，這種生產方式在英國逐漸爲「工廠制生產」所取代。因此，學者嘗試檢視這種產業的經歷是否也出現在晚期的帝制中國。一般說來，固然商人能宰制城鎮的原料或中間產品，但無法衝破「放料制生產」的限制，使產業轉型爲「進步的」工廠體系。但假使不深入研究晚近的中國放料制生產爲何大行其道，且其是否產生效果，學者恐怕會遽下定論，認爲工廠生產制既是「進步的」，也是「先進的」。[31]在這裡雖不能進一步討論，但學者傾向以歐洲的經驗爲例（特別是舉英國的工廠生產），來對比在中國（及非西方的社會）所謂「有意義的改變」。

我們經由探討棉製品，可瞭解長途貿易所發生的事。如王國斌所指出，在中國省分間的鉅量貿易確實有其意涵。吳承明認爲，在明清時期長距離的商品貿易有結構性的改變。雖然穀物貿易仍爲大宗，但棉製品的重要性已取代鹽。在明朝遠洋貿易的棉衣交易數量約爲一千五百～二千萬件，到清朝一八四〇年時已達到四千五百萬件，然而這數量僅略高於全國總數的百分之十四而已。根據范金民的說法，在清朝初期，江南的製棉產業十分昌盛，生產棉製衣裳多達七千八百萬件，當中的七千萬件銷進國內市場之中。[32]這些數據令我們對中國跨省的經濟活動印象深刻。但許多學者卻忘記以同樣的面積換算之下，中國的經濟生產與歐洲國家相近，甚至有過之而無不及。

在歷史上，中國與西方都熱衷貿易，但明清時期頒布的海禁政策被目爲何以西力東漸時難以招架的原因。本文業已證明，若將觀察的時期拉長，在海禁實施的二百五十年間，事實上，早在宋朝（九六〇～一二七九）之前，中國早已熱烈投身於海上商貿活動。在隋朝（五八一～六一八）的大一統之後，由於對海疆的重視，南中國海的海上交通遂逐漸繁忙起來。在隋煬帝大業年間（六〇五～六一八），有通商往來的地區遍及東南亞、南亞，乃至波斯地區。在這時期，爲確保海上航路不受阻礙，隋煬帝遣使出訪東南亞諸國、印度與波斯。例如差派常駿出使到赤土國，由廣州取道暹羅灣。赤土國住民主要由印度移民組成。這個大國扼暹羅灣到麻六甲海峽之海上航路的咽喉。使節常駿不孚衆望地完成任務。從而，在隋朝時，赤土、眞臘（Khmer Kingdom of Kampuchea）、婆利（Borneo）、占城（Champa）皆遣使來隋，當時南中國海航路可說平靜安穩。[33]

另有隋朝使節團（如：李昱等）奉派經由麻六甲、印度洋，前往波斯和遠邦締結邦交。與此同時，約在七世紀在南中國海有爲數衆多從波斯和印度前來的商船，使得廣州、交州和揚州成爲最繁榮的港埠。在隋朝之後，唐朝（六一八～九〇七）依然促進陸路和海路的貿易活動，其中後者是跨越超過九十個國家、三個月和一萬四千公里航程的海上絲路，在八、九世紀時成爲連結東、西方世界最重要的海上絲路。[34]這樣便有理由認爲，在晚唐之後，特別在宋朝與元朝之後，中國便不能稱爲「內陸國家」（亦即並未經由海洋與他國來往）。[35]此外，有人主張，宋朝與超過五十個國家進行貿易活動。在南宋晚期，市舶司（海關）的關稅收入占國庫歲入的百分之二十。[36]這樣說來，貿易活動可說是十分熱絡。

雖是如此，學者仍懷疑相較於歐洲強權的橫征暴斂，中國是否還抱持開放的胸襟。當明朝在洪武皇帝於一三六八至一五七六年頒布海禁，在海禁正式解除之前，中外之間是否全然沒有貿易活動呢？另外，在清朝乾隆二十二年，只開放廣東省一個港埠——廣州對外貿易。然而僅憑這點是否便能聲稱，中國的統治當局痛恨自由貿易呢？此外，我們還關注一個問題，西方強權是否眞正信持自由貿易？

在一三六八至一五七六年間，明朝實施海禁，這些年間貿易活動到底是怎樣？在這段期間，走私活動猖獗。明朝洪武皇帝（明太祖）以勘合（關防印信蓋於契約）的方式，正式允許商貿活動。史學家稱爲貢船貿易（也就是兼朝貢與貿易的船隊），意思是隨著使節團前來的商人能帶著商品到北京販售，並帶著母國需求甚殷的商品歸國。此類貿易政策稱爲貢市合一（即海禁與貢船貿易合一的政策）。【37】

關於廣東省十三行爲何能獨攬茶葉貿易，根據孔誥烽的論述，浙江省（當時茶葉的主要產區）巡撫曾上奏乾隆皇帝，請求浙江省開埠與英國商人進行茶葉的直接貿易，以求取物美價廉的商品。然而，基於一己之私，廣東省官員欺騙乾隆皇帝避免開放浙江港埠，因爲外國商賈不誠實、無法信賴、心思詭詐。廣東省府的目的明顯的很，就是意圖獨占茶葉買賣，來賺取鉅額利益。很不幸，皇帝聽信這一片面說詞。【38】我們再引用羅威廉的說法，他認爲選擇廣州就是對的，乾隆皇帝只是合法化既定之事實而已，況且，廣州水系四通八達，腹地廣大，這些都是選擇廣州的原因。【39】更有甚者，有人認爲，從一七五七年之後中國對外的貿易窗口就只有廣東省

的一處，其實並非如此。實際上，「呂宋（西班牙占領）、暹羅、爪哇與蘇魯能在廈門和寧波通商」。【40】

現在我們回過來看這個問題：西方社會到底有沒有持守「自由」貿易的信念呢？假若官方文件告訴我們不同的故事，那麼，還值得稍再探討。下面的「事實」或許就是人爲的事件。在一八四〇年清朝在鴉片戰爭中戰敗，學者認爲英國挾著自由貿易政策，國力日強，導致西盛東衰的局面，這也是向來東方學界灌輸的意底牢結（ideology，意識形態）。然則，這卻是建立在西方知識體系底下的「解釋」。實際上這個榮景並非如此「光榮」。本文認爲，「閉關自守」的中國並非總是「閉關」，在禁弛之間的擺盪，使得中國不應背負「經濟停滯」的污名。一般說來，亞當．斯密和李嘉圖全然不關心「掠奪的暴力」，他們試圖說服我們，所有參與貿易的人能在不發生衝突下獲得好處，商業行爲是所有市民能夠參與的活動。然而，Kirti N. Chaudhuri給我們另類觀點，他認爲歐洲人在抵達亞洲沿海進行通商貿易時，他們很快就瞭解到「比起用和平手段進行貿易，靠著槍砲更能獲利」。【41】

因此，或許名爲「自由」貿易，實爲搶掠的貿易能導致西方強權國力日增月盛。在十七～十八世紀，荷蘭獲利最豐的商貿活動，其實就是海上的劫掠。在十七世紀上半葉，這些「公司」一年搶掠所得平均起來大約有二～三百萬的基爾德（荷蘭貨幣單位）。與此同時，荷蘭在亞洲商貿活動的收入才一百萬加上零頭的浮羅凌金幣（重約三．五噸）而已。在鄭成功占領台灣之前，曾有幾艘商船被荷蘭「公司」劫掠，爲保護這種獲利頗豐的「買賣」，這些荷蘭「商業」公司有時對母國政府的海外政策猶疑不前。例如，一六二三年西印度公司強烈反對荷蘭母國政府與西班牙的和議協商，因爲不想失去劫掠西班牙商船所帶來的鉅大利益。[42]在稍後的文章中，我們會看到更多的例子。

基於地緣政治的緣故，明朝採取「貢市合一」，意思是海禁政策與貢船貿易活動雙軌推行（例如同時用來進貢與商貿的船），並設市舶司加以管理。這也就是說，唯獨領有獲得「勘合」（是一種以大印信〔關防〕蓋於契約，將契約分成兩半，雙方各執一半，履約時將契約合起，驗證關防）才能進行通商。在明朝初期洪武朝時，希冀藉著勘合政策，來避免東南沿海生事（初期海上有張士誠、方國珍反叛勢力殘部），以求能專心對西北邊疆的用兵（蒙古的韃靼、瓦剌兩部）。至後來永樂朝雖未改變政策方向，但增加朝貢至北京，同時往來貿易的國家至五十一個。當大清帝國建立，占據台灣的鄭成功—鄭經父子的政權在一六八三年被擊敗後，康熙皇帝稍微鬆綁海禁政策，並設海關，專司管理外國人通商的事宜。[43]與明朝相似，禁止國人任意與外國人通商，乃是基於國防的需要。

總的來說，或者由於採取西方二分法的思維，使得學者錯認中國大陸對貿易採取閉關自守的態度。在這樣的思路下，導致西方社會所出現的樣貌，在東方社會便不會出現。相較於西方採取開明、進步、現代與理性的態度，東方社會卻幾乎在所有的觀念上是閉關自守、守舊和非理性的。要記得在明朝與清朝初期採行海禁政策，西方社會倡議在世界各地推行洋槍大砲的「自由（放任）」貿易時，中國僅象徵性的將國門關緊。在歷史中，歐洲商人便已經知道，從和中國商貿往來能多獲利益，這點比亞當．斯密或李嘉圖所指出，商業活動能帶來利潤的說法更早許多。

結語

在人類歷史中有兩條主要的海上絲路，這兩條路中的一條，似乎有些重要的事被忽略掉了，這些被忽視的因子導致晚期的中華帝國從全球的歷史中被迫脫鉤解聯。這一條絲路經由中國東南沿海，經由南中國海、東南亞與印度洋、波斯灣，最終抵達東非海岸，在歐洲中心主義的觀點下有些重要因素卻被忽略了。而這些重要卻被忽視的因素，就是十五世紀早期的大明帝國。在此之前，我們已檢視明朝地緣政治的引力，與地緣文化的表述。這些事實在我們長期以來戴著歐洲中心主義的有色眼鏡下被遮蓋。換句話說，在這種觀點影響下，我們的世界觀將是晦暗不明。

另一條則從西屬美洲橫越太平洋到達呂宋，馬尼拉大帆船載著美洲白銀到那兒購買江南的絲綢、棉製品，與瓷器，因爲明、清中國在這些工藝上的領先，使得這條航線延續了二百五十年，於是，美洲白銀大量輸入中國，作爲長程交易之主要媒介，在中國及周邊國家都必須使用白銀來與中國人做生意。白銀的輸入對明、清中國產生巨大的影響，例如，明朝在十六世紀末、十七世紀初之盛世，一條鞭法的實施等，還有，稍後即將討論的鴉片戰爭，都是因白銀而起。本文認爲，最重要的是，明、清中國在工藝之領先，完全被二分法的世界觀、費正清之一八四二年前的「傳統」中國論述所掩蓋。於是，兩岸高中歷史對此連結太平洋的海上絲路所知不多，特別在中國高中的歷史教育教科書幾乎完全將之視爲不重要的歷史事件，近乎完全地忽略了這條海上絲路，若是如此的話，如何能看到明清江南引領著太平洋東岸的時尙潮流呢？在我們的觀點中，這些高中生是最後能接觸到學習歷史的最後機會。但不幸的是，基於某些理由，這些中國大陸的學生並沒有機會認識這條絲路，而在歷史中任其重要性被忽視。雖然台灣學生略微知道，但其重要性還有待更多加以闡揚與詳細說明。筆者謝某以爲，對如此重要的歷史事件抱持著忽略之態度，嚴重扭曲了華人的世界觀。

如果我們不知道在太平洋上的海上絲路，那麼就不可能知道這條航線時間與地點的始末，且商品經由這條航路，自中國生產並銷售，更別提經由貿易的進行，使中國在明朝乃至清朝早期經濟上、地緣文化的優勢。我想我們對經由東南亞、印度洋、阿拉伯海，到東非海岸的海上絲路印象還算深刻。然而，在歐洲中心主義視角下，我們看不到大明帝國的印度洋海上霸權。

忽視太平洋段的海上絲綢之路，使得我們對世界歷史的認知模糊不清，並且，因著對世界歷史的觀點混沌不明，導致費人疑猜的結論。總之，現在正是重新導正我們對海上絲路錯誤世界觀的時候了。

註解

【1】Hung, 'Imperial China and Capitalist Europe.'

【2】Jack Goody，沈毅譯，《西方中的東方》（*The East in the West*）（杭州：浙江大學出版社，二〇一二），第四頁。

【3】Hung, 'Imperial China and Capitalist Europe.'

【4】Goody，《西方中的東方》，第一一頁。

【5】宋詞流傳千古，是軟實力的具體呈現，其經濟力不容小覷，北宋開封在全盛時期有一百多家交子鋪，南宋時，海外貿易極發達，市舶收入最高可達全年國家收入的近百分之十五，另外，紙幣也是在宋朝出現，證明需要更多的貨幣供給以因應交易的頻繁。另外，宋朝政府還需「納貢」給北方遊牧民族，在在顯示宋朝的經濟實力。至於一般認為宋朝軍事贏弱，可能是因為宋軍老是敗給敵人所導致的刻板印象，但學者有不同的看法，請參見黃如一，《鐵血強宋之三：偏安反擊》（新北：亞洲圖書，二〇一二）。

【6】Joseph S. Nye, *Soft Power: The Means to Success in World Politics* (New York: Public Affairs, 2004).

【7】Takeshi Hamashita（濱下武志），"Tribute and Treaties: Maritime Asia and Treaty Port Networks in the Era of Negotiation, 1800-1900," in *The Resurgence of East Asia: 500, 150, and 50 Year Perspectives,* ed. Giovanni Arrighi, Takeshi Hamashita, and Mark Selden (London and New York: Routledge, 2003), pp. 17-50; Hamashita, "Editors' Introduction: New Perspectives on China, East Asia, and the Global Economy," in *China, East Asia and the Global Economy,* ed. Linda Grove and Mark Selden (London and New York: Routledge, 2008), pp. 1-11; Hamashita, "The Tribute Trade System and Modern China," in *ibid.*, pp. 12-26, quoted in Vincent H. Shie, Craig D. Meer and Nian-Feng Shin, "Locating China in the 21st-century Knowledge-Based Economy," *Journal of Contemporary China,* (2012, January), Vol 21, No. 73, pp. 113-130.

【8】例如：Andre Gunder Frank, *ReOrient: Global Economy in the Asian Age* (Berkeley, CA: University of California Press, 1998); Vincent H. Shie, "Framing the Local and the Global: Jiangnan in Regional and Global Circuits, 1127-1840 (Re-evaluating Philip C. C. Huang's *The Peasant Family and Rural Development in the Yangzi Delta, 1350-1988*)," 輔仁大學社會學系研究初探論文系列 *(Working Paper Series, Sociology Department, Fu Jen Catholic University)*, 0016, (Feb. 2008): 1-42, http://www.soci.fju.edu.tw/download/frame.pdf, quoted in *Vincent H. Shie, Craig D. Meer and Nian-Feng Shin,*" Locating China in the 21st-century Knowledge-Based Economy."

【9】全漢昇，《中國經濟史研究》，卷一。

【10】Immanuel Wallerstein, *Geopolitics and Geoculture: Essays on the Changing World-System (Studies on Modern Capitalism)*, New York: Cambridge University Press, 1991).

【11】Horacio de la Costa, *The Jesuits in the Philippines, 1581-1768* (Cambridge, MA: Harvard

University Press, 1961), p.132, cited in Giraldez, *The Age of Trade*, p. 148.

【12】Kirti N Chaudhuri, *The Trading World of Asia and the English East India Company 1660-1760* (Berkeley: University of California Press, 1996), 57, cited in Giraldez, *The Age of Trade*, p. 172.

【13】Diego G. Lopez Rosado, *Historia del peso Mexicano* (Mexico: Fondo de Cultura Economica, 1975), 27, 引自Giraldez, *The Age of Trade*, p. 172.

【14】Arrighi, *The Long Twentieth Century*; Wallerstein, *The Capitalist World-Economy*; Wallerstein, *The Modern World-System I.*

【15】Wallerstein, *The Modern World-System I*; Wallerstein, *The Modern World-System II.*

【16】梁方仲，〈明代國際貿易與銀的輸出入〉，《中國社會經濟史集刊》，第六卷，第二期，一九三九；紀雲飛主編，《中國「海上絲綢之路」研究年鑑（二〇一三）》（杭州：浙江大學出版社，二〇一四）。

【17】李永錫，〈菲律賓與墨西哥之間早期的大帆船貿易〉，《中山大學學報》，第三期，一九六四；王士鶴，〈明代後期中國—馬尼拉—墨西哥貿易的發展〉，《地理集刊》，第七期，一九六四。

【18】張德明，〈金銀與太平洋世界的演變〉，《武漢大學學報》（社會科學版），第一期，一九九三；萬明，〈明代白銀貨幣化：中國與世界連接的新視角〉，《河北學刊》，第二四卷，第三期，二〇〇四。

【19】韓琦，〈美洲白銀與早期中國經濟的發展〉，《歷史教學問題》，第二期，二〇〇五。

【20】請參見，例如，楊素娟、黃俊文編著，〈經濟的繁榮與變遷〉；季子欽、林怡慧編著，《歷史第二冊——自學手冊》；黃錦綾、張又瑜，〈經濟的繁榮與變遷〉；王偲宇、洪武，〈經濟的繁榮與變遷〉。

【21】張全明、李文濤，《中國歷史大講堂：宋史十二講》（北京：中國國際廣播出版社，二〇〇九）。

【22】Arturo Giraldez, *The Age of Trade*: The Manila Galleons and the Dawn of the Global Economy (Lanham, MD.: Rowman and Littlefield, 2015), p. 36.

【23】William S. Atwell, "Ming China and the Emerging World Economy, c. 1470-1650," in *The Cambridge History of Chinese*, vol. 8, part 2, *The Ming Dynasty, 1368-1644* (Cambridge: Cambridge University Press, 1996), p. 127, quoted in Giraldez, *The Age of Trade*, pp. 36-37.

【24】Charles Ralph Boxer, *Portuguese Seaborne Empire 1415-1825* (New York: Alfred A. Knopf, 1969), pp. 174-175; Gang Deng, *Chinese Maritime Activities and Socioeconomic Development c. 2100B.C.-1900A.D.* (Westport, CT: Greenwood Press, 1997), p.119, quoted in Giraldez, *The Age of Trade*, p. 36.

【25】Deng, *Chinese Maritime Activities*, p. 131; Richard Von Glahn, *Fountain of Fortune: Money and Monetary Policy in China, 1000-1700* (Berkeley: University of California Press, 1996); quoted in Giraldez, *The Age of Trade*, p. 37.

【26】Giraldez, *The Age of Trade*, pp. 3, 36.

【27】王國斌，〈農業帝國的政治體制及其在當代的遺跡〉，《中國與歷史資本主義：漢學知識的系譜學》（台北：巨流圖書，一九九三），第二八一～三三四頁。

【28】廖敏淑，《清代中國對外關係新論》（台北：政大出版社，二〇一三），第五〇～五一頁。

【29】Arrighi, *Adam Smith in Beijing*.

【30】王國斌，〈農業帝國的政治體制及其在當代的遺跡〉，第二九二頁。

【31】邱澎生，〈由放料到工廠：清代前期蘇州棉布字號的經濟與法律分析遺跡〉，《歷史研究》（北京），二〇〇二年三月，第一期，第七五～八七頁。

【32】吳承明，〈論清代前期我國國內市場〉，《中國資本主義與國內市場》（北京：中國社會科學出版社，一九八五），第二五九～二六三頁；范金民，《明清江南商業的發展》（南京：南京大學出版社，一九九八），第二九～三十頁；引自邱澎生，〈由放料到工廠：清代前期蘇州棉布字號的經濟與法律分析遺跡〉，《歷史研究》（北京），二〇〇二年三月，第一期，頁七五～八七，第七六頁。

【33】沈濟時，《絲綢之路》，（香港：香港中和出版有限公司，二〇一一），第四八～四九頁。

【34】前揭書，第五〇頁。

【35】張全明、李文濤，《宋史十二講》（北京：中國國際廣播出版社，二〇〇九）。

【36】晁中辰，《明末海外貿易研究》（北京：故宮出版社，二〇一二）。晁中辰的估計略高於張全明、李文濤之研究。

【37】請參見，例如，廖敏淑，《清代中國對外關係新論》。

【38】Ho-Fung Hung（孔誥烽），"Orientalist knowledge and Social Theory: China and the European Conceptions of East-West Differences from 1600-1900," *Sociological Theory*, 21: 3 (September, 2003), 254-280.

【39】William T. Rowe（羅威廉），《中國最後的帝國》。

【40】廖敏淑，《清代中國對外關係新論》，第九八～九九頁。

【41】Kirti N. Chaudhuri, *The Trading World of Asia and the English East India Company, 1660-1760* (Cambridge: Cambridge University Press, 1993), p. 114, cited in Giraldez "The Age of Trade," p. 40.

【42】楊新育，〈明季以降白銀內流及其對中國經濟制度之影響——兼論澳門在其中的作用〉，《文化雜誌》，第三九期，一九九九，頁三～二三，第二一頁。

【43】廖敏淑，《清代中國對外關係新論》，第六頁。

5

鴉片的政治經濟學

當年乾隆朝限制傳教士自由活動，可能是人類歷史上相對較早的智慧財產權（知識產權）保護觀念，景德鎮瓷器製造技術領先全球，然而，在耶穌會會士竊取了製造技術之後，歐洲各國開始得以與中國競爭，不再倚賴中國。一直以來，限制教士之政策與行動被視爲中國是孤立的、故步自封的、對外國人不友善之證據，然而，若從產業競爭、智慧財產保護的角度來觀察的話，乾隆皇帝或許是世界的先驅，即使在清朝末年以前，上自皇帝，下自升斗小民，尚無「權利」之概念。

頤和園的興建，說是挪用了北洋水師的軍費，讓清朝的海軍無法「現代化」，以致於在戰爭中大敗。整件事，慈禧似乎應該爲晚清失敗負起全責，如果當時的年度預算依法不得任意變更，必須按計畫執行的話。可是，換個角度來看這件事，慈禧太后也許和乾隆皇帝一樣，在某方面是走在時代的前沿？有沒有可能，她提早看到了日後北京觀光產業還得吸引外籍遊客，而執意修建頤和園呢？還是她已經知道了西方列強的軍火工業是維持其優勢的重要關鍵，無論清廷花再多的錢也不可能買到可以與西方匹敵的船艦呢？錢若是花了，船上的大砲射程卻不夠，準確度也讓人不敢領教，那麼，花大把銀子去買西方列強淘汰的軍艦，軍火真能升級？還不如爲後人留下座美麗的花園，大賺觀光財。吾人提出這個可能性，慈禧太后或許早已知道產業競爭的邏輯，不如將錢用在更適合的地方。

鴉片煙與世界觀的形成

本文目的在於討論趙穗生[1]教授在二〇一五年在當代中國期刊（*Journal of Contemporary China*）裡所寫的〈重思中國的世界秩序：朝代更迭與中國的崛起〉一文當中的些許問題，並且提出不同的觀點。經由證明誠如中國的國家主席習近平所認爲，中國向來採取敦親睦鄰的外交政策。趙穗生一開頭便提出個問題：中國的和平崛起是否是因爲愛好和平的傳統使然？[2]無論中國歷來的皇帝是否採取敦親睦鄰的和平政策，可從知識分子，或稍微延伸到平民老百姓的實際行動中看出。因此，趙穗生調查中國的世界秩序，以瞭解中國的世界觀，這是他研究的第一部分。

〈重思中國的世界秩序〉的第二部分主要由圍繞鴉片戰爭的相關議題組成。副標題「朝代更迭與中國的崛起」顯示在中國推動經改（一九七九）年之後，相較於之前的沉淪，或說，是清朝自鴉片戰爭以來的沉痾，而顯出的進步。對中國而言，從十九世紀中葉開始，這個巨大的恥辱帶給知識分子難以承受的衝擊。在鴉片戰爭之後的一甲子（六十年中），清朝與西方（和東方的日本）強權訂立一連串不平等條約。趙穗生的敘述中可看爲弦外之音，清朝政府應當受責備。他認爲中國以主權國的身分與國外簽這些不平等條約，然而這就說明了外國與清朝擁有對等的外交地位，但在大清帝國文化優越性的遺風之下，這被當作不是眞實的。[3]換句話說，清朝被認爲應該要更爲強大，也應該比想像的更凶猛的想法，瀰漫於普勞大衆和知識分子心中。

然而，筆者以爲，執著於所謂的「平等（之外交關係）」阻礙我們明窺直視眞實的情況，因爲實際上這點更像表淺的說法，而難以看到英國對清朝發動戰爭的眞正理由。此外，將重點置於清朝這個「傳統的」帝國與英國「先進的」工業都心的文化衝突，難以解釋政治—經濟的條件，最終導致英國發動鴉片戰爭。清朝乾隆皇帝（一七一一～一七九九）。在位一七三六～一七九五，之後當了四年的太上皇）與英國大使馬戛爾尼（George Macartney）[4]對於晉見皇帝禮節的「誤解」，似乎無法告訴我們英國政府眞正所關心的。

就當前的研究，我們改變先前所提的兩個主要部分的順序，當然，鴉片戰爭顯然改變中國（華人）的世界秩序。因此，我們首先來看鴉片戰爭，與檢視之後的世界秩序。首先，部分學者相信，鴉片戰爭之所以爆發，乃是因爲清朝閉關自守，完全無視自由貿易。所以，我們來看看自由貿易的意識形態與政策實際上是怎麼回事。本文認爲，自由貿易不過是那些先進國家的「綱領」而已，實際上，英美與其他先進國家採取保護主義，來極大化自身的利益。其次，趙穗生的部分論點有必要進一步探討，主要是關於鴉片戰爭。其中一個理由是，戰爭帶來對世界觀不可逆轉的影響。第三，本文認爲有必要重新勾勒鴉片戰爭的圖像。我們運用政治經濟學的視角，來補充趙穗生的敘述。第四，在他的文章裡，中國的世界秩序是裡頭兩個重點中的一個。我們提供例證，來說明一個非左即右、非一即二的問題：中國過去到底採取懷柔或強勢的外交政策，看來是過分簡化了。吾人認爲，實際情況應該更爲錯綜複雜。

包著自由貿易外衣的保護主義

在這裡，我們首先指出富有的國家並非眞正信持自由貿易，而是自由貿易「信仰」之異教徒。其次，本文指出先進國家並非自由貿易的意識形態的先驅，而是保護主義。第三，開放市場能當作一國是否秉持自由貿易意識形態的判定標準嗎？我們用非法的商品鴉片來討論之。

自由貿易的異教徒：富有國家

就直覺，自由貿易政策意謂市場會進行自我規範。對國家來說，由於市場交易雙方受到一隻看不見的手所引導而完成交易，因此國家無須參與或干涉。過去幾十年來，富有國家（先進國家）常常呼喊「自由貿易」的口號，但實際上才不是那麼一回事。實際上，這些先進國家才是扭曲所謂能自我調控之市場的始作俑者。在二十一世紀初，實際情況沒有太多變動，美國與歐盟持續補貼農業，另一面卻要求開發中國家開放市場，進行自由貿易。例如，在二〇〇二年，小布希（George W. Bush）簽署支出高達二千四百九十億美元的農場法案，之後，每年以總支出的百分之十遞增。歐洲的情形也差不多，由於歐盟實施農業共同政策，給予農業相當優渥的補貼，這使得歐盟能將生產過剩的農產品傾銷到新開發的市場。這點，對於國外市場產生致命的影響。[5]

歐盟的農業共同政策可說是過度保護。例如，歐洲最大的乳酪供應商Arla食品公司，便出口四百三十萬磅的乳酪到多明尼加共和國。其中，歐盟補貼一百一十萬磅，使他們能用比當地便宜百分之二十五的價格外銷。在過去二十年歐盟的高度補貼，超過一萬名多明尼加的酪農失業。更早以前的例證也說明相同的事，在一九九〇年代中期，國際貨幣基金（International Monetary Fund, IMF）強迫海地共和國開放稻米市場。這樣一來，美國所生產的廉價稻米便大量出口到海地。這使海地在一九八〇年代中期稻米能自足，後來卻得花一半的盈餘去購買進口的稻米。當時，英國糧食與農業部大臣Larry Whitty說道：「促銷〔此開放〕政策並非達到自給自足，而是競爭、競爭、再競爭。」[6]因此。能夠這麼說，對於富有國家來說，這些開發中國家應該毫不猶豫的全盤接受「自由貿易」這口號。但這些已開發國家並不是真心地信奉自由貿易的意識形態，特別在他們開始工業化的時期。

從上面我們看出這些富有國家，一方面持續運用某些手段干預（國際）市場，另一方面，卻要這些窮國擁抱自由貿易的意識形態。這兩手策略並非要到一九八〇年代以後才出現，而是早在二百年以前就已存在。

保護主義的先驅

當我們談論國際關係時，洪鎌德教授說道：「後來擔任聯邦政府財政部長，美國開國元勳之一的漢彌爾頓（Alexander Hamilton，一七五七～一八〇四）可以視爲接近重商主義者，儘管他不以國家聚集金銀財寶作爲國力之象徵，卻主張保護本國手工業，俾爲新興的合衆國能夠與歐陸強權爭霸的工具，至少要使北美合衆國的貿易趨向平衡。」

與漢彌爾頓相似，德國「國家經濟學」學者李斯特（Friedrich List，一七八九～一八四六）可說是個國家主義者，他信持應當採取保護政策，特別當國家處於工業化的早期階段，產業仍無法營利的狀態之時。【7】

本文認爲漢彌爾頓與李斯特的部分觀點有其價值，特別用以理解鴉片戰爭對清朝與整個中國的意義。首先，對國家經濟，和部分地方產業而言，競爭是在市場上生存的不二法門。在這情形下，分食市場可說是你贏我輸、你輸我贏的零和賽局（zero-sum game）；其次，保護主義讓幼稚產業（infant sectors）爭取足夠時間茁壯，能獲得競爭力。第三，支持自由貿易的意識形態的人，也會鼓吹只有在本國產業已能與外國競爭，才能開放市場。要人先學跑，而不是先學走，這顯然不是個好點子。

或許，沒人能比英國人更知道「自由貿易」的意識形態，並熟稔它的操作方式。當代的例子，也就是美國前總統雷根（Ronald W. Reagan）與英國前首相鐵娘子之稱的柴契爾夫人（Margaret H. Thatcher）在一九八〇年代所鼓吹的新自由主義（neo-Liberalism），在我們心中所呈現的映像。他們嘗試鼓勵所有開發中的經濟體鬆綁政府管制（控制），特別在金融上頭，並開放市場，將國有企業民營化，諸如此類。自由貿易的屬性基本上可以回溯到十八世紀時，亞當・斯密《國富論》中所提出的絕對利益法則，[8]根據他的說法，只要該國生產的特定商品比其他國家更適合貿易（有價格優勢），那麼，進行貿易對雙方都是有益的。在市場中，有一隻「看不見的手」在導引交易雙方，並且有條不紊的運作。建構在亞當・斯密可謂傑作的理論上，保護主義對於經濟發展毫無助益。但很奇怪的是，美國與英國這兩個徹底實行保護主義的國家，卻有著最令人無法置信的成功發展。

針對這個矛盾，張夏準（Ha-Joon Chang）提出一些想法。在這裡，我們首先檢視美國，其次是英國。他認爲：「在林肯（Abraham Lincoln）競選總統寶座時，他在關稅這件事情上保持沉默。……然而當他勝選，不旋踵便將關稅提高到美國歷來的最高水準。林肯所提供的理由和美國爲何要首次制定高關稅率是一模一樣：例如籌措戰費（一八一二～一八一六與英國的戰役）。然而戰爭結束後，關稅依然維持不變，甚至提得更高。所製造的商品居然要課徵百分之四十～五十的關稅，直到第一次世界大戰爲止，並且這關稅可說是全世界最高的。……雖然，美國是全世界最具有保護主義色彩的國家，但整個十九世紀，乃至一九二〇年代末，它也是成長最快速的經濟體。」【9】因此，能幫助經濟成長的並非自由貿易，剛好相反，是保護主義。

美國如此，那麼英國又如何呢？張夏準指出：「在當今被視爲貿易保護主義發源地的法國、德國與日本，並未像英國或美國如此徹底地保護貿易，從中取得貿易優勢，然後搖身一變成爲自由貿易的支持者。實行保護主義的法國常被拿來與實行自由貿易的英國作比較。但在一八二一～一八七五年，特別在一八六〇年代早期，法國的關稅總是比英國來得低。即使法國在一九二〇～一九五〇年間變成保護主義國家，平均的產業關稅率也總是低於百分之三十，但同時期的美國與英國的最高點則到達百分之五十～五五。在德國，關稅相當的低，製造業爲百分之五～十五，遠低於在一八六〇年以前美國和英國百分之三五～五五的稅率。在對日本來說，在工業化的初期實行自由貿易，但不是出於自願。這乃是由於西方列強在一八五三年後強迫日本締定不平等條約，迫使日本開市通商的緣故。直到一九一一年，這些條約要求日本的關稅保持在百分之五以下。即使後來日本重新取得關稅自主權，並提高稅率，製造業的稅率也才百分之三十上下而已。」【10】因此，假如歷史告訴我們些什麼，那麼可以說，保護主義才能累積國家財富，自由貿易並不能。

開放進口市場，也包含毒品？

從以上分析，不難發現並非信持自由貿易的意識形態，而是保護主義，才使富有國家達到現今的地位。一般來說，自由貿易政策只有在兩個條件下才有功效：其一，商品具有競爭性；其二，編列預算高度補貼，並給予優惠融資以扶持商品生產。另外，「自由貿易」之所以能夠遂行，乃是十九世紀用洋槍大砲抵著腦袋，鴉片戰爭就是一個例子。

通常支持自由貿易的方式就是開放本國市場，免稅、或者採取低關稅，並且開放市場意謂著政府應該儘少的介入、干預市場的運作，這也是個國際趨勢。夠滑稽的是，許多人相信所謂的「國際趨勢」，特別是這些低度開發國家的人民。雖然我們無法斷言為何會這樣，但根據費正清（John K. Fairbank）的說詞，關於「南京條約」之後，說明一件重要的事情：「現代」的中國從「傳統」的房間抽離而出。當中國打開門戶，原來應該能夠撥雲見日，但當中國擁抱自由貿易時，到底發生了什麼？在此簡短解釋。

有種說法是，自一八二〇年代開始，英國從保護主義開始轉向自由貿易。例如和外國人貿易，那時擔任英國貿易局總裁的William Huskisson（一七七〇～一八三〇）就任之後，便開始修改增加國庫收入的租稅法案與保護貿易的政策。這乃是由於Huskisson（與先前所提的Hamilton和List）相信，在工業化剛起步的階段，保護政策是有必要的。因為在那時，幼稚產業仍無法與其他國家競爭。換言之，早在一八二〇年，英國的企業家因「他們找不到需要國家保護的競爭對手，因此，他們只消壓低成本大量生產，廣銷產品即可」。[11]

不僅如此，英國企業家對於他們最新的工廠生產系統過於自信。所言「他們打遍天下無敵手」，或許是指歐洲鄰近國家。但當他們想把貨物拿來長江三角洲賣的時候，這個區域繁榮的景象不下當時十九世紀的歐洲，【12】英國的企業家，或者該說東印度公司（British East IndianCompany, EIC）卻發現想賺錢不是那麼簡單。如果我們瞭解重商主義是怎麼回事，那麼我們就不意外支持自由貿易的人他們所假定的一切，包含動用槍砲、累積財富、自由貿易（甚或「被迫」貿易）。在一八四〇年代初，清廷被迫增設更多通商口岸，來與外國商賈無限制地貿易。在一八二〇年代，英國政府開始擁抱自由貿易的意識形態，那時英國商人能在廣州自由買賣。二十年後，他們能在更多地方進行買賣、賺取利潤，如福州、廈門、上海、寧波等地。這些沿海城市擁有較高的購買力，也就是相對富有。爲何他們不買英國其他的商品，而唯獨去買鴉片煙（福壽膏）呢？答案很簡單，假使重商主義教我們什麼，那就是鴉片買賣可說是一筆橫財。

關於自由貿易的概念，許介鱗的觀點應該能爲大家所接受，也就是：英國全心全意的鼓吹這個信念。他認爲，從十八世紀以後，歐洲人對中國茶葉的需求日益殷切，使英國陷於貿易赤字的局面。由於英國進口茶葉，導致白銀外流到中國，進而推升英國本土的物價。根據許介鱗的說法，廣州「公行」，也就是官方指定的貿易機關，是英國想從中國賺錢最大的絆腳石。英國爲要去除這個障礙，馬戛爾尼與其他使節團在一七九三年和一八一六年兩次派遣到中國。馬戛爾尼請求乾隆皇帝擴大貿易，但沒有成功。【13】

我們可以發現許介鱗似乎弄錯了什麼。他所錯認的，正好是一般爲大家所接受的論述。事實上，中國對英國生產的商品並無太多需求，恰好相反的是，英國大量需求中國所生產的茶葉。對英國來說，貿易赤字必須解決，而解法就是鴉片。因此無須擴展什麼市場。簡單地說，許介麟所言，馬戛爾尼請求乾隆皇帝開放中國市場似乎無甚意義。

趙穗生論述中的幾個矛盾點

本文在這裡提出四點，來說明我們的疑惑。我們嘗試回答趙穗生研究的幾個議題。首先，趙氏認爲英國在工業革命之後，主宰世界經濟，我們加以檢視；其次，英國商人眞的無法容忍廣東公行嗎；第三，鴉片煙豈不是違禁品，不能在中國大陸使用；第四，英國豈能不在乎到底有哪些商品販售至中國？首先讓我們看看趙穗生的論述：

> 當英國在十八世紀末開始主宰世界經濟，他們發現廣州公行所帶來的貿易限制日漸無法忍受。假使外國商人不能直接貿易往來，無法詢價，也無法與中國商人議價，只能接受，這就與自由貿易的原則相牴觸。英國購買大量商品，卻幾乎看不到中國購買他們的商品。這貿易的鴻溝只能用白銀塡補。然而白銀是貴金屬。英國渴望找到一種能大量生產，也冀望能打開中國市場，大量銷售這樣產品，來平衡貿易收支。於是，他們找到鴉片煙。對英國來說，不管貿易的商品是鴉片、棉花、縫紉針，還是其他，只要有需求，就能幫助他們解決貿易收支平衡的問題。[14]

英國主宰世界經濟了嗎？

在進入正題之前，或許值得我們先看看在學術文獻提到，鴉片「貿易」這個令人懷疑的論述，並且爲此而發動戰爭。即使並非總是，但我們常常可以發現到，清朝的中國被界定爲一個既封建且傳統、頑固、專制、氣度狹窄的社會，似乎一無是處。但這些應該不是問題，問題在於學者認爲英國爲求「開放」市場，而能銷售他們在新式工廠所生產之物美價廉的產品。要記得，這種論述瀰漫於學術界，似乎已是根深蒂固。

我們回頭看趙穗生所敘述的，他指出：英國在十八世紀末開始主宰世界經濟，他們發現廣州公行所帶來的貿易限制日漸無法忍受。在這裡，我們認爲，他所持的觀點是，在英國開始（所謂的）工業革命後的幾十年開始，英國便開始領導世界經濟的脈動。但很稀奇的是，英國如果有能耐來主宰全世界的經濟，那麼應該也能夠在廣東省既存的「公行」體系下，在廣東省，乃至中國南方找到好機會開拓市場才對，不是嗎？那麼，爲何除了鴉片之外，他們很難賣東西給中國？假使英國製造業的產能夠強，爲何他們還要向中國市場叩關呢？況且，中國尚不知道用高關稅來保護幼稚產業的法子。

英國的貿易赤字可透過銷售更多產品到中國來彌補，當時廣東公行體系並未限制英國到底能銷售多少產品到中國，換句話說，只要英國能在中國找到更多客戶，那麼他們就能賣力銷售所生產的商品。另外，本文認爲，若不謹慎，恐怕會掉入西方思維二分法的窠臼裡——存在／缺場、理性／不理性、善／惡等等。費正清以一八四二年之前和之後，作爲區分「傳統」與「現代」中國的界線，就是此類。因此，任何中國在一八四二年既存的事物都須加以摧陷廓清，廣東體系當然也不例外。

廣東公行體系眞的令人忍無可忍嗎？

看來我們有必要檢視廣東「公行」體系，讓我們瞭解公行是否爲英國商人堅決反對、鬥爭到底的萬惡之物。自一七五五年，廣州便成爲清朝開放唯一的通商口岸。十三行（公行、代理人）獨攬外國與中國的買賣。有人說：這個閉關鎖國的貿易政策既阻礙中國的經濟發展，也阻止外國前來開拓中國市場。【15】這也是對廣州體系一般的認知。但筆者謝某認爲，閉關鎖國的論述無法說明事實。

再者，假使我們評判經濟體的開放與否，我們似乎太過強調海上貿易對西方列強的重要性。如同William Rowe（羅威廉）所強調的：「在歷史中的任何時刻，如果我們認爲中國是閉關的，那麼我們就錯了。清朝與外國的往來既熱情，但也有衝突，裡頭部分問題時至今日依然不能解決。」【16】

乾隆皇帝當時關閉浙江省的寧波港埠，被描寫爲鎖國政策，或者說對外國人存有敵意，其實，這乃是抵禦外敵，也爲維持沿海的綏靖安寧。但有段話卻足以證明乾隆皇帝無意禁止外貿，而是張開手的歡迎。如乾隆皇帝所言：蠻夷商賈樂於接受（在寧波）的新厘金（稅率），這乃因他們所需的貨品大多是浙江省產製的，而他們在寧波取得的價格低於廣州……。這些蠻夷商船既來浙江，就無須令他們回頭（到廣東）。然而我們需要提升稅額，將來並責令定海關稅局依照廣東模式進行管理……。【17】從這段話，我們看到只要蠻夷商賈願意付更多關稅，乾隆皇帝並不反對外國商賈，對外國商人來說，在浙江進行買賣是有利的。然而，官員可不是這麼想的。

如孔誥峰建議的：當浙江官府傾向讓寧波的貿易正常化，廣東的官員則竭力要求關閉其他港埠，獨留廣州，他們深怕寧波會威脅到廣州所擁有的特權地位。【18】後來，乾隆皇帝聽信了廣東官員的說辭，因而關閉其他港埠，獨獨留下廣州一港。根據英國東印度公司的紀錄，H. B. Morse寫道：「廣東官府顯對北京主政者有影響力，他們業已嚐到增加外貿帶來的好處，並且亟欲加以獨占。」【19】簡言之，乾隆皇帝決定關閉寧波港的理由並非厭惡與外國人往來貿易。而廣州體系對英國也未造成困擾。如同趙穗生所說的，「在貿易管制下的舊廣州體系，對於中國和外國雙方帶來互利。」【20】

此外，William Rowe更進一步提出有創發性的論點，他認爲廣東體系是正確的，而無他害。他說：「乾隆朝定出這些限制，部分是用法律來追認業已發生的事。西方商人『用腳投票』，他們讓廣州港成爲中西貿易的主要港埠。雖然其他沿海港口，像浙江寧波與福建省的廈門，從明朝末年以來，就已經是繁盛的貿易地點，但在雍正朝之後，寧波這個停靠港埠逐漸被西方人擺邊，因爲廣東省的珠江水系能更深入內地，加上其他種種原因，使廣州可保證能更穩定地提供外國人所殷盼的商品（特別是茶葉）。在朝廷實施商人擔保制度之前，廣州官員早就開始實施這制度。這並不是說地方、或省級官員敵視海上貿易。剛好相反：海關、府級，乃至省級官員，都與廣州的中國商人結合，遊說朝廷讓廣州提升爲對西方海外貿易的中心城市（與此相對的例子是，在杭州的浙江省級官員在地理位置上離寧波較遠，對此地的海外貿易亦有疑慮）。廣州的情況就是合理。」【21】

另外，杭特（William C. Hunter）是少數在鴉片戰爭之前就定居在廣州的外國人。當這位美國少年第一次來到廣州，他才十三歲。他在廣州定居超過四十年，對於作爲住在「老廣州」的「小老廣」，杭特說：他沒感覺到做買賣受到什麼太強烈的限制。剛好相反，他一再感受到行商或非公行的人做生意的誠實公正所感動，爲外國人的服務相當周全，當局對保護外國人不遺餘力。這些廣州商行讓人感到身家性命受到絕對保障的安全感。【22】部分西方學者誇大廣東體系的限制，導致英國對中國發動戰爭，然而歷史事實推翻這種說法。因此，理由還藏在五里霧中。

但很奇怪的是，在學術圈裡不難發現有人認定清廷不願意與外國人商貿往來。一講到清朝，乃是舊中國，就讓他們想到這個閉關自守、故步自封的社會。

鴉片……不是禁藥嗎？

我們心中第三個疑問是，大清律例嚴禁鴉片。趙穗生強調，中國的知識分子爲十九世紀中期以來的恥辱所縈繞，歷史失憶就是人們習慣用來指摘哥倫比亞毒販的理由之一，例如大家知道人類史上最大的毒梟Pablo Emilio Escobar Gaviria（一九四九～一九九三），卻不願承認英國東印度公司（EIC）才是歷史上最大的毒販，並且所賣的是鴉片煙。華人向來不大重視這個議題，或許他們心裡得了嚴重的失憶症，而亟待治癒。

William Rowe說：「早在一七二九年雍正朝已禁止販售與使用鴉片。到十九世紀初此禁令仍持續。英國人知道這貿易並不道德；傳教士經常譴責販賣鴉片這件事。蘇格蘭長老會的會友亞歷山大・馬地臣（Alexander Matheson），同時也是有名的商人，因不願意在中國販賣鴉片，而辭去他在所共同創建之『怡和洋行』的職務。」

但即使這樣的一個好人也難以改變英國女王的心意和中國的命運。在鴉片戰爭開打時，鴉片貿易占英國年稅收的百分之十，這比例絕非言過其實。當然，鴉片煙的貿易是非法的。當時的Henry Pottinger爵士，也是香港殖民地的首任總督，發布緊急聲明，指出「鴉片貿易是非法的」，然而面對這項勾當帶來的龐大利益，這聲明也形同廢紙一張。結果是，不知到底該說是諷刺與否，他卻允許鴉片儲放在香港島。[23]在「繁榮」的鴉片貿易下，他的聲明簡直像是空氣一樣。

鴉片貿易才眞是有關係

趙穗生認爲貿易收支（balance of payment）的惡化對英國和其後的中國是個大問題，只要能解決貿易赤字，商人才不會在乎他們賣給中國的，究竟是什麼商品——無論是針線、棉花，還是鴉片煙。這就是何以趙穗生說，英國才不在意他們帶什麼來到中國；但本文認爲，他的說法不正確。很諷刺的是，英國商人的確在意他們所帶來的鴉片，因爲中國人簡直像無底坑地需求鴉片。倘若沒有鴉片，我們很懷疑英國到底有沒有本錢在十九世紀維持其世界霸權的地位。鴉片的確很重要，但也很不道德。

鴉片在中國廣受歡迎，好似茶葉在英國受到青睞。其差別在於吸食鴉片煙使成人無法工作，而飲茶卻能提神。「東印度公司在南亞的農地所種植的鴉片，很快地取代棉花，成爲主要出口到中國的產品。在大部分的情況下，東印度公司選擇迴避自行運送鴉片的尷尬情況，選擇同英國和美國的民間船東簽約，以『國家貿易』的名義進行。從十八世紀末到十九世紀早期，從廣州進口的鴉片數量暴增十倍。在道光朝的早期，英國王室的稅入當中，多達六分之一係來自中國貿易，若不販售關鍵性商品鴉片的話，中國和英國的貿易往來可能早已崩解。這對於帝國政府而言，似乎別無選擇，只能繼續〔販賣鴉片〕。對英國這個世界上首個工業化的國家，鴉片貿易顯然已經無法反轉……對於清朝（與早期的英國政府）來說，最令他們擔心的是日漸惡化的貿易赤字與白銀外流」。[24]

本文提出趙穗生論述的問題之後，接下來將以政治經濟學的角度來探討鴉片煙的貿易。

鴉片的政治經濟學

在這裡我們討論五個問題，首先，費正清提議以一八四二年來劃分傳統與現代中國的界線會帶來誤解中國的嚴重問題。這分割必須重新界定。其次，本文認爲鴉片戰爭的主因是英國白銀外流所導致的，主要緣由是英國以白銀向中國大量購買茶葉。英國之所以發動戰爭，乃是中國在茶葉貿易上居於領先的優勢地位。因此，本文覺得必須對「鴉片戰爭」重新拍板定調。第三，許多學者相信鴉片戰爭的原因主要導因於文化衝突，然而這讓人無法苟同。第四，本文認爲最嚴重的問題，應當是「南京條約」使清廷失去關稅自主權，損耗清朝商品的競爭力，使處於工業化初期階段的中國深受其害。第五，本文討論十九世紀（或更早）保護智慧財產權的重要性，因這使英國和清朝的貿易優勢主客易位。

費正清劃分中國歷史的階段

一般說來，套用西方二分法的哲學思維，將會瞭解（或誤解）中國歷史。廣義地說，東方學術圈大多（即使不是全部）接受西方知識體系二分法「教導」的洗禮。這使東方華人，一提到東方（特別是中國）和西方文化，就儼然成爲傳統與現代的對壘，東方封建（勉強餬口度日、蠅頭小利的交易）與西方資本主義（大規模貿易），心胸狹窄（保守）與心胸寬廣（活躍）的海外貿易，甚至是理性對非理性（例如法律系統）[25]等等的二元對立。東西方最根本的「區別」，就是西方擁有東方所沒有的，導致如此天差地遠的分別。這種視野不僅無法看清東方社會的「停滯」，與西方的「進步」，反使視線模糊不清。換言之，東方華人的思維多少落入二分法的窠臼，認爲舊中國乃是「封建」、「閉關自守」、「停滯不前」、「僅能餬口」、「小本生意」，和更多關於傳統的詞彙。相較於此，西方社會所呈現的風貌是「資本主義」、「積極進取」、「大規模經濟」，與太多太多關於「現代」的描寫。這是一般所接受的論述，但筆者謝某有話要說。

William Rowe認爲：「費正清建構當代美國人理解的中國史，亦即延續超過五百年中國歷史的明朝與清朝，以臻晚期的帝制中國，並以一八四二年作爲劃分點。」在他的分類裡，現代中國得從一八四二年開始，那時肯定比東方更爲現代的西方勢力伸至東方。傳統中國被界定爲停滯無進的國度。可想像得到，在這樣的分類下，費正清似乎對較早期的中國歷史瞭解不多。然而因他甚有名氣，撰寫許多教科書，並教授許多中國人文與經濟歷史的相關研究。因此，他的影響也相當大。這可從十九世紀中葉時，以西方與中國的景況，來檢視他「停滯不前」之理論套用在研究晚期中華帝國時間點。台海兩岸的學生可說是費正清的門徒，畢竟他們對這樣的論述幾乎都是不假思索的接受。【26】

因此，我們認爲，劃分傳統與現代中國也可視爲西方哲學二分法思維的具體實踐，例如費正清區分傳統與現代的中國，在一八四二年之前是顢頇、專制、封建、停滯、內向封閉，不願與外界貿易，同時英國則表現出理性、民主、積極進取、外向、樂於接受自由貿易的國家。清廷在一八四二年敗於鴉片戰爭後，英國政府這個西方強權帶來一個改變傳統中國的絕佳機會，能徹底改造中國。根據William Rowe的說法：「費正清所建構的歷史分期，在美國和中國所影響、接受的幾乎一樣多（雖然無法精算證實）。在中國，學生可能不情願相信西方的月亮比較圓，但很明顯的是，當中國的知識分子在批評腐敗無能的清朝時，反倒顯出他們的批判能力。」【27】

這種論述誇耀英國與其他西方強權的「理性」、「進取」與「現代性」。相對地，也誇大了中國的「停滯」、「進步遲緩」、「冬烘、頑固」。其結果是，華人接受由於清朝失敗所帶來的羞辱，而不願去批評英國東印度公司、資本主義、英國皇室及政府。看來我們無力扭轉華人教育所灌輸之扭曲的世界觀，其中被誇稱西方社會的先進與中國的閉關保守，特別在一八四二年之前的舊（傳統）中國。傳統的中國不僅遠遠落後，並且是「封建」、「顢頇」、「與世隔絕」、「對外貿不存好感」和「經濟僅能自給自足」。這些形容詞並不能多告訴我們什麼歷史事實，反而盡是道出西方的「現代」、「進步」、對世界貿易表示「善意」，和「極有競爭力的大規模資本主義系統」；相對的「中國」一詞沒意謂什麼，而可說是二分法下西方社會的對立面。直到如今，華人與西方學者仍爲二分法的鬼魅所纏擾，使我們難以迴避地只看一八四二年或早期帝制中國的黑暗面。回過來看趙穗生的說法：他認爲，「歐洲帝國主義及之後日本帝國主義的擴張深入東亞各個角落。雖然中華帝國先前在世界中處於較爲**孤立**（粗體爲筆者所加）的狀態，現在則成爲西方主宰的國際體系下的一部分。」【28】

據此，一八四二年所締結的南京條約可當作西方思維下的例證。就這思維論之，南京條約顯然對中國的現代化有影響。費正清以一八四二年作爲切割傳統與現代中國的時間點，也是中國邁入現代化的啓程點。由於將傳統中國界定爲停滯的，也因此在洋人挾其槍砲敲醒沉睡之獅以前，中國並未有什麼大的改變。這種看法讓我們難以看清在英國武力進犯中國之前，中國在茶葉貿易上長期以來居於領先的地位。然而，這樣一個「停滯」的帝國爲何有領先群雄的產業呢？根據費正清的劃分，即使是在一八四二年以前，明清帝國沒有什麼手工業或產業在世界中鶴立雞群。然而事實說明，鴉片戰爭並非因爲鴉片而戰，而是足以改變人類歷史的茶葉。

從鴉片戰爭之恥到茶葉貿易的勝出

在這裡我們先重新定調所謂的鴉片戰爭。關於清朝與鴉片的他人旁白，自然讓我們心中浮現出一個圖像：成千上萬孱弱的群衆叼著煙桿子在抽福壽膏（鴉片煙），腐敗的朝廷、委靡不振的國家，砲艦瞄準著南京城，殘破不堪的街道，淚眼汪汪的殘兵敗將、死傷狼籍，英國皇家軍隊沿街巡邏、耀武揚威。趙穗生認爲，這樣極其羞辱人的圖畫，已存在華人的知識界與普羅大衆的心裡相當時間。但我們認爲，若不將這種悲情的圖像從我們心裡挪走，恐怕我們難窺事情的眞相。

現在，我們回顧西方強權鼓吹自由貿易之前，所提倡之重商主義的一些特徵。支持重商主義的人相信，衡量一國的財富是根據他們從其他國家貿易，所獲得貴金屬的多寡來決定。由於世界的總財富是有限的，因此積累財富的過程可說是零和賽局（zero-sum game），一國獲利，則他國受害。此外，因爲與他國進行貿易是獲利的主要手段，銷售到其他國家商品的價值必然要超過購入的價格。然而主要貿易的目標被設定要勝過其他國家，那麼西方強權才不管他們用什麼方法來賺錢。在重商主義所採取各種手段中，鴉片戰爭，的確只是其中一個產物。

竹田いさみ（Isami Takeda）認爲，爲何英國霸權能夠成形，乃因皇后伊莉莎白一世（Queen Elizabeth I，一五三三～一六〇三，一五五八～一六〇三在位）與海盜之間的關係。海盜頭目Francis Drake贏得皇后最高的「崇敬」，是他在一五七七～一五八〇年間環球航行，這就說明他有本事劫掠西班牙和葡萄牙的船隻。爲何皇后偏愛Drake呢？原因是：利益。但他到底上繳多少錢給皇后呢？有估計說：「他上繳六十萬英鎊給英國，其中最少三十萬，也就是百分之五十進了皇后的口袋。六十萬英鎊〔在當時〕差不多等於英國政府三年的財政預算。」[29]

事實上，伊莉莎白一世女王信託Drake爲首的海盜集團，成爲大英帝國的戰爭機器，他在環繞地球航行，並在一五八二年如他所願地成爲普利茅斯（Plymouth）的市長之後，成爲國家英雄。在這之後，女王託付他各樣任務，像是「掠奪加勒比海（一五八五年九月～一五八六年七月）」、「伏擊西班牙的加地斯並搶劫隸屬西班牙國王的船隻（一五八七年四～七月）」、「擊破西班牙無敵艦隊（一五八八年七～八月）」，和「擔任伊伯利亞半島遠征軍指揮官」等等。[30]這顯示不列顚皇家與海盜集團的掛鉤，但要記得，掠奪侵攻不過是英格蘭國家財富三個主要來源的一個而已。其他還有奴隸貿易（一八〇七年禁止）和中國苦力（「豬」買賣）成爲獲利頗豐的手段。[31]第三個，當然就是東印度公司販賣禁藥鴉片到中國。從上述分析，我們看到英國，作爲重商主義的一個極致表現者、一個範例，而非自由貿易的代言人。

英國政府對清廷禁止販賣鴉片爲何感到甚不耐煩，主要的原因是英國商人從中國買去數量可觀的茶葉。從一七一八年開始，茶葉取代生絲與綢緞的地位；從絕對數量與比例來看，茶葉成爲最主要的商品。茶葉貿易成爲「英國東印度公司乃至政府營收的靈魂商品」。從一八一五年起，光是賣茶葉，獲利就高達一百萬英鎊。[32]但這獲利豐富的東西只能用白銀買賣。白銀是貴金屬，也可視爲國家財富的象徵。因此，對英國來說，白銀外流意味國力的削損，這使英國感到憂心忡忡。因此，英國政府也好，東印度公司也好，都在想法子防止白銀外流，他們找到的答案，就是鴉片煙。簡單說，東印度公司寧可銷售高獲利的鴉片。清朝在十八世紀初期便禁止吸食鴉片。諷刺的是，清朝此舉所關切的，乃在於防堵白銀外流，目的和英國並無二致。

根據推測，十八世紀中國和西方強權（特別是英國）的貿易結構大抵上可以這樣描述：西洋人帶著白銀，或者還帶著殖民地生產的棉花，來中國交換買賣茶葉、絲綢與陶瓷。庄國土認爲，「當西洋人仍能獲利，這個貿易結構保持不變，然而，當白銀供應逐漸告罄，而清廷禁止進口鴉片，這貿易結構就漸告崩解，使得英國等列強有意透過戰爭解決」。就外表來看，英國用軍力來脅迫中國開放鴉片。結果是，英國這步棋可說成功地阻止白銀繼續外流。在一八〇七年，「印度政府從廣州帶走的白銀高達二百四十三萬一千兩」。這顯示英國光靠著賣鴉片煙，便比中國賣出成千上萬箱的茶葉還上算。在一八五〇年代，中國對英國所需要的商品，除了鴉

片，就沒有別的。【33】

總之，本文認爲我們需要重新定位所謂的鴉片戰爭。其中一個不重要的理由是，鴉片總讓人聯想到負面的東西，使我們想到過去民族國家所受之屈辱的記憶。但這並非全部。關於鴉片戰爭的敘述讓我們無法清楚觀察這個非法貿易，卻被裹上「自由貿易」的糖衣，而由英國的巨艦大砲加以執行。更重要地，這說法妨礙我們看清世界茶葉生產之佼佼者的視線，因爲茶葉深受西方數十萬人所喜愛。英國經由盜取茶樹株和非法僱用茶工，而獲得暴利。英國商人和政府深知，不論用什麼手段，累積財富是國家最重要的事。在英國人的眼中，中國和其他非洲或南亞國家並沒太大差別，即使文化差異相當的大。

文化衝突或重商主義的極端表現？

或許，這是人性的一部分。絕大部分的人不會不喜歡錢。但他們不想要別人知道他們到底怎樣賺錢或累積財富，特別是當他們用不道德的方式來賺取財富、累積財富。倫敦人對鴉片戰爭所表現的想法是個好例子。簡單說，倫敦人聽到他們賺到比原先預期對中國發動戰爭所能帶來的好處還要更多時，他們感到歡喜愉悅。《倫敦新聞畫報》大聲宣布：「〔南京〕條約帶給我們鉅額賠款和源源不斷的新鮮茶葉。這刺激了我們的貿易，割讓給我們一座島嶼〔香港〕……讓榮耀和利益擋也擋不住的來到。」但倫敦新聞畫報並未指出在中國發生什麼困難，和造成如此多的死傷。【34】鴉片戰爭被形容爲「毒物的雙邊關係」。清廷應該要能管理人民不染上毒癮，如果中國人不買鴉片，那麼英國商人根本無法買賣。但難道我們能說美國人不買古柯鹼，那麼哥倫比亞毒販就無法勉強他們買？或者我們能用「毒物的雙邊關係」來描寫美國與哥倫比亞的關係嗎？

從上面我們觀察到，贏家有權幫輸家撰寫歷史。因此，本文認爲，文化衝突的解釋，可作爲從被指謫自利、貪圖經濟利益、或其他自肥的窘境中開脫的藉口。特別是當他們採取不道德的手段時。在國際間，現在已是富裕或已開發的西方國家，能爲過去所做所爲加以解釋。此外，開發中國家的學子乃至販夫走卒，都不免受到西方國家的「專家」所書寫的歷史所影響。在發展中國家不難發現許多學者迎合西方國家的歷史學家。這裡有個例子，趙穗生闡明說：「中華帝國的崩解，導因於中國和許多西方文明國家文化與經濟的衝突。」[35]這敘述可從英國內政大臣Henry Dundas和馬戛爾尼的對話中加以反駁。例如：Dundas在馬戛爾尼晉見乾隆皇帝之前，寫信建議馬戛爾尼以下的話：

> 你必須謹慎，他們（即清廷）會向你提出要求，一如歐洲法律禁止吸食鴉片煙，清朝也想要將鴉片煙貿易摒除在中國領土之外。如果這議題被提出來討論，你要以很小心的態度處理。無疑地，在印度生產的鴉片煙銷售往中國的不算少數。但假使清廷要求我們，在提供官方文件或商業契約之下，我們無法運送鴉片到中國，這時你必須虛應故事（敷衍地）接受，而不要爲了護衛我們（貿易的）自由，而必須承受失去利

益的風險。【36】

很顯然，英國政府才不在意馬戛爾尼是否必須磕頭、叩首，而在乎英國到底能否從鴉片中得利。簡單說，英國政府和商人一切向錢看，所謂「文化衝突」導致中英戰爭的說詞，無疑是根稻草稈而已。

另外，看來學者傾向輕易相信導致鴉片戰爭的原因，至少部分是文化衝突。馬謐挺在談論到南京條約時，他認爲「條約解決的是戰爭，而非解決東西方文化的差異，天朝與洋人註定不相融合。」【37】這裡，他指出即使槍砲聲音暫歇，但文化衝突並無甚改變。Hanes III和Sanello用專章解釋清朝舊禮節導致清朝後來的悲劇。相較於英國這個現代與文明的國家，清朝皇家禮俗顯得愚昧不堪。因此，鴉片戰爭是無可避免的收場。【38】Alain Peyrefitte的著作是另一個例子。他在書中主要論點之一，圍繞在馬戛爾尼晉見乾隆皇帝發生的諸事，導致無法避免戰爭。【39】本文認爲，這視點被過分誇大，眞正的理由不在這裡，本文將會敘述。

在這次有名的會面，自由貿易的思維常被用來敘述西方開明的貿易態度，來對比中國閉關自守，與世隔絕。換句話說，這種思維（意識形態）說出英國的優勢，也成爲兩個社會主要的區別。對外貿採取開明的態度，可說是英國獨有，他處無從找到。但自由貿易眞正的意涵是什麼呢？洋人所想的究竟是什麼？我們來看看荷蘭的檔案說明什麼。相信即使區區幾筆，也足以道出「自由」貿易對非西方社會並不是眞正的自由。

在這裡有兩封信要特別留意，分別寫作於一六一四與一六四四年。荷蘭總督Jan Pieterszoon Coen在一六一四年寫信給荷蘭東印度公司（Dutch East India Company, Vereenigede Oost-Indische Compagnie, VOC）董事，特別引人注目：「你們應該知道，在亞洲貿易的經驗說明了，你們要用身邊的武器進行與維持貿易，這些武器經由貿易能掠奪更多利潤。」三十年後，也就是一六四四年，荷蘭在遠東殖民的鼻祖Antonio van Dieman總督（任職期間一六三六～一六四五）回答東印度公司的戴爾夫特（Delft）議院：「我們從公司每天的運作得知，在亞洲的貿易活動若不開疆闢土，就無法繼續推行。」[40]論到所謂的「自由」貿易，與東方學界所理解的相比，西力東漸實際的情況其實黑暗了許多。因此，光瞭解自由貿易的思維可說毫無助益。但帶著洋槍大砲的「自由」貿易，使得西方強權橫行無阻，得以任意而行，稱霸四方。

喪失自主權、失去保護與無法競爭

然而，光是洋槍大砲的「自由」貿易還不是全部。關稅，及設置關稅率，對於保護本地產業是相當重要的。一般來說，當國家開始工業化時，政府必須留意國外的競爭者，因此針對部分進口產品課徵關稅，其作用在於保護本國脆弱的幼稚產業免於競爭。然而，除了賠償戰爭的損失之外，根據南京條約的附約還制定了《中英五口通商章程：海關稅則》（*Chinese-British Five Ports Trading Charter: Custom Tariffs*），將關稅率固定為百分之五，這是世界上最低的關稅，進而使清朝無法保護本國的幼稚產業。因此，在條約訂定後，清朝的工業化一敗塗地。而這失敗絕非成功之母。

費正清的二分法和他以一八四二年的時間分割點相當有關。在洋人到來以前，任何中國的事物都被看作是傳統的，在西力東漸之後，中國才終於有機會走入「現代」。我們看到南京條約明訂增加通商口岸，如寧波、廈門、福州、上海等，但這還不是全部。因爲《中英五口通商章程》將關稅率固定在百分之五，這樣低的稅率使國貨難以同洋貨競爭。就實情論之，以製造業來說，英國政府在一八六〇年以前設定的稅率高達百分之三五至五十之譜，藉以保護其工業產品。[41]然而，「現代」的中國卻從此失去訂定關稅的權利，同時，也失去保護幼稚工業的機會。

費正清說，一八四二年以後，新式工廠逐漸出現在中國領土之上，他說得不錯，但他卻錯認，「現代」的中國要等洋人來到才告出現。如果清朝與英國簽訂南京條約與附約之後才變成（更）現代，但應該更現代的中國何以繼續停留在停滯不前、故步自封和傳統呢？這乃是因爲失去關稅自主權，而使「現代」工廠所生產的貨物根本無法與洋貨競爭。

綜上所述，費正清對中國的歷史分期不僅使「傳統」中國無可改變，還因著以一八四二年南京條約所劃分，西方強權帶給中國現代與進步的說法，很諷刺的，使西方諸國因此變得更「現代」與進步。簡言之，原本應該因爲西方帶的禮物「現代性」而改變的「傳統」中國，反而更停滯不前，變得更傳統了。

智慧財產權：過去和現在

二十一世紀可說是知識經濟的時代，國家競爭力主要由技術能力表現出來，這包含農業、製造業與那些發明家。在當下的開發中國家，特別是中國與印度，正爲人才外流所苦，特別是這些資訊產業部門的高手不斷流失。縱然這些國家有意竭力改善他們的頹勢，然而已開發國家在經濟上、科技上依然占據有利地位，他們用高薪和較好的工作環境來吸引人。因此，開發中國家難以攔阻專門人才的外流。[42]在新時代，在工業技術升級上，購買技術無疑是既合法且正常的管道。然而竊取商業機密又是另一回事，這檔事雖快，但卻非法。然而在十八世紀時，這卻是常態。當時美國、法國與德國都亟欲取得英國的紡織技術。英國便禁止技術勞工移民、也不許出口機械。[43]那麼，十八世紀「傳統」中國到底發生了什麼事呢？我們首先看看在晚期中華帝國居於領先的陶瓷業。

陶瓷業可說是「傳統」中國最偉大的成就，在十七世紀時達到頂峰。世界最大的陶瓷重地景德鎮生產爲數可觀的陶瓷。在一六七七年，重蓋許多的窯，以生產更多的商品，特別是富有中國風（chinoiserie）的產品以迎合廣大北美洲與歐洲消費者的需求。然而在晚清時期「歐洲陶瓷業者已掌握生產中國陶瓷的關鍵技術，從而產品能與中國商人所提供的一較高下。歐洲人經由像是耶穌會的殷弘緒（Jesuit Francois Xavier d'Entrecolles）這類商業間諜活動，發現新黏土材料與竊取生產技術（know-how）而得利」[44]。從這類竊盜事件裡，便不難理解乾隆皇帝爲何要將對外貿易侷限在廣州一地；並且，不難想像到Matteo Ricci被諭令待在廣州直到一六〇

一年才得以前往北京，並且仍處在許多官員監視下。【45】

如前述指出，茶葉貿易對中英雙方都很重要。事實上，英國東印度公司的領頭也很清楚，無關於所謂的「傲慢」（arrogance），【46】馬戛爾尼並未因爲拒絕向乾隆皇帝叩首（kowtow）而導致什麼文化衝突，而是關於茶樹種植和茶種。馬戛爾尼並非單獨晉見皇帝，而是和一些科學家去朝見。當他返回英國時，在他離開前，他將一些茶種帶回國給植物學家Joseph Banks（一七四三～一八二〇）爵士。在離開北京之前，英國東印度公司囑咐馬戛爾尼說：「你要多留意茶葉（種植），它的價值很大。如果我們能移植到印度，就再也沒比這更好的。」馬戛爾尼回答說：「如果茶樹能生長在我們領土上，那麼我們就無須仰賴中國」。【47】

並且，歷史證據告訴我們一八三〇年代發生的事，那時清廷已經發現精明的人在「傳統的」中國儼然成爲成長的推手。「當英國東印度公司的專賣特許權取消之後，英國成立一個研究種植茶樹的特別委員會，移植與引進中國技術勞工。但這並不簡單。沒有官方批准，移植茶樹只能秘密進行。另外，引進勞工也不容易，因爲在中國茶農過著舒適的生活。清廷不許人洩漏茶葉製造的機密，而這正是掌握關鍵技術的想法及作法。荷蘭嘗試從中國招募十二位茶工，但先後被暗殺身亡。但即使這些茶工成功到達印度，他們的親屬也將被清廷連坐處罰。」【48】在十八世紀晚期，作爲英國的對立面的清國，反倒知道盡力保護智慧財產權對國家經濟與國力的重要性。

但失敗爲成功之母，最終英國成功盜取茶樹，並招募技術熟稔的茶工。在一八五一年，

Robert Fortune取得二千個茶樹種子、一萬七千棵茶樹苗，和八位專精種茶的人，到加爾各答（Calcutta）、印度等地，促進錫蘭（Sri Lanka）紅茶生產昌盛。[49]之後，英國政府力推保護政策。最終，「機器登場，並給英國另一次擴展茶葉種植的機會」。在一八〇〇年，印度共生產出口四千三百萬磅茶葉到英國，沒被課徵一毛的稅，但換作要進口中國茶葉，那麼得要課徵最高百分之三十五的關稅。如此一來，印度茶葉迅速充斥於英國市場中。在一八八〇年，出口到英國的茶葉總量達到八千六百萬磅，完全超過中國茶葉的數量。[50]

總而言之，在分析鴉片的政治經濟學之後，歷史事實告訴我們一個更有說服力的故事。

中國的世界秩序有特色嗎？

本段討論中國對鄰邦的態度。我們能從當中發現中國對外邦採取愛好和平的態度嗎？中國界定的世界秩序是否一直是友善的？這是趙穗生在他文章中提問的。[51]因此，我們在這裡簡單回答兩個問題，其一，清朝並未構想到當代定義下的對等國與國的關係。西方強權帶著「現代」的條約系統，來叩關中國這個「老傳統」，根據費正清的說法，就是行之有年的朝貢體系。準確說來，由於南京條約，使得清朝能有幸理解「對等外交」是何物。[52]所謂的對等外交只在先進國家中發現，而無法在舊中國找到。趙穗生似乎無意進一步發掘，但本文有意討論他所忽略，清朝的外交關係。

其次，趙穗生指出沒有一個單一的形容詞，能適當描寫中國的世界秩序。他歷數研究這議題的學者。在中國悠久的歷史中，他認爲帝制中國「不單和睦，也非只暴力」。[53]這結論可由兩個例證解釋。就「非只暴力」而言，他引述Mark Mancall的研究，來解釋華人世界秩序的特徵。趙穗生認爲：「因此，上下垂直的從屬權力關係，被界定爲比西方更爲『道德』。」[54]對「不單和睦」來說，他以Odd Arne Westad的研究指出：「在擊敗準噶爾（位於西藏東部）之後，乾隆皇帝下令屠殺手無寸鐵的菁英。『之後，他將東準噶爾的大部，另外將少數汗國領地併入中國，使之歸服乾隆朝。以得勝的姿態稱這塊土地爲新疆』。」[55]但這表示乾隆皇帝積極進取嗎？開疆拓土和西方強權在美洲大陸開荒有很大的差別嗎？

朝貢體系維持相當長的時間，在明清時期的管理可說更上軌道，也成了爲人熟知，拿來解釋中國與外邦關係的理論。[56]但這朝貢體系的經營無法勾勒出完整的圖像。中國和外界的關係，在不同朝代的社會經濟條件遠比想像的還要複雜。因此筆者要提出一些例證來說明。首先是北宋與遼國的澶淵之盟；其次，是明朝與安南的接觸。安南在五代十國（九〇七～九七九）成爲獨立自主的國家，但明朝只在十五世紀承認他們法理的獨立地位，這點還有待進一步探究。第三個例證則是清朝與外界來往共有三種方式，而朝貢體系只是其中一個。本文認爲，外交平等在清朝早期已經存在，並且我們能看到清朝採取不同策略與外國來往的理由，也顯示出清朝初期國力的強盛。

反向的朝貢體系：澶淵之盟

一般來說，朝貢體系始於秦朝（西元前二二一～西元前二〇七），在隋朝（五八一～六一八）和唐朝（六一八～九〇七）之間逐漸成形，在宋朝與元朝（一二七一～一三六八）、明朝（一三六八～一六四四）繼續發展。從這系統我們可以看出中國與外國的關係。一般而言，中國位居體系的中心，圍繞在四周的是來朝之邦。在政治上，這些來朝貢的國家無須被中國統治，只需帶來象徵性的貢物即可。[57]通常，商人隨著朝貢隊伍前來。他們之所以願意獻上貢物，乃是他們亟欲取得中國生產的商品。對生產力較低的國家更是經常如此。但也有例外存在。

論到軍事武力，宋朝（九七六～一二七九）軍力較弱。在一統中原之後，宋朝嘗試從遼國（Khitan kingdom，九一六～一一二五）手中奪回燕雲十六州，但兩戰兩敗。「宋代諸朝從未累積足夠兵力來對抗北方游牧民族，因此只得用錢來換取和平。澶淵之盟（一〇〇四年）就是其中一例。該條約使宋朝每年輸銀十萬兩，布二十萬匹。接下來的三百年間，東亞朝貢系統中心的宋朝，得向北方民族輸銀兩布匹。這對宋朝無疑是沉重的負擔，畢竟宋朝還要籌措一百二十五萬兵丁的軍費。在一〇六五年，軍費就占去國家歲出的百分之八十三」。[58]

當女眞人在一一二七年渡過黃河，擄去宋欽宗與宋徽宗，南宋後來的一百八十年間，每年得輸布與銀予金朝：三十萬兩銀、銅錢一百萬貫、布二十萬匹。[59]我們稱此狀態爲反向的朝貢系統。這點醒我們，朝貢系統理論能解釋許多情況，但仍有例外。由於朝貢系統的中心邊陲概念，導致我們無法不加思索地加以套用。

明朝中國與安南：錯綜複雜的接觸

朝貢系統總是教導，或至少告訴我們，中華帝國位居東亞諸國體系的中心，環繞著其他邊陲的藩屬。這種宗主—臣屬的關係長久以來連結著中國與鄰近國家。藩屬象徵性地敬重中國，上貢禮物，中國則以厚禮回贈。[60]正常來說，核心的中國比藩屬更強，以保持和平的關係，縱然有些例外。這正常的關係，當我們檢視建立明朝的明太祖（一三二八～一三九八，一三六八～一三九八在位）的詔書時，看來似乎合理：例如，「不征諸夷」。總括起來，一共可列出十五個國家，包含高麗（韓國）、扶桑（日本）、琉球（日本沖繩）、安南（越南）等等。[61]很清楚，安南在名單上。明太祖基於國防的理由，禁止東南沿海與外國通商往來，也將國防重心移往北方以抵禦蒙古諸部（韃靼、瓦剌）。這是明太祖的策略，就一開始，明朝重建其朝貢體系，的確是經略對外關係的好方法。

安南在明朝（特別是初期）看似中國的藩屬國，但實際上安南早在西元九三九年事實上（de facto）獨立（從五代十國後晉（九三六～九四七）天福元年（九三六）獨立）。明成祖（一三四〇～一四二四，一四〇二～一四二四在位；非合法從明太祖繼位），為使權位正當化，便在一四〇六年，發動（號稱）八十萬大軍進襲安南。當安南在一四〇七年被擊敗，明成祖藉由三司（明朝在各省設置「都指揮使司」、「布政使司」、「按察使司」，合稱「三司」）在安南設置交阯郡。安南被併入中國，成為一部分。對明成祖而言，軍事後勤補給，和其他不利因素——像潮濕的氣候、瘴癘之氣導致疾病。更重要的是，安南人民的愛國主義情操高昂，因其自十世紀以來便是獨立，怎可能隨意屈服。

在明成祖永樂年間征服安南，並建立宣化府（交阯郡），此舉無疑導致安南人民反感。更糟的是，明成祖除了留下中文字以外，幾乎摧毀安南所有的書寫文字。換言之，他大大摧毀當地文化，令文人與百姓常感不安。在永樂年間，共有六十四位領袖發動了數十場暴動，超過十年之久。雖然朝廷投入大量兵力，卻僅使明朝幾乎維持著血腥的統治。明朝與安南（越南）的衝突持續相當時日，直到明宣宗（一三九九～一四三五，一四二五～一四三五在位）最終在宣德六年（一四三一）放棄安南為止。[62]

在十年之內，明朝和安南的關係由明太祖所言無法攻克之國，急遽變為永樂年間率領八十萬大軍壓境。單就這個例子讓我們知道對外政策是和睦或是武力綏靖，乃是過度簡化了。

鴉片戰爭（茶葉戰爭）前對等的外交關係

趙穗生並未花費太多時間在「外交平等」上頭，在外交平等的理想與實際在清朝初期早已存在。當然，如果我們繼續使用費正清所持的觀點，來區分傳統與現代的中國的話，那麼我們將無法明窺眞實的圖像。在這裡，我們會發現到，光以中國的外交關係——這點乃是部分構成中國的世界秩序——依然無法跳脫使用西方二分法的哲學，不僅誤導我們理解世界秩序，也讓其他華人擁有錯誤的世界觀。

朝貢體系是晚期帝制中國外交關係三根柱石中的第一根。如前所言，明朝時期朝貢達到顛峰，其目的乃加強整頓東南沿海商人勾結倭寇（日本海盜）的情勢。但這並非明朝的創舉，之前的元朝便禁止民間私自與外國商人交易，並以專責單位管理（市舶司），以獨攬利潤。【63】但這並非政府心胸狹窄，而在於官方與民間商人爭奪利益。

明朝和俄國的朝貢關係不明，學者也常不清楚明朝與俄國，乃至西北游牧民族的關係。但對十七世紀的清朝，顯而易見的是，清朝與俄國保持外交上的對等關係，這構成清朝外交關係三根柱石中的第二根。當時俄國稱爲「與國」（對等的國家）。這種對等的關係可從清朝初期，一六八九年的尼布楚條約（Treaty of Nerchinsk）與一七二七年的恰克圖條約（Treaty of Kyakhta）看出。清廷政府的理藩院（相當於今天的外交部）與俄國的參議院交換條約，經由兩國特定的機構來締定條約，顯示兩者是對等的國家。【64】此外，第三根柱石則爲，邊境貿易的存在遠比想像的更久。這些不能歸類爲「與國」或「屬國」（朝貢體系的藩屬國），則稱爲「互市之國」（互相貿易來往的國家）。綜合所述，我們看到帝制時期的中國與鄰邦至少有三種不同的關係：平起平坐的國家、藩屬國（附庸國），與邊疆互相貿易來往的國家。

從以上分析，我們看到中國的朝貢體系有著不同的方向，在明朝時與安南（越南）之複雜糾葛，並清朝與外邦關係的三根柱石。讓我們謹記著趙穗生在他文章裡面所問到的：中國千年以來是愛好和平的嗎？中國的世界秩序是懷柔的嗎？無論答案如何，看來都過分簡化了，本文認爲，歷史事實相較起來要複雜許多。

結語

爲瞭解中國當今的崛起，趙穗生基於特定的目的，他將封建帝制的舊中國，與當代快速發展的新中國重新建構，以期在歷史解讀上去掉失當的成分。但我們認爲，他調查鴉片戰爭（例如：重新定調茶葉戰爭）上面仍有矛盾。因此，本文認爲必須更多詮釋鴉片戰爭，若非充分解釋，那麼將無法幫助我們瞭解中國的世界秩序，也會使我們的世界觀失之偏頗。

我們花了許多篇幅瞭解到，西方強權到底做了什麼，也給中國什麼，特別在灌輸「自由貿易」的意識形態。很明顯地，西方社會實際上並未實行自由貿易，相反的是關稅壁壘和保護政策。並且，保護主義還不足以說明全部，可理解的是，英國在重商主義的表現最爲極端，英國鼓勵以任何手段（也包含使用不正當的手法）爲國家累積財富。當英國還爲亞當．斯密的《國富論》所提倡的自由貿易而沾沾自喜，實際上亞當．斯密早在一七五九年便撰寫《道德情操論》（The Theory of Moral Sentiments）。事實會說話，特別要說的是，並非中國，而是英國，要爲這些爲鴉片煙毒癮所苦之人的不道德、不法與不負責任的貿易，而該受責備。但想必這種聲音都被壓抑了。

論到中國的世界秩序，或許這個非一即二的問題還是值得一提，論到中國獨特的懷柔或剛猛的國策，會阻礙我們的分析視野。中國的世界秩序——包含中國與外國的關係，在更大的程度上，比想像的更複雜。我們已經指出，特別在明清時期，對鄰邦藩屬或其他國家採取不同的政策。本文認爲，有必要澄清錯誤的論述，否則將使我們接受西方思維下的論述——亦即，西方社會將「現代」帶來給中國。其實在清朝初期，平等的外交早已存在，而在看過本文之前，相信許多人對這事實可說是是未曾聽聞。

中國的世界觀長久以來遭到扭曲，雖然我們依然從鴉片戰爭來加以敘述，但或許我們應該要拋棄那副有色的眼鏡。

註解

【1】趙穗生（Suisheng Zhao）是美國丹佛大學（Denver University）約瑟夫—克貝爾國際研究院（Josef Korbel School of International Studies）政治與外交政策教授，是該校中美關係中心主任，也是期刊*Journal of Contemporary China*的主編。

【2】Suisheng Zhao, 'Rethinking the Chinese world order: the imperial cycle and the rise of China', *Journal of Contemporary China* 24(96), (2015), pp. 961-982, p. 961, 962.

【3】Zhao（趙穗生）, 'Rethinking the Chinese world order ', p. 979.

【4】George Macartney，中文姓氏譯作馬戛爾尼，爲華人社會所熟知。之後，本書將直接使用

其中文姓氏。

【5】Michael Woodin and Caroline Lucas，《綠色全球宣言：讓經濟回到升斗小民手上》（*Green Alternatives to Global*）（台北：新世紀，二〇〇五）。

【6】Woodin and Lucas，《綠色全球宣言》，第二二三、二二五頁。

【7】洪鎌德，《全球化下的國際關係新論》（台北：五南圖書，二〇一二），第七八頁。

【8】Adam Smith, *The Wealth of Nations*, (Hong Kong: Commercial Press, 2002).

【9】張夏準，《富國的糖衣：揭開自由貿易的眞相》（台北：五南圖書，二〇一四），第七〇～七一頁。

【10】張夏準，《富國的糖衣》，第七二～七三頁。

【11】許介鱗，《英國史綱》（*The Sketch of the British History*），第二版（台北：三民，二〇一四），第一五五頁。

【12】Kenneth Pomeranz, *The great divergence: China, Europe, and the Making of the World Economy*, (Princeton, N.J.: Princeton University Press, 2000).

【13】許介鱗，《英國史綱》，第一六三頁。

【14】Zhao, 'Rethinking the Chinese world order' p. 978.

【15】范忠信、陳景良編，《中國法制史》（北京：北京大學，二〇一〇），第三七七頁。

【16】William T. Rowe（羅威廉），《中國最後的帝國：大清帝國》（*China's Last Empire: the Great Qing*）（台北：台灣大學出版中心，二〇一三），第八頁。

【17】陳東林、李丹慧，〈乾隆限令廣州一口通商暨英商洪任輝事件論述〉《歷史檔案》，第九四～一〇一頁，引自Ho-Fung Hung, 'Imperial China and Capitalist Europe in the Eighteenth-Century Global Economy.' *Review* (Fernand Braudel Center, SUNY), Vol. 24, No. 4, pp. 473-513, p. 484.

【18】Hung, 'Imperial China and Capitalist Europe', p. 484.

【19】H.B. Morse, The *Chronicles of the East India Company Trading in China, 1635-1834* (Oxford: Oxford University Press, 1926), p. 297, 引自Ho-Fung Hung, 'Imperial China and Capitalist Europe', p. 484.

【20】John King Fairbank, *The United States and China* (Cambridge, MA: Harvard University Press, 1983), cited in Zhao, 'Rethinking the Chinese world order', pp. 977, 978.

【21】William Rowe，《中國最後的帝國》，第一五〇頁。

【22】William C. Hunter，《阿兜仔在廣州》（台北：台灣書房，二〇一一），序文，第三頁。

【23】Travis Hanes III and Frank Sanello，周輝榮譯，《鴉片戰爭：一個帝國的沉迷和另一個帝國的墮落》（北京：三聯書店，二〇〇五），第一七六頁。

【24】William Rowe，《中國最後的帝國》，第一七三頁。

【25】謝宏仁，《社會學囧很大：看大師韋伯如何誤導人類思維》，第二章，〈還原眞相：西方知識體系建構下曲解的中國傳統法律〉（台北：五南圖書，二〇一五），第五九～一〇一頁。

【26】William Rowe，《中國最後的帝國》，第八～九、九六頁。本文認爲，在歷史社會學的場域中，韋伯（Max Weber）與費正清（John Fairbank）可說是全球學術圈中最具影響力的學者。關於對韋伯的批評，特別是關於中國傳統的法律系統，請參照謝宏仁，《社會學囧很大》。

【27】John K. Fairbank（費正清）(ed.), *The Chinese World Order: Traditional China's Foreign Relations* (Cambridge: Harvard University Press, 1968); Rowe，《中國最後的帝國》，第九頁。

【28】Zhao, 'Rethinking the Chinese world order', p. 980.

【29】竹田いさみ（Isami Takeda），《盜匪、商人、探險家、英雄？大航海時代的英國海盜》（台北：東販，二〇一二），第十九頁。

【30】Isami Takeda，《盜匪、商人、探險家、英雄？》，第四二～四三頁。

【31】Hanes III and Sanello，《鴉片戰爭：一個帝國的沉迷和另一個帝國的墮落》，第一八三頁。

【32】周重林、太俊林，《茶葉戰爭：茶葉與天朝的興衰》（武漢：華中科技大學，二〇一五），第六〇頁。

【33】庄國土，〈茶葉、白銀和鴉片：一七五〇～一八四〇年中西貿易結構〉，《中國經濟史研究》，第三期，一九九五，頁六六～七八，第七五、七六頁。

【34】Hanes III and Sanello，《鴉片戰爭：一個帝國的沉迷和另一個帝國的墮落》，第一七五

頁。

【35】Zhao, 'Rethinking the Chinese world order', p. 966.

【36】William T. Rowe（羅威廉），《中國最後的帝國：大清帝國》（*China's Last Empire: the Great Qing*）（台北：台灣大學出版中心，二〇一三），第一五三頁。

【37】馬謐挺，《微歷史：鴉片戰爭的正面與側面㈡》（北京：團結出版社，二〇一一），第二〇一頁。

【38】Hanes III and Sanello，《鴉片戰爭：一個帝國的沉迷和另一個帝國的墮落》，第十三頁。

【39】Alain Peyrefitte，《停滯的帝國：一次高傲的相遇，兩百年霸權的消長》，（*L'Emprieimmobileou le choc des mondes*）（台北：野人出版，二〇一五）。

【40】Charles R. Boxer, *The Dutch Seaborne Empire: 1600-1800* (New York: Alfred A. Knopf, 1965), pp. 95-96, cited in Giraldez "The Age of Trade," p. 40.

【41】張夏準，《富國的糖衣》，第七三頁。

【42】Vincent H. Sheand Craig D. Meer, 'Is this the Asian Century? China, India, South Korea, and Taiwan in the Age of Intellectual Capitalism,' *Journal of Contemporary Asia*, Vol. 40, No. 1, February (2010), pp. 1-21.

【43】張夏準，《富國的糖衣》，第九頁。

【44】Shelagh Vainker, *Chinese Pottery and Porcelain*, chaps. 5 and 7. (London: British Museum Press, 2005)，引自William Rowe，《中國最後的帝國》，第八九頁。

【45】Valerie Hansen，《開放的帝國：一六〇〇年前的中國歷史》（*The Open Empire: A History to 1600*）（南京：江蘇人民出版社，二〇〇七）。

【46】Alain Peyrefitte，《停滯的帝國》。

【47】周重林、太俊林，《茶葉戰爭》，第一〇〇～一〇一頁。

【48】Roy Moxham，《茶：嗜好、開拓與帝國》（北京：三聯書店，二〇一〇），第九〇頁，引自周重林、太俊林，《茶葉戰爭》，第一〇一頁。

【49】Sarah Rose, *For All the Tea in China: How England Stole the World's Favorite Drink and Changed History*，孟池譯，《茶葉大盜：改變世界史的中國茶》（北京：社會科學文獻，二〇一五）。

【50】周重林、太俊林，《茶葉戰爭》，第一一四頁。

【51】Zhao, 'Rethinking the Chinese world order .'

【52】*Ibid*. p. 979.

【53】Zhao, 'Rethinking the Chinese world order ,' p. 961.

【54】Mark Mancall, 'the Persistence of tradition in Chinse foreign policy,'*The Annals of the American Academy of Political and Social Science* 349, (1963), reprinted in King. C. Chen, ed., *The Foreign Policy of China* (South Orange, NJ: Seton Hall University Press, 1972, p. 30, 引自 Zhao, 'Rethinking the Chinese world order,' p. 966.

【55】Odd Arne Westad, *Restless Empire: China and the World since 1750* (New York: Basic Books,

2012), pp. 9-10, cited in Zhao, 'Rethinking the Chinese world order,' p. 968.

【56】Takeshi Hamashita（濱下武志），"Tribute and Treaties: Maritime Asia and Treaty Port Networks in the Era of Negotiation, 1800-1900," in *The Resurgence of East Asia: 500, 150, and 50 Year Perspectives*, eds. Giovanni Arrighi, Takeshi Hamashita, and Mark Selden (London and New York: Routledge, 2003), pp. 17-50.

【57】根據清朝與暹羅（泰國）一七八〇年代所互換的外交文件顯示暹羅「不接受中國認知的世界秩序」，但經由商業往來使雙方獲利。暹羅獲得「貴重品與地方無法獲得的商品」，清國需要「商品與機器」。然而，暹羅朝廷不可能「接受清廷的冊封」。詳情請見Zhao, 'Rethinking the Chinese world order,' p. 967。

【58】Hansen，《開放的帝國》，第二六七、二六九頁。

【59】Hansen，《開放的帝國》，第二六七、二九六頁。

【60】邱炫煜，《明帝國與南海諸蕃國關係的演變》（台北：蘭臺，一九九五）。

【61】〈四方諸夷條〉，《明皇祖訓》，引自廖敏淑，《清代中國對外關係新論》（台北：政治大學，二〇一三），第五〇頁。

【62】鄭永常，《征戰與棄守：明代中越關係研究》（台南：成功大學，一九九七），第六〇～六一、八四～九九、一〇八、一四四～一四六頁。

【63】邱炫煜，《明帝國與南海諸蕃國關係的演變》。

【64】廖敏淑，《清代中國對外關係新論》，第八三頁。

6

眞相大白：西方知識體系建構下曲解的中國傳統法律

在撰寫本文時，有天，就讀小學的兒子正巧站在書桌旁看著電腦螢幕上的標題「眞相大白」，他問什麼是眞相大白呢？雖然他大概聽不懂，但我回答說，有一位非常有影響力的德國學者，叫做韋伯，他對東方世界（特別是中國）的錯誤描寫，誤導許多學子，讓他們誤以爲古時候的中國是封閉的、落伍的，是不值得研究的，因爲「現代的」、「進步的」各種制度都是西方人在一八四〇年鴉片戰爭以後爲中國帶進來的。也就是說，中國開始朝向現代化的方向走，得要在西方人到達中國之後。

兒子似懂非懂地繼續問道：拔比，你不是說過我們的祖先在一七八五年從福建泉州移民到台灣，（南宋時期的）泉州很早以前是世界大都市，就像今天的紐約一樣嗎？而且，明朝，還是清朝（？），上海一帶是全世界最繁榮的地區嗎？他怎麼會這樣說呢？

我回答說，在很久以前，泉州的確是全世界最大的港口，那裡住著許多外國人，其中，有不少是遠從阿拉伯來的商人，因爲泉州有很多很多賺錢的機會。我繼續說……我們的祖籍是：泉州府馬巷廳井頭堡。而井頭堡的「堡」字指的是阿拉伯人居住的地方（或社區），表示那兒從前聚集不少阿拉伯人，來到泉州這個世界大港做生意。大約在二十年前，家族裡有人回到泉州的祖籍地，去看看祖先來自怎樣的地方。那位去了泉州的遠親說，那裡只剩下一位姓「謝」的宗親而已……。

還原歷史眞相

無論刻意與否，在西方社會所建構的知識體系下，中國傳統法律長期以來遭受扭曲。[1]西方社會自羅馬法頒布之後，個人財產受到法律保護，權利（rights）觀念逐漸形成，保障人民權利不受任意侵犯，遂成爲執政者維護社會秩序之基本原則。[2]換言之，西方社會的個人是在「權利」觀之下被治理，個人得以藉著訴訟來捍衛法律所賦予的各項權利。是故，在排難解紛背後所蘊含的理念是維護個人權利不被侵犯。東方社會則與西方社會有所差異，以中國爲例，漢朝（西元前二〇二～西元後二二〇）爲鞏固政權，國家（亦即意識形態的上層建築）獨尊儒術，君臣、父子、夫婦、長幼、朋友等五倫成爲衆生百姓思云言行的規範，各人皆當恪遵本分，社會氛圍強調個人對群體的義務，而顯得井然有序；君子重「義」輕「利」，小人則爭利不爭義。在傳統社會裡，至少在統治階級的想法之中，良善的人恥談爭利，更何況僅爲個人私利而在官府興訟，從而權利的觀念、意識在中國這塊土地上難以獲得養分。

自十五世紀起，西方列強開始擴張其海外領土（也就是大航海時代的來臨），在接下來的數個世紀中，歐洲人對於東方世界——特別是中國——的描繪，與西方知識界對於中國的「認知」（或誤解），也隨著西方世界在世界經濟體系地位的改變而跟著改觀。[3]在西方爲瞭解東方社會而構築的知識體系裡，中國的傳統法律體系遭到嚴重誤解。數百年以來，不少西方學者在其著作中對於中國的描寫影響著後世對東方、對中國的看法。在社會學領域之中，身爲古典三大家之一的韋伯（Max Weber），這位影響力可謂無遠弗屆的學者，他對中國傳統法律體系的輕描淡寫、輕視鄙夷，事實上已經長期誤導了學術界的思維。

法律制度的公正與否，攸關著統治政權的正當性、政府的威信、對商業行爲的信任、經濟活動的預期心理等。誠如韋伯所言，假使法律制度無法提供「可預測性」，則交易無法進行，更遑論資本主義的產生。是故，在韋伯的世界觀裡，東方的中國因爲專制者可以爲所欲爲，法律毫無威信可言。自秦朝大一統之後，法律即處於停滯的狀態，在這種情形下，財產權利無法得到保障，使資本主義無由產生。這種邏輯看似合理，然而中國是在「義務」觀的教化底下，在這種義務觀的社會思維下，人民無法弄清「權利」的意義。但難道因爲這樣，人與人之間的糾紛就得不到解決嗎？難道一個強調義務的國度，人們便不知要利用各種手段來保護其財產嗎？

本章探究「義務觀」下中國社會的大衆如何行使權利，並突顯以西方「權利觀」來檢視中國的社會，將難以看清中國法律體系的運作方式。首先，西方知識界長期以來爲東方社會（在本研究，尤指中國）建構了西方向全球擴張所需要的知識體系，如此，不僅影響了西方社會對中國的認知，同時也影響了中國的學者；其次，中國是個強調「義務」的社會，在晚清引進西方法律制度（一九〇〇庚子新政）之前，社會並不存在權利意識。那麼，在一個「義務觀」當道的社會，人民行使財產「權利」的方式也必然與西方有所不同；第三，討論中國傳統法律與智慧財產權（知識產權）[4]保護相關的議題，在此將證明在南宋時期中國已經建制「全球」最進步的知識產權（主要爲著作權）保護的相關法律及措施。這可證明韋伯對中國法律體系有所誤解，他認爲中國傳統法律自秦朝一統之後，即處於停滯的狀態。因爲在韋伯的心目中，唯有歐洲大陸法系是形式理性的法律，[5]也唯獨這樣法律才會具有「可預測性」，只有在人身保護與私人財產獲得保障之後，像資本主義這樣進步的制度才可能建立。

也因此，如果我們可以在中國歷史上找到充分的證據，說明早在宋朝（九六〇～一二七九）之時，知識產權都已經利用某種方式進行保護，這豈非說明中國早便存在資本主義了？因爲這樣進步的產權保障不是應該只在資本主義制度盛行的地方才可能出現嗎？至少韋伯是這樣想的。第四，本章說明學術界可能過度誇大西方法律的「優越性」，另外提出更多證據，來解釋中國傳統法律的進步性，藉以還原歷史眞相。

西方知識體系建構下的東方

誠如Ho-Fung Hung（孔誥峰）所主張，自十七世紀開始，西方知識界對東方世界（特別是中國）的主流看法即擺盪在對中國的「熱愛」（Sinophiles）與「恐慌」（Sinophobes）之間，Hung認爲西方知識界對中國的認識受到兩股力量所影響：其一，在資本主義世界經濟體系裡，持續變動著的政經關係，其次則是西方列強國內知識界的政治角力。他指出歐洲學術界自十八世紀開始從Sinophiles轉變成Sinophobes，與其海外擴張、經濟繁榮、中產階級興起有關，這使得其中產階級原本對於中國（商品，像是絲、瓷器）的狂熱，轉而對中國專制主義（absolutism）的批評。【6】在不甚瞭解中國歷史的狀況下，特別是在中國傳統法律體系這個領域，德國著名社會學家韋伯可謂其中之佼佼者，他認爲在中國專制主義下，法律的運作經常爲皇帝各人意志所左右，不具西方法律特有的形式邏輯之思維。確實，中國法總是給人一個印象，國家法是刑法，自秦朝極端的專制主義起，給人們以刑罰是統治者咨意支配之印象，使人產生了中國的法只是一家之法的觀念。【7】

如同Karen L. Turner（高道蘊）曾經批評的那樣，在韋伯之後，縱然西方的漢學研究已經有了更多文獻可以使用，西方漢學家卻繼續重複著韋伯十九世紀關於中國的觀點。美國的漢學巨擘、哈佛大學東亞研究中心創始人費正清（John King Fairbank），在他所撰寫的《東亞：偉大的傳統》即是顯例，這是一部「可能比其他任何美國有關出版品都對更多的學者具有影響」的教科書，對中國法律的描寫幾乎與韋伯如出一轍。【8】「建構的」、「誤解的」或者甚至只是「便宜行事的」研究所描述出來的東方世界，是一個沒有理性的、不可預測的、停滯的、只是西方社會的對應物。如此的知識建構或有其政治目的，蓋因早期西方人對於中國法治評價極差，使得西方列強亟欲在中國獲得治外法權，所以必須先「證明」中國法律野蠻落後，不值得西方人尊重與遵守。[9]

相信來自西方社會「進步的」理論能夠充分理解東方社會的學者不在少數，對西方知識體系不抱任何批判立場的學者同樣爲數不少。例如，學者黃維幸在其《法律與社會理論的批判》[10]一書中全盤地奉韋伯的見解爲圭臬，他也認爲資本主義所需要者爲西方社會才有的「可預測的」法律制度，而且法律制度還必須是形式理性的。他主張：「中國傳統法律充滿儒家倫理，而公務及司法行政又是家長式的恩情重於法規；加上中國沒有法律專業，都市亦無法律確保的權利，都使法律無法發展其內在形式的理性及高度的自主性。這種法律制度與資本主義發生的要件不合。」[11]

以上有幾個論點被學者黃維幸（及其他人）[12]視爲理所當然，但這些論述不無疑點。第一，黃維幸所說，充滿儒家倫理、家長式恩情，無法律專才等等，主要在於強調韋伯認爲中國傳統法律具有不可預測性，難以捉摸；第二，西方社會之所以進步，乃因形式理性的法律促使資本主義形成的要件，相對地中國社會缺乏「形式理性」的存在條件，也就無從形成資本主義；第三，這種看法正是建立在西方的「有」，東方的「無」之上，也就是說，在知識的建構上，西方應該存在著許多「優勢」（advantages），而這些要件「不可以」在東方社會中找到，否則，整個知識建構的偉大工程將面臨延宕的命運。

在此，筆者先提出以下的疑點：如果中國法律制度眞如韋伯所言，自秦代開始就處於停滯的狀態而不再進步，其經濟活動必然不可能興盛，因爲商業行爲無法預測，那麼我們將難以解釋爲何南宋以來長江三角洲市鎭數量從宋代的七十一個，增加到明代三百一十六個，再增加到清代的四百七十九個，[13]這豈不是一幅繁榮的景象嗎？如果法律制度眞如韋伯指出的缺乏「可預測性」但經濟成就卻得以飛黃騰達，那麼，中國的治理能力應當是無與倫比，除了韋伯讚揚過的治水能力外，應該還有許多可圈可點之處才是。

近代中國衰落的原因很多，在西方主導的知識體系下，不少東方的學者批評起東方（中國）時卻也顯得理直氣壯。舉例來說，「中央集權」也是學者經常掛在嘴邊，用來批評中國國力漸衰的理由。學者陳志武、王勇華帶著責備的口吻批評說道：「至少從唐朝開始（六一八～九〇六），直至一九一一年清朝末年，中國一直就是中央集權制。皇帝通過其官僚機構和他的絕對權力控制、管理整個國家。最低等級的官員是縣級，這些官員代表中央政府行使包括徵稅、公共工程建設、乃至法律訴訟等所有國家權力。因此司法審判僅僅是眾多行政行爲中的一種。由於在政府機構中根本沒有『分權』思想，那些郡縣級地方官員事實上不受任何制約……。中國法律傳統的另一個特徵是，強調行政與刑事制裁，缺少民事責任以及程序法方面的規範。」[14]上述這個段落有幾個地方值得討論，第一，這是歐洲殖民者對中國的誤解，是想強調東方（中國）專制主義，皇帝不受法律約束，可以爲所欲爲，在中國（與伊斯蘭）傳統法律體系中，所謂的「卡迪」審判可以輕易地找到。

韋伯曾說過，要想在卡迪（K[h]adi，長者）審判中找到法律一致性是不可能的。尤有甚者，直到一九八〇年代時，美國法官仍不客氣地引用卡迪審判來突顯伊斯蘭法律之專斷性與任意性。然而，伊斯蘭法律大抵是基於理性的「優選」（istihsan），此種法律的邏輯推演，極類似於美國的先例（precedent），若是將istihsan翻譯爲英文，則作「類比的推理」（"reasoned distinction of qiyas, reasoning by analogy"）。[15]韋伯對阿拉伯世界卡迪審判的批評並無歷史事實的支持，根據張偉仁的研究，在十七、十八世紀時，卡迪已根據「習慣」來解決兩造之利害衝突，而民間的習慣正是西方學者所熟知的法律體系之重要組成成分。[16]

第二，陳志武、王勇華所提及地方官員不受上級約束，可從稍後將探討之刑事檢驗流程中涵蓋覆核的步驟，而加以反駁；第三，至於中國法律體系中缺少民事責任的部分，本文稍後亦詳細說明。由於中國古代並未頒布類似羅馬法的正式法典，也沒有一部民法法典，因此學者可能產生誤解。但筆者先以實行嚴格之中央集權制下的宋朝刑事案件中，極爲進步的（但可能被有氣質的學者認爲不登大雅之堂的）驗屍制度，特別是其注重程序的部分，以此來反駁陳志武、王勇華所持之論點，即中國古代的地方法官不受上級約束的這種看法。

宋代法律詳細規定參與檢驗的組織、人員、案件的範圍，組織與人員的職責也有明確分工。首先，負責檢驗的官員主要是司理參軍、縣尉，此外，人吏（即供官府驅使的差役）和仵作（行人）（即今日之法醫）等人要隨同或配合官員進行檢驗。第二，除了仵作之外，官府也根據案件的實際需要聘請具有相關知識的人出席，從《洗冤集錄》（世界第一部法醫學專著）之卷二《婦人》和卷四《病死》的內容來看，可以推論出宋代配合檢驗官進行檢驗的人員還包括了穩婆（產婆、助產士）、醫生等相關人員。[17]第三，宋代法律對何種案件在什麼情況下應當檢驗。例如「凡殺傷公事（因鬥毆、賊盜導致的死傷）、非理致命（如投水、自縊、……火死……牛馬踏死等）、病死（無醫生證明及猝死者）、……不僅民戶死亡須經檢驗，而且奴婢非理致命者，也要即時檢驗」。[18]第四，爲求檢驗公正，對於初檢、覆檢的每個階段、其步驟、活動都提出了具體的要求，例如，差官對於案發現場及屍體的狀況進行初次檢驗，分爲提報檢查、派遣官員、檢驗、公文呈報四個步驟。[19]再以「報檢」爲例，在發生殺傷案件或非理死亡事件後，當地鄰保、家屬必須申報州縣官府差官（負責官員）。最後，在檢驗文書中，包括了實體性文書《驗狀》、《正背人形圖》，與《驗屍格目》等。《驗狀》相當於當代現場勘驗的筆錄與屍體檢驗報告的綜合體，而《驗屍格目》則是爲了監督檢驗官員，主要內容包括檢驗時間、工作程序，與對違法檢驗的舉報方式之司法救濟途徑。經驗事實告訴我們，即使用當代的觀點來看待宋代之檢驗制度，都不得不懾服於其程序之完備。故此陳志武、王勇華所言並無根據，顯見其想法受到西方建構的知識體系所制約。

長期以來，中國不僅在地緣政治被邊陲化，知識分子同樣受到資本主義這個概念所影響。亦即在一八四〇年鴉片戰爭之後，中國社會因西方的船堅砲利而幾至崩解，其知識分子必須重塑自己對中國的再認識，此一背景迫使知識分子對資本主義理論、其文化型態，以及傳統與現代性間的論戰等，持續一段極爲漫長、灰心沮喪的互動關係，這種互動關係猶如鬼魅地回頭來形塑歷史在中國書寫的方式，並且至今尚未停歇。[20]資本主義這個概念曾被二十世紀初葉中國知識分子當作理解（或誤解）中國之起點，這個概念本身或許沒有問題，問題在於學者幾乎不假思索地採用回溯式的（retrospective）研究取向，[21]如同Jack A. Goldstone所質疑的，爲何中國過去數個世紀海上貿易居於領先的事實總是被忽略？通常學者經由後見之明（hindsight）所得到的答案總是：中國缺乏資本主義。[22]這是因爲對於歐洲人而言，歐洲的「有」，必須建立在東方（特別是中國）的「無」之上。Goldstone所言之缺憾，在本書先前的章節中，我們已經嘗試補足之，至少部分地。

眞相必須還原，而歷史總會告訴我們眞相本來的面目。比較歷史學家經常提到的一個觀點是，中國在歷史上是「人口過剩」（overpopulated）的，這是因爲中國的生育力（fertility）比世界其他地區高出許多，從而導致人口過剩。以歐洲的觀點來看，這是因爲歐洲人更聰明、謹愼、個人主義，或者更如何如何，而亞洲人（特別是中國人）則因爲缺乏上述的特質而不知節制，使得人口過剩。[23]Goldstone引用了James Lee、Feng Wang兩人的研究，指出英格蘭在工業革命以前，大約在一五〇〇～一七五〇年，人口成長率比中國高出許多。在這段期間，英格蘭的人口從二百三十萬成長到了五百七十萬，中國的人口則從一億二千五百萬成長到了二億五千萬，成長率分別是百分之一百五十對百分之一百，英國人口成長率確實比中國高出許多。[24]光是從這個例子即可看出，藉由探索經驗事實，讓理論、概念，與觀點應該不斷地與歷史進行對話。但歐洲殖民者卻抱持著偏頗的觀點在看待非西方國家，透過這樣的視角，偏見持續滲入非西方國家的知識系統之中。

Timothy Brook（卜正民）十分理解東方學者在西方建構的知識體系下進行思維活動所受到的限制。他說，所謂「現代性」的核心概念即是，「過去一定要被超越」。所以，基於這樣的現代性而展開的知識體系，乃將西方的優越性以（西方人眼中之）歷史的觀點加以定型化，並且將晚近歐洲的崛起對比於非歐洲「長久的」落後。那些根據此種「現代性」而期待自己能克服中國落後狀態的知識分子們，他們所建構的方法自然而然地也就成爲歐洲人從十九世紀中葉起開始書寫的「近代史」的一部分。由於這種近代史大力宣揚資本主義的豐功偉業，因此亞洲的知識分子開始以西方資本主義的觀點來書寫亞洲。就中國的例子而言，知識分子似乎只能在沒有資本主義、同時也欠缺現代性的情況下，來撰述中國的歷史。[25]我們再舉經君健爲例，但說得更詳細些，經君健就曾經如此建議：「清代及其以前的社會經濟，乃是一種結構簡單的社會經濟，它是在以低速發展的小農經濟的基礎上構成的……在市場交易方面，清律關於牙行制度的規定，從物價到買賣方式均加以控制，把市場限制在一定的交易秩序之中，其結果必然是限制了商業的自由競爭，抑制了商業資本的活躍，商品經濟的發展從而受到侷限。」[26]從這段話不難看出，經君健認爲自由競爭是資本主義的重要因素之一，而清代商業經濟裡並無自由競爭的因素，反而清廷以各種方式來抑制市場競爭，最終導致經濟發展受到限制，資本主義的要素也就無從在清朝的土地上發現。因爲，在經君健的想法中，「落後的」滿清必然與西方資本主義社會之「進步」、「現代性」無緣。

綜上所述，在西方社會為東方（特別是中國）建構的知識體系的「指引」之下，不少學者對於中國存在著誤解，並視之為理所當然。

義務觀下的權利行使

在中國這個不談權利只講義務的社會下，政府如何來維護個人的「權利」？人民到底運用什麼方式來排難解紛？簡單地說，在這樣的社會中，因為官員、人員普遍沒有權利意識，執法機關是經由「懲罰」侵害他人財產的加害者，來間接保護被侵犯者的「權利」。在此，首先明瞭中國的義務觀到底如何形成；其次，傳統上中國知識分子對理想社會的「表達」（representation）與人民在日常生活的「實踐」（practice）並非相同；再其次，介紹學者黃宗智「實踐歷史」的研究取向，藉此來比較中、西方對於「法」觀念的不同思維。

三綱五倫與義利之辯

二千餘年以來，儒家思想在各個層面影響著中國眾多百姓，統治者以「三綱五常」來穩定社會秩序，三綱指的是君為臣綱，父為子綱，夫為妻綱，五常則指仁、義、禮、智、信，三綱五常成為了人際之間的道德規範。

具體而言，始自西漢，儒家的君臣之禮、夫婦之別與長幼之序的思想便逐漸影響中國法制化的過程，例如有關重罪十條之「十惡制度」被唐、宋、元、明清律所採用。其中的「圖謀造反、圖謀背逆、圖謀叛變、不尊敬」是求尊君抑臣，「忤逆、不孝、不和睦、不義」則落實父子、夫婦、長幼之別。經過歷朝諸儒生的努力，儒家思想逐漸爲法律制度吸收，其所主張的秩序觀也得以在中國傳統法律中實現。【27】

儒家思想講求天人合一，追求「和諧」的思維，在在影響著中國社會裡糾紛解決機制的運作。舉例而言，自先秦延續到清代的「義利之辯」（爭義或爭利的對辯）隱含著「去私」（袪除自私）的前提，這樣的前提貫穿於法律文化之中，雖然在現實生活中，老百姓會爲私人利益而產生糾紛，但至少統治階級希望看到的是一個和諧無訟的社會。在古代製造「學說」是統治者及其所屬的士大夫階級的特權，在這種「不言利」（不談利益）的氛圍中，我們約略可知中國傳統文化不能夠產生權利概念的原因。但要記得，這是「官方的」表達，它未必等於「民間的」實踐。

傳統觀念認爲，中國古代的「法」就是「刑」，它作爲統治者的一種暴力工具與控制手段。也因此在古人心目中，「法」只是君主用來統御臣民，法律是一種「治」與「被治」的關係。中國傳統的法律基本上難以擺脫這層關係，成爲像西方羅馬法那樣的私法，藉由保護個人的「權利」來達到糾紛解決之目的。【28】以西方法律體系的特點來與東方社會做比較的學者不在少數，鄧建鵬是其中之一，他說：「傳統中國占主導的儒家意識形態爲私人安排制度性的道德化生活：以修身、齊家、治國、平天下作爲生命進程的次序，以三綱五常作爲日常生活必須遵守的準則。在這些先天的強制道德安排下，中國傳統法文化中缺乏獨立的意思自治的個人，無法形成以此爲基礎的正當性私人權利主體。」【29】明顯得很，鄧建鵬是以西方的視角——個人爲權利之主體，來審視中國傳統社會，但爲何一定要在中國這個事事講求義務，強調家族主義的社會去尋找西方社會的個人權利之因子呢？

西方社會解決民事爭端的原則是保護個人「權利」，中國則是利用中間人（調停人），讓衝突兩造雙方針對各自看法加以陳述，以當事人各退一步來找出「妥協」的方法來解決衝突，其背後的準則就是儒家思想中的「和諧」。質言之，中國解決民事（細事）糾紛的機制與講求權利保護的西方社會不同，也就是說，西方並不倚賴調解、調停來處理爭端，即使近來美國也加入這種（中國獨特的）調解制度，但其風貌仍有差異。可以這樣說，「調解」、「調停」是在處理民事糾紛上，中國與西方法律最大的不同。以美國爲例，雖然在半個世紀以前有了「訴訟外糾紛解決機制」（alternative dispute resolution, ADR）運動，但大部分人尚未將「調解」視爲解決糾紛的主流方法。

加州大學洛杉磯分校黃宗智教授在分析中國法律體系糾紛解決的獨特機制時，他將主要的研究時期限定在清朝、民國、計畫經濟時期與改革開放之後。然而長久以來，在中國傳統法律體系裡頭，官府以審斷重案爲主，民間則負責對細事進行調解。是故，中國法律體系的運作方式與西方法律不同之處，在於中國社會裡，許多糾紛在官府（法庭）之外便已解決。【30】而根據學者梁治平的說法，最遲自宋代開始，民間細事糾紛已逐漸由社區、家族來解決，因爲在宋朝之後，家族組織日益完備，這使得直接由官府來處理的案件相對減少，同時也使得民間自行調解的做法逐漸成爲定制。之後朝代對於民間調解的方式、做法等均有其規定，例如，明朝的法律規定了，「各州縣設置申明亭，舉凡民間各種相爭的狀子，准許由地方長老、里長受理於這亭剖析辨明道理」，[31]到了清代，官員則容許鄉保調解細事，雖然法律規定不得如此，但民間則有此習慣。清朝法律規定，「民間瑣碎小事的爭訟，如田地的界線、溝渠，界定親屬血緣的親近疏遠，准許由鄉保查清楚，向上呈報，由該州縣的官員親自剖析判斷，不得由一鄉一地自行處理」。[32]但實務上大量有關「戶婚田土」（戶籍、婚配、田籍、土地）細微小事的爭端是在官司以外解決。[33]簡單來說，「調解」機制的存在與制度化，是使東方社會迥別於西方社會的法律體系，因此必須予以重視。

表達與實踐

我們應當這樣理解，理想（知識分子的「表達」）與實際（人民在平日生活中的「實踐」）未必等同，這種「表達」異於「實踐」[34]的現象表現在中國社會裡社經地位的排序，對訴訟的態度上，在儒家思想的表達與實踐（representation and practice）上，或許同樣出現在義務觀教化下的知識分子對於自身現實利益的表達與實踐之上。

中國自古以來，士大夫所描繪出「理想的」社經地位之排序一直是士、農、工、商。然而，社會上實際的排序並非以知識分子心中所形成的圖像呈現出來，因爲一如現在，過去在日常生活中，很少有富人被貧窮的人輕看，並且富戶通常比較容易與有權勢的人建立起關係。由此顯見，商人較有可能從政，而從政者比較容易獲得商場上對他們有利的消息，賺取更多利潤。故此，商人怎麼可能被相對貧窮的農人、工匠瞧不起呢？這種士農工商的排序基本上難以符合社會大多數人的期待，況且在中國歷史上實在難以找到一小段特定的時期農人的地位比商人還要高，所以，「士農工商」這樣的理想圖像只存在統治階級的想法中。

學者張維安是韋伯的支持者之一，他認爲儒家的倫理包括了嚴格的工作紀律、勤儉的作風與重視長幼尊卑等要素。筆者認爲，這些要素，與「視勞動爲義務」並無二致，甚至可說他的論點類似於工作倫理的要素，與「視勞動爲義務」彼此是相輔相成的。[35]此外，張維安還堅持韋伯的論點是合理的，他認爲中國的商業受到所謂的「抑商重士」之限囿，他說，如果「用韋伯的方法做個思維實驗（mental experiment），如果商業謀利的活動與行爲，可以得到合法（legitimate）的基礎，則中國商業是否可能較既有的成果更爲豐碩？即可明顯」。[36]從以上這段話可以清楚看出，張維安認爲是儒教倫理抑制了「西方資本主義」在中國的萌芽。然而，他所謂「商業受到壓抑」的問題云云，筆者認爲，除了在大洋航行的技術之外，應該是「全球的」絲綢—白銀，還有棉花—白銀之間的供需問題。易言之，如果西方人能找到更多白銀，而長江三角洲的農民、工匠能生產更多絲、棉、瓷器等製品的話，根據比較利益法則，中國（和西方的）商業往來會產生更豐富的成果。在此且讓吾人另行一個思維實驗：假使十六世紀到十九世紀非洲大量的年輕勞動力都可以留在非洲，而不被送往新大陸的話，非洲經濟——尤其是送走最多奴隸的西非地區——是否能有更良好的經濟表現呢？答案同樣是顯而易見的。

中國的「無訟」（無須訴訟）文化是第二個例子，由此得窺中國傳統法律的「表達」與「實踐」存在著差異。無訟的理想圖像，與儒家思想中的天人合一、追求和諧有關，在這種理想之下，爭端應該「完全地」交由道德原則來解決。但是，如果依然得對簿公堂，也應該由地方官員經由「道德教化」來治理，故此稱之爲「父母官」。[37]郭星華教授精闢地指出，在傳統中國，一個理想的社會應該是「無訟」的，當中的「訟師」（律師）被稱爲「訟棍」，表達出社會對於好訟之人的鄙夷與憎惡。然而，這是一種「表達」，通常是統治者、知識分子的表達。但現實面人民可能存著另一種情景。他說，民間並沒有「無訟」的概念，所以「健訟」、「畏訟」、「懼訟」（大量訴訟、害怕訴訟）等看似相互矛盾的思想傾向，必須根據特定的社會關係來理解其對訴訟的眞正態度。[38]筆者以爲，郭星華最大貢獻在於提醒我們一個極重要的議題，「無訟」這個士大夫表述心目中的理想世界，與「好訟」、「健訟」這個才可能是老百姓眞實世界的實踐，兩者之間究竟存在著多大的差異呢？以經濟繁榮的宋朝爲例，人稱宋朝好訟，這一說法可從「編敕」數量的快速增加看出來，同時也可藉此反駁韋伯所言，中國傳統法律體系已停滯許久，自秦以降不曾變動過的荒謬說法。

編敕的增加是一種法律與社會互動之後的結果，宋朝以編敕的形式增加「律」，以補「律」之不足。因爲經濟發達，糾紛自然增加，所以必須因時調整。例如，從宋太祖到宋理宗的二百八十年間，共編敕二百十部以上，這說明了宋朝編敕的頻繁，其中尤以宋神宗時間最多，共編敕八十五部，四千三百八十一卷，占總數百分之四十。這一方面反應宋神宗時期變法與編敕的關係，同時也說明了社會與法律之間互動的頻繁。[39]從編敕數量的增加一面可以質疑韋伯所言，另一方面也可得知宋朝絕非是一個無訟的社會，恰好相反，因爲糾紛增加、訴訟增加，爲解決爭端必須在「律」之外新增許多「敕」來因應變動的、複雜的社會。

「表達」不等於「實踐」的第三個例子，在於儒家思想的「表達」與現實生活中的具體「實踐」。吳漢東、王毅認爲中國社會在儒家思想支配下，印刷業不可能發達，因爲作品多爲教化和維繫人際關係、社會秩序爲目的，所以不可能在坊間有大量的書籍流通。然而，這依舊是知識分子的「表達」對理想社會——階級分明、秩序井然的社會——的描繪。[40]實際的情形，或者說老百姓的「實踐」是這樣的：自宋代起，坊刻本（民間雕版印刷）已經相當興盛。換句話說，在印刷業的發展上，「表達」與「實踐」還是不能等同。事實上，自宋以來坊本即已普遍，元代利潤豐厚，明代則有更多出版印刷商加入市場逐利。宋代刻書種數，據估計「當有數萬部……明代任何時候存在的印刷書籍要多於世界其他地方存在的同期印刷書籍的總和……估計明代刻書的總數爲三萬五千種左右」。[41]

第四個例子則可以從義務觀教化下的知識分子對於追求自身現實利益的「表達」上看出端倪。在義務觀教化下的知識分子雖然恥於談利，然而，在現實生活中，讀書人爲自利而與人爭執者同樣不在少數，只是，這樣的行爲恐怕爲社會所不容，是故，士人遂將其私利與公益作結合以隱藏其追求私利之意圖。在經濟發達、教育普及、印刷業有利可圖的南宋時期，貢士羅樾刊印段昌武《從桂毛詩集解》前有行在國子監禁止翻版的公文：「寫給國子監據迪功郎新贛州會昌縣丞段維清的書狀。維清的先叔（已過世的叔叔）在昌武當官，他以《詩經》而兩次在秋貢得到首位。因爲兩次考取舉人而晉升春宮，學者都競相拜他爲師……先叔口述手寫毛氏詩，編製成書……稱作《從桂毛詩集解》。……維清認爲，恐怕先叔努力研讀，將畢生的經歷寫成書籍，如果被其他營利的書店翻板盜印，則字裡行間必定會增加刪節原來的音義，這不僅辜負羅貢士出版的原意，也玷污先叔辨明經書的用意……。」【42】

在這個例子裡，與本文有關的重點在於，身處義務觀教化下「恥言談利」的氛圍，雖說君子不言利，但如果利益受到侵害時又該如何應對呢？此時，只得將其私利連結到王國之公益，就如段維清所解釋：「被其他營利的書店翻板盜印，則字裡行間必定會增加刪節原來的音義，這不僅辜負羅貢士出版的原意，也玷污先叔辨明經書的用意」，「明經」可看作王國之公共利益。在此，我們發現讀書人用一種極爲婉轉的方式來爭取自己的利益——將個人私利包裝在「公益」底下，雖然不易察覺，但其脈絡似乎清晰可見。【43】簡言之，空泛的義務觀在這個實例證明之下，讓知識分子追求私利的舉措無所遁形。「重義輕利」是社會對讀書人的期待，同時也是讀書人在衆目睽睽下的「表達」，然而一旦涉及利益時，讀書人的「實踐」未必符合社會對他們的期待。

接下來的例證，或許可以視爲另一個「表達」與「實踐」存在著差異的證據。雖然傳統上中國是一個不講權利的社會，然而，日本學者寺田浩明認爲傳統中國的地方官員並沒有「權利」意識，但早已經擁有近代型「依法保護權利」的實質內容，這樣的實質內容甚至可以向前推進到在清末民初與西洋法律接觸的許久以前。他進一步指出：「作爲這種自生的『實踐』發展結果，〔於是〕就出現了中華民國時期民事法律制度。」[44]本文認爲，寺田浩明的論點有些參考價值：第一，因爲中國是個義務觀的社會，雖然地方官員沒有「權利」意識，但卻有了依法保護權利的實質內容，這正是前述的「義務觀下的權利行使」之展現，其主要的行使方式（除了教化之外）是懲罰侵犯他人權利者來達到保護受侵犯者；第二，雖無權利觀念，但做錯事的人應該被懲罰，就效果而言，這樣的懲罰間接保護了財產所有人的「權利」，也因此才產生寺田浩明所言，中國在很久以前就有了一套類似於近代西方民事的規範。

「實踐歷史」的研究思維

在〈中國法律的「實踐歷史」研究〉一文中，黃宗智教授引用韋伯的論點，他說：「正如韋伯指出的，西方現代法律和其他法律不同之處，主要是因爲它的『形式理性』。他認爲，西方現代大陸形式主義……要求所有的法庭判決都必須通過『法律的邏輯』，從權利原則推導出來。『每個具體的司法判決』都應當是『一個抽象的法律前提向一個具體的『事實情形』的適用』；而且，『借助於法律邏輯體系，任何具體案件的判決都必定可以從抽象的法律前提推導出來』。」[45]對韋伯而言，形式理性的法律是西方法律體系所獨有，並且更重要的，資本主義發展必須要建立可預測的法律體系之上。[46]這種可預測的法律體系唯有在西方社會才找得到。

黃宗智教授研讀清代法律（或者可以再往前推數百年前的法律體系），他以人類學的研究方式分析訴訟檔案，他發現清代的法律從來沒有嘗試從具體的案例中抽象出普遍而有效的法律原則，「它似乎假定相反，它似乎假定只有與實際司法實踐相結合，抽象原則才可能得到闡明，才具有眞正的意義和適用性」。亦即，不像歐洲大陸形式主義民法，反而較像是英國的普通法，清代法律「堅持整個體系必須紮根於以解決實際問題爲本的各種實際情況規定之中」。[47]簡言之，不像西方法律那樣在抽象層次中找到獨立於具體事件的普遍原則，中國法律則是試圖將抽象概念鑲嵌於具體事件中。[48]本文認爲，如果加入寺田浩明依法保護權利的「效果論」，即使地方官員沒有「權利」的概念，這種「實踐歷史」研究思維對中國法律體系的理解有一定的幫助。

日本學者松田惠美子認爲，或許「和諧」才是法律應該追求的目標，而非維護個人權利。她認爲現代社會的問題之一，就是主張「權利」經常引起維護「權利」之間的齟齬。或許我們應該追求的是人和人之間新的和諧方法，並思考爲求達致免使「權利」過度衝突，法律到底應該扮演何種角色。[49]西方形式主義法律由抽象的權利原則出發，並要求這個原則得以適用在所有的事實情況，於是造成必爭對錯的「對抗性」法律訴訟制度，其缺點則是高昂的訴訟費用與頻繁的訴訟次數，[50]中國在改革開放之後，不正爲訴訟案件過多所苦嗎？筆者覺得，如果「和諧」的社會才是人們普遍之所欲，那麼中國自古以來於民間細事糾紛的調解方式，[51]或許應該在當今的糾紛解決機制中扮演更重要的角色。

中國知識產權保護之進步性

現今的知識產權保護涵蓋的範圍較廣，包括了專利、著作權、商標、地理標示等，中古世紀知識產權中的專利保護或許可回溯到十五世紀的威尼斯，但中國早在十一世紀時即開始保護印刷商之出版權利。更重要的是，如果只是保護少數的個人而非（印刷）產業的話，其重要性、所牽涉的經濟利益將大爲減低。並且在某個程度上，學者可能習慣用現在的標準來對待過去，那麼，當代的智慧財產權（知識產權）保護的絕非保護個人而是跨國公司利益、甚至是產業利益。[52]若是如此，我們不妨將十二世紀時南宋蓬勃的活字印刷出版業以「產業」的層級來加以審視，因爲在活字印刷出現之前，書籍尚無法大量印製，因此討論著作權的意義不大。[53]

中國傳統法律體系內，並不區分民刑事，但案件有輕重的差別，所以不難想像，除了重案，其他的案件都屬細事。雖然乍看之下，知識產權（著作權）並未包含在戶口、婚嫁、土地、錢財、債務裡面，但知識產權保護不像是是官府必須解決的重案。既然知識產「權」應屬於細事，且居中協調者雖是高德性者，然而這些人恐怕沒有太多知識產權保護的觀念，那麼，告官似乎是不得不的選擇了。此時，申告於官府後所留下的官方文件，就變得十分重要了。

南宋的印刷產業

中國版權的觀念何時萌芽或許是個重要議題，但吾人認為經濟利益是否已具備足夠的重要性，端視印刷出版事業是否足以稱為一個「產業」。在宋朝的活字印刷術發明之後，製版、付梓比起以前相對容易許多，因此這時討論保護知識產權（著作權）將更有意義。李琛曾經這樣解釋，大約在十八世紀時隨著歐洲的工業化，人類創造的成果開始有了新的利益，也就是產業利益。近代的生產方式與古代不同，前者必須「有意識地」在生產過程中引入新技術，在這樣的需要之前，知識產權的保護才有意義。筆者認為，李琛將產業利益引入他的討論中是有意義的，因為現今知識產業的保護，的確是先進國家為了保護自身產業利益，而要求所有國家都服從這樣的遊戲規則。【54】

我們在這裡首先檢視宋代的印刷業是否足以被稱為「產業」。根據錢存訓的研究指出，在第九、十世紀時，印刷品之複印數量已相當可觀，宋代在全國各地書業以及印刷中心計有北宋首都開封、杭州，以坊刻本著名的建安和建陽（福建），以及到了明代仍是文化重鎮的眉山（四川）。他更進一步指出，宋代是中國學術發展的重要時期，各類學科包括了經（經書）、理（理學）、史（歷史）、文、考古、美術，與科技等，並且，宋代公、私學校之設立，在十二世紀時，舉人有二十萬，十三世紀時更是高達四十萬，知識分子的數量十分可觀。另外，儒學的勃興，宋代理學支配中國社會長達六、七百年之久，這與印刷術的發達離不開關係。【55】

宋代的官刻本、家刻本（又稱私刻本）和坊刻本組成當時雕版三種刻本印刷的網絡，三種刻本都有各自的特點，並且在不同的層面上發揮其作用，這使得雕版印刷走上空前繁榮的階段。鄭成思指出：「官刻本財力雄厚，不惜工本，精美大方；家刻本仔細認眞，校勘精到；坊刻本爲降低成本，行字緊密，爲追求速度，校勘較差。」爲了保護官刻本《九經》監本，北宋時有「禁擅鐫」（也就是禁止一般人隨便刻版盜刷）之規定，必須事先得到國子監（國家的最高學府）的批准方得爲之。實際上，這可說是國子監對《九經》監本的「專有權」。至於坊刻本，則可說是百花齊放，儘可能滿足市場之需求。[56]

潘銘燊認爲自北宋末期，印刷業開始興盛，南宋（一一二七～一二七九）共設十五府，全國共一百七十三個地點有印刷業之蹤跡，以臨安（杭州）、建安最爲重要。概據葉德輝的《書林清話》指出，南宋至少有五十家以上的商業性印刷業者，與現代相似，當時更需要與其他業者相互區隔開來，使用牌記（colophon）可以達到這個目的，既能避免競爭，並且也會收到廣告效果，尤其對於商業性印刷業者而言，幾乎可篤定的是，第一個使用牌記的出版商必定是以營利爲重的商業性印刷業者。[57]坊刻本大都署有書商字號，像是某某書堂、書鋪、經籍鋪、書籍鋪等，「其出版的主要目的在於營利……在今天的四川、安徽、江蘇、浙江和洛陽等地興起。至宋以降，在汴梁、臨安、建陽、崇化、麻沙等地，此類出版商不但很多，有的專門接受委託，刻印和售賣書籍，其至集撰、出版、發行於一坊一肆……全國規模的科舉考試、遍布全國的私塾等。對出版業的大量需求，使得刻書成爲有利可圖的行業」，[58]由此可見宋代出版業可謂蓬勃發展，至明代營利出版商的坊刻本種類很廣，大致包括醫書、類書、科舉用書、狀元策、翰林院館課、八股文、小說戲曲等書籍，有學者將之大致分成「民間日用參考實用之書」、「科舉應試之書」以及「通俗文學之書」三大類。[59]學者指出「明清刻書數量，遠遠超過宋代。宋代刻書種數，張秀民估計『當有數萬部』……『明代任何時候存在的印刷書籍要多於世界其他地方存在的同期印刷書籍的總和』……『估計明代刻書的總數爲三萬五千種左右』」。[60]

關於中國傳統法律體系中是否存在知識產權保護，一個最理想的「負面問題」之提問，莫過於李琛所撰的文章〈關於「中國古代因何無版權」研究的幾點反思〉。[61]他認爲，「中國古代因何無版權」是個僞問題，他認爲知識產權必然屬於近代範疇，因爲知識產權法的主要功能在於鼓勵創造，[62]而這就讓人們可以任意選擇和創造有關的隻字片語，進而將之視爲知識產權的「萌芽」。是故，他反對把古人對剽竊的譴責或制止解讀爲版權意識或版權保護。但爲何知識權利只能是近代的產物呢？總之，李琛認爲討論知識產權的保護必須在十八世紀左右當歐洲開始現代化之後才有意義。筆者認爲，李琛這種說法或許可以稱爲另一個西方所建構的知識體系下之產物。

宋代版權保護之具體作爲

以下的證據清楚說明自北宋起，中國即有了版權保護的法令。

古時，翻版（板）即盜印。《書林清話》卷二有「翻板有例禁始於宋人」（禁止翻印從宋朝開始）的條目，「北宋哲宗紹聖二年（按：一〇九五年）正月廿一日，『司法部門有令，眾位學習刑法的人，操練發布命令、公文等，准許召官委保，納入紙墨等工具，前往司法部門遞狀用印發布，如有假冒者以盜印法規論處。從之』」。[63]雖然盜印法規的內容仍需推敲，但此史料證明早在北宋時期就有盜印法。現存史料當中，有三個案例可證明中國古代已有版權保護的法令。但在中國傳統法律體系裡，被侵害者並無權要求保護，而是受到侵害於調解不成之後，再藉由要求官府懲罰侵害者，使自身的財產及相關權利受到保障。

第一個案例是，葉德輝《書林清話》及清代大藏書家陸心源《皕宋樓藏書》、丁丙《善本書藏志》均有記載的眉山程舍人宅刊本《東都事略》之牌記上所寫：「眉山程舍人宅刊行，已申上司，不許覆板」（眉山程舍人家裡所印製的刻版書，已秉告官署，不准翻印），意思就是今日的「版權所有，不准翻印」。據《中國印刷史》記為南宋紹熙（一一九〇～一一九四）年間刊印，此牌記恐怕是最早的版權保護施行紀錄。[64]不過，部分學者以其他理由主張《東都事略》的牌記還不能成為知識產權業已存在的證據。這樣的論點，筆者不能認同，因為中國向來是個講求義務的社會，權利意識並不存在，即使遭受到侵害，也不可能稱之為其「權利」受損（被侵權），而會以有別於西方的手段來保護受害者的「權利」，這通常是藉由處罰侵害者的間接方式來。因此無論如何，即使著作「權」已經存在，在當時的社會中並不具有任何知識產「權」的概念，但實務運作上卻能達到實質的保護效果。

第二，我們先前所提，也就是將南宋的印刷業視為產業，學者認為只有在已經成為「產業」之時，討論知識產權才有意義。本文作者同意這種說法，也就是在產業競爭的態勢底下，出版業者爲求保護自身利益，同時也維護其印刷之品質而使用牌記讓讀者更容易選擇。另外，雖然目前並沒有文件可以證明，然而產業的競爭者之間會互相學習（仿造），因此牌記「已申上司，不許覆板」（秉告官署，禁止翻譯）的印刷業者想必是受到提告者與官府之作爲而競相學習此種著作「權」保護的做法。簡言來說，筆者認爲，牌記的使用只可能發生在有利可圖且競爭激烈市場上，也唯獨如此才有使用牌記的必要性。

另外，潘文娣、張風杰則以西方的「權利」觀來審視中國傳統知識產權的保護，他們認爲《東京〔都〕事略》的牌記仍不可將之視爲「版權」，主要是因爲沒有前置權利的合法性基礎。換句話說，該書作者的版權尚未由國家賦予或者認可。[65]不過，要想在「義務觀」的中國社會裡面發現西方的「權利」，這無異緣木求魚？當然以西方權利觀來檢視中國知識產「權」保護的學者不乏其人，吳漢東提出一個「負面問題」，他認爲中國早在十二世紀即有著作權的「萌芽」，但何以無法結出「作者個人權利」的果實？[66]可是，中國不是一個凡事都講「義務」的社會嗎？此外，在評論William P. Alford（安守廉）的著作《偷書不算偷：中華文明中的知識財產法》（*To Steal A Book Is An Elegant offense: Intellectual Property Law in Chinese Civilization*）[67]一書時，李亞虹也提出類似的問題：爲什麼古代中國不存在本土的知識產權制度？[68]當然，既提出這樣一個負面的問題之後，接下來想必要「篩選」出一些中國不利於發展出「先進的」產權制度，來呼應中國「落後的」環境。事實上，中國早已有了本土的知識產權制度——是一種義務觀下的權利行使，雖然或許不易被發現，但它卻眞實地存在。

第二個案例是南宋末年由政府發布之公告，此案例發生在福建最大的書市之一建安，在祝穆編刊《方輿勝覽》自序中有如下記載：「兩浙史轉運司錄白，根據祝太傅家裡的關係人吳吉遞狀，在家裡有雕板印刷的諸郡志，包含《方輿勝覽》及《四六寶苑》兩本書，是本家的進士自己花費幾年功夫辛勞編輯。今天以雕板來印製，花費極大功夫，但恐怕書市唯利是圖的人，或者直接翻印，或換個書名，甚至用《節略輿地勝紀》等類的書名，隨意抄襲翻印，使我們家耗費勞力，枉費成本，卻成爲受害者，因此呈上雕板印刷的書，請求官署愼查，准予公告約束翻板盜印的危害。懇請在衢、婺州雕刻書板的地方發布告示，如果查獲，則准許依據告示追查盜板的人，並毀掉盜刻的雕板，徹底防堵……福建區域轉運司公文，請求公告約束，不得翻印前揭書板和所列的書籍，不能任意再製」。[69]這份於一二六六年由政府發布，具有法律效力的公告，證明版權觀念在中國已經形成了。其中「但恐怕書市唯利是圖的人，或者直接翻印，或換個書名，……使我們家耗費勞力，枉費成本，卻成爲受害者」這裡提及作者爲《方輿勝覽》已耗費巨大心力與雕版的成本，因此假使任由他人隨意翻刻的話，可能造成該書原意受到竄改。

關於傳統中國法律中對於知識產權保護的第三個案例，也就是貢士羅樾刊印段昌武《叢桂毛詩集解》，我們曾經在本章先前解釋「表達」與「實踐」二者未必相同的實例中提及，故僅引用國子監禁止翻版的公文中之一部，該公文說：「寫給國子監據迪功郎新贛州會昌縣丞段維清的書狀。維清的先叔（已過世的叔叔）在昌武當官……先叔口述手寫毛氏詩，編製成書……稱作《叢桂毛詩集解》。惟獨羅氏得到這份抄本，校正錯誤最爲精密……維清認爲，恐怕先叔努力研讀……如果被其他營利的書店翻板盜印，則字裡行間必定會增加刪節原來的音義……也玷污先叔辨明經書的用意……除了已經通知兩浙地區、福建路運司命令約束所管轄的書店……如果有不遵守約束，違規的人……追討盜刻的雕板予以銷毀，判刑處罰……淳祐八年七月日發文。」【70】

在這個案例中，至少有三個觀點值得我們注意。第一，這是身爲姪兒的段維清爲其已逝之叔父段昌武的權利向官府請求保護，係屬繼承權的部分。簡言之，此「公據」涉及版權的繼承。誠如潘銘燊所言：「在這個南宋的例子裡面，版權的繼承是自動的，無須作者生前指定或授權，完全地把著作看成是可繼承財產的一種。第二，申請人段維清至少在表面上是維護其先叔的著作人格權而站出來的。如現代版權法習慣中，作者死後，如有侵害作者精神權利的行爲，例如『竄首易尾，增損音義』（按：改頭換尾，改變解釋）等輩，得由繼承人請求除去這些侵害」。【71】第三，雖說君子不言利，但假使利益受到侵害時又該如何呢？只得將其私利連結到王國之公益，例如「如果被其他營利的書店翻板盜印，則字裡行間必定會增加刪節原來的音義，這不僅辜負羅貢士出版的原意，也玷污先叔辨明經書（明經）的用意」，「明經」即爲王國之公共利益，段維清以公益包裝其（可能）繼承之私人利益。

西方知識體系之「優越性」？

過去，我們似乎過度美化西方知識體系的優越性。接下來，首先我們討論西方的「權利觀」是否在一開始時就存在西方人的思維之中，人民是否具有「權利」意識能否被當成是進步的指標。第二，引用清朝司法監督的機制，來說明傳統中國法律的進步性，這在韋伯及其追隨者的思維當中是難以想像的。第三，過去向來被認爲只有在西方才可能找到的，在東方的中國卻也能發現，並且，出人意料地，中、西方在版權的保護上有其相似性，這也間接說明西方社會的「獨特性」是令人懷疑的。

過度美化的西方權利觀

或許我們過度讚美西方財產權的「優越性」了。打從一開始，西方一切都準備好了，而忘記向來歷史都是緩慢地前進。一言以蔽之，早期的羅馬法與普通法同樣都沒有所有權的概念。鄧建鵬這麼說：「在近代早期的英格蘭，財產權意味著『獨立、責任與自由』，財產權不僅讓人不依賴他人，而且是對抗專制政權的核心。在洛克眼中，財產權是憲政的基石，不經表決徵稅違反了財產權的基本法則。」[72]是故，在一個財產權扮演消極角色的中國社會，在一個地方官員用「教喻」、「（道德）感化」的方式來維持社會秩序的國度，人民難以產生「權利」意識似乎有其道理。

西方的「所有權」概念也有其發展的歷史脈絡。鄧建鵬繼續談到：「在早期羅馬法中，並沒有所有權這一概念，所有權是後世羅馬法注釋家對之進行概括的結果……與此有些相似，普通法本身就是一種從司法實踐中發展起來的法律體系，缺乏對權利理論體系化的追求，不存在所有權這樣的概念。如英國普通法學者密爾松所言，『在英國中世紀土地權利中也沒有所有權……在普通法中沒有必要，同時也沒有餘地容納像所有權這樣的抽象概念，各種權利均取決於對其領地具有完全控制權的領主。』普通法是救濟的法，而不是權利的法。」[73]從以上的敘述中可以看出，西方權利的觀念被過度地美化了，即便是「進步的」英國普通法，同樣沒有「所有權」抽象概念。目前的知識體系卻不斷地試圖說明，唯有透過保護個人權利，才可能是最進步的法律制度，這讓學者忘記了傳統中國以「和諧」爲準則的民間「調停」，其實才是一種成本相對較低且有效的糾紛解決機制。

至少就世界歷史的同一時期而論，比起其他文明，中國的訴訟制度亦可稱之爲進步，但爲何一談論到西方的「進步」，東方（中國）就非得是「落後」、「停滯」呢？這還是與學者普遍接受了西方社會用其「二分法」爲東方（非西方）量身訂做的知識體系有關。然而，歷史經驗還告訴我們什麼呢？

進步的中國傳統法律

除了前述宋代法律中詳細地規定了驗屍的組織、人員、案件之範圍、明確的分工，以及符合程序正義的規定之外，我們還可以從明、清政府爲維護成文法典執行的效力與彈性，予以修正，來因應時代變遷。根據學者邱澎生的研究，上級政府有兩種主要的手段來監督下級或地方的司法單位，第一種是判決書「審轉」制度，它涵蓋了全國司法體系內部的層級組織，在上級機關對下級司法單位的判決書內容加以查察，透過這樣的制度來達到法律的一致性和公平性；第二種是既有的「成案」制度之改良，爲因應社會變動，由中央刑部等官員定期進行討論，藉此來對「律」進行修改或加以補充，每當皇帝裁決以後，即成爲通從全國的「例」。[74]在整個清朝的二百六十八年間，就常以這種方式來因應社會變遷，從第一任皇帝（一六四四～一六六一）開始的四百四十九條，增加到一七二五年的八百二十四條，到一七四〇年的一千零四十九條，一七六一年的一千四百五十六條，一八七〇年達到最高點，一共增修了一千八百九十二條。[75]以上述兩種方式來增加人民於法律執行公平性之信任，這樣的制度即使仍然不夠完美，但至少不應該以「停滯」來形容之。

若以西方權利觀來檢視中國傳統法律時，我們會看到什麼圖像呢？中國法律重刑法、不重民法、諸法合體、行政司法不分、人民不能請求政府保障其權利等，這是建立在西方爲東方社會建構的知識體系，建立在西方社會的獨特性與優越性。然而，歷史證據告訴我們，中國傳統法律體系能有效的排難解紛。簡言之，日常生活中的細事由民間自行解決，官府以審斷重案爲主，用的是成文法的絕對刑主義。中國傳統上強調義務的社會，在這樣的社會中，雖然不以權利的保護爲爭端解決的機制，但以懲罰侵害者的方式間接地保護當事人的適當「權利」，以效果而論，並無不同。

中西保護版權的相似性

在此我們不妨將中西版權做個簡略的比較。首先，在中國這個講究義務的社會裡，印刷業者想出了將其與王朝利益連結，透過此種方式來隱藏保護私人利益之目的。不過，這種做法並非中國所獨有，私利的追求與不讓別人知道自己在追求私利，可能是人類的天性。十七世紀末英國的《安娜法案》（Statute of Anne）在追求其法律效力的過程中——與中國古代版權相同，出版商（或/與作者）「不再聲稱自己的利潤受損，而是將作者與讀者的利益推向前台。從一七〇六年開始，英國出版商就向議會提出請願書，聲稱若不能保障其獲得一種易於實施的財產權法案的話，作者就不會再撰寫新的作品。經過三年密集的立法遊說，在一七〇九年，世界上第一部著作權法終於誕生，這就是《安娜法案》（Statute of Anne），亦即『在所規定的時間內將已印刷圖書的複製件授予作者或者該複製件購買者以鼓勵學術之法律』……。這部制定法極大地改變了作者、出版商與讀者之間在權利上的配置」。[76]簡言之，安娜法案將文學的財產權與出版商之壟斷權加以分離，釋放出一個文學和思想的自由市場，但我們不能忘記，出版商為的不是公益，而是私利。

第二，如同鄭成思所言，《安娜法案》之所以被認為是世界上第一部成文的版權法，其主要原因是該法案將保護出版商擴展到了保護作者。這樣的情形同樣也發生在中國，上述第三個案例，即《叢桂毛詩集解》的刻印者將其叔父投入大量心力（與成本）當作要求官府禁止翻版的理由。在該禁令中，受保護主體已擴及了作者（及其繼承人）。[77]以上兩點，約略可以看出中西版權的發展似乎並無二致。若再加上版權保護一開始並未普遍化，似乎中西也有共通之處。另外，產業利益這個因素在知識產權保護制度中，並非僅爲當代政府的考量，在過去歷史中也同樣發生過。凡此種種，似乎在告訴我們中西版權的發展史擁有不少的相似性，而非總是以東方的「無」來配合西方的「有」。

結語

中國傳統法律在西方建構的知識體系下長期受到曲解，百年來誤導了許多非西方知識分子，筆者認爲部分原因必須歸咎於學者對於西方所建構的知識體系缺乏批判能力，過度相信西方知識體系、法律體系的優越性。

相信中國古代的人民，也與居住其他地區的人民一樣，會爲了護衛個人利益而奮鬥，此時糾紛就在所難免，即使沒有一部成文法典來處理古代官員所認爲的「細事」，但糾紛還是得解決。如前所述，從宋朝開始，民間細事（瑣碎事）即以社區、家族的和諧爲基準，企圖達成當事人之間的妥協，最終達到解決爭端之目的，這是既有效且低成本的治理方式，與西方社會明顯不同。在義務觀的權利行使上，必須藉由處罰侵犯他人權利者，間接保護受害者的權利，這似乎是一個義務觀社會極合理的選擇。然而，在西方社會知識體系的建構之下，中國傳統法律的進步性長期遭到曲解，至今知識分子似乎依然受限於西方的知識體系的論述，堅信西方社會所「發現」中國傳統的法律所承載著的「停滯性」。

洗刷冤情後，眞相終大白。

明鏡高懸！

註解

【1】本文原稿「義務觀下的權利行使：兼論中國傳統法律知識產權之保護」曾發表於二〇一四第五屆人大—輔大教師交流討論會，作者感謝評論人儲卉娟之建議。對於*International Critical Thought*匿名評審們所給予的寶貴意見，在此一併致謝。

【2】Barry Nicholas，黃風譯，《羅馬法概論》（北京：法律出版社，二〇〇四）。

【3】**Ho-Fung Hung, "Orientalist knowledge and Social Theory: China and the European Conceptions of East-West Differences from 1600-1900," Sociological Theory, 21: 3 (September, 2003), pp. 254-280.**

【4】本書中交互使用智慧財產權與知識產權，二者意思相同，只是台海兩岸用詞有異。

【5】不過，說也奇怪，英國似乎是全球資本主義最發達的國家，這樣說，反對的人應該不多。然而，英國的普通法並非韋伯心目中所讚賞的、完美的，具形式理性的法律體系。

韋伯給我們的解釋是，因爲英國有完整的法學教育機構。不過，這又引發另一個問題。傳統中國雖然行政立法不分，但民間的訟師與官方的幕友在司法審判的互動之中，對於中國傳統法律的訓練有一定之助益。韋伯可能不太清楚中國的這種制度設計，所以，應該也難以比較英國的「完整」的法律教育比起中國到底有哪些優勢。

【6】Hung, "Orientalist knowledge and Social Theory."

【7】石川英昭，張中秋譯，〈中國法的思想基礎〉，張中秋編，《中國法律形象的一面——外國人眼中的中國法》（北京：中國政法大學出版社，二〇一二），第二六～四四頁。

【8】Karen L. Turner（高道蘊），〈導言〉，高道蘊、高鴻鈞、賀衛方編，《美國學者論中國法律傳統》，增訂版（北京：清華大學出版社，二〇〇四），頁一～十一，第九～十頁。引自尤陳俊，〈「新法律史」如何可能——美國的中國法律史研究新動向及其啓示〉，黃宗智、尤陳俊主編，《從訴訟檔案出發：中國的法律、社會與文化》（北京：法律出版社，二〇〇九），頁四七三～五二四，第四七八頁。

【9】蘇亦工，〈另一重視角——近代以來英美對中國法律文化傳統的研究〉，《環球法律評論》（春季號，二〇〇三），第七六～八三頁。

【10】黃維幸，《法律與社會理論的批判》，二版（台北：新學林，二〇〇七）。

【11】黃維幸，《法律與社會理論的批判》，第一五二頁。

【12】認爲中國傳統法律體系沒有能力適應社會變遷的學者爲數不少，例如陳惠馨便指出「當傳統中國這套法律體系背後所追求三綱五倫價值爲時代的變遷，或因爲其他的選擇可能

出現而受到挑戰時，竟然失去了回應與修改的能力，進而轉變成爲看似無用或無效果的法律體系」。請參見，陳惠馨，《傳統個人、家庭、婚姻與國家——中國法制史的研究與方法》，二版（台北：五南圖書，二〇〇七），序言，第八頁。

【13】樊樹志，《明清江南市鎮探微》（上海：復旦大學出版社，一九八七）。

【14】陳志武、王勇華，〈從中國的經歷看司法改革與資本市場的關係〉，梁治平主編，《國家、市場、社會：當代中國的法律與發展》（北京：中國政法大學出版社，二〇〇五），頁一九七～二二〇，第一九九頁。同樣的看法可以在不少學者的論述中發現，請參見例如，李雨峰，〈理性的宰制——帝制中國版權問題的省思〉，《法學在線——北大法律信息網》，http://article.chinalawinfo.com/ Article_Detail.asp?AtricleId=36339，檢索日期，二〇一三年十月十一日。

【15】John Makdisi, "Legal Logic and Equity in Islamic Law," *The American Journal of Comparative Law*, 33: 1 (Winter, 1985), pp.63-92, p. 64, 92.

【16】張偉仁，〈中國傳統的司法和法學〉，《現代法學》，第二十八卷，第五期，二〇〇六年九月，頁五九～六七，第六十頁。

【17】郭東旭，《宋代法律與社會》（北京：人民大學出版社，二〇〇八）。

【18】前揭書，第一二一頁。

【19】原文爲報檢、差官、檢驗、申牒。前揭書，第一二四～一二五頁。「牒」爲宋代官府下級對上級或者同級之間傳送的法律文書。於初檢程序之中，有兩次申牒的規定，一是在

檢驗日申牒差官覆檢，二是在檢驗完畢之後，申牒報告檢驗之狀況與結論。

【20】Timothy Brook，李榮泰譯，〈資本主義與中國的近（現）代歷史書寫〉，Timothy Brook與Gregory Blue主編，《中國與歷史資本主義：漢學知識的系譜學》（台北：巨流圖書公司，二〇〇四），第一四七～二一七頁。

【21】梁治平，〈法治：社會轉型時期的制度建構——對中國法律現代化運動的一個內在觀察〉，梁治平編，《法治在中國：制度、話語與實踐》（北京：中國政法大學出版社，二〇〇二），第八四～一五三頁。

【22】Jack A. Goldstone, "The Rise of the West—or Not? A Revision to Socio-economic History," *Sociological Theory*, 18: 2 (July, 2000), pp. 175-194.

【23】Goldstone, "The Rise of the West—or Not?"

【24】James Lee and Feng Wang, "Malthusian Models and Chinese Realities: The Chinese Demographic System 1700-2000," *Population and Development Review*, 25 (1999), pp. 33-65.

【25】Timothy Brook（卜正民），〈資本主義與中國的近（現）代歷史書寫〉，第一五二頁。

【26】經君健，《經君健選集》（北京：中國社會科學出版社，二〇一一），第四四〇頁。

【27】原作「謀反、謀大逆、謀叛、大不敬」，和「惡逆、不孝、不睦、不義」。參考陳惠馨，《傳統個人、家庭、婚姻與國家——中國法制史的研究與方法》，二版（台北：五南圖書，二〇〇七），第一四～一五頁。

【28】梁治平，《尋求自然秩序中的和諧》，第三、一〇二、一七一頁。

【29】鄧建鵬，《財產權利的貧困：中國傳統民事法研究》（北京：法律出版社，二〇〇六），第二九～三十頁。

【30】Huang, *Chinese Civil Justice, Past and Present*, p. 22.

【31】原文：「各州縣設立申明亭，凡民間應有詞狀，許耆老里長准受理於本亭剖理。」《大明律集解附例·刑律·雜犯》，引自梁治平，《尋求自然秩序中的和諧：中國傳統法律文化研究》（北京：商務印書館，二〇一三），第二三六頁。

【32】原文：「民間詞訟細事，如田畝之界址溝洫、親屬之遠近親疏，許令鄉保查明呈報，該州縣官務即親加剖斷，不得批令鄉、地處理完結。」《大清律例·刑律·訴訟》，引自梁治平，《尋求自然秩序中的和諧》，第二三六頁。

【33】梁治平，《尋求自然秩序中的和諧》，第二三六頁。

【34】這個次標題「表達與實踐」，筆者借用學者黃宗智之《清代的法律、社會、與文化：民法的表達與實踐》（上海：上海書店，二〇〇七）的次標題之一部。

【35】張維安，《文化與經濟：韋伯社會學研究》（台北：巨流圖書公司，一九九五）。

【36】前揭書，第一二七頁。

【37】Huang, *Chinese Civil Justice, Past and Present*.p. 9.

【38】郭星華，〈無訟、厭訟與抑訟——中國傳統訴訟文化探析〉，本論文發表於第四屆人大—輔大社會科學院教師交流，時間：二〇一三年十月一～二日，地點：輔仁大學濟時樓九樓國際會議廳，第十頁。

【39】郭東旭，《宋代法律與社會》。

【40】吳漢東、王毅，〈中國傳統文化與著作權制度略論〉，《法學研究》，一九九四，第四期。

【41】劉天振，《明清江南城市商業出版與傳播》（北京：中國社會科學出版社，二〇一一），第六三頁。

【42】原文：「行在國子監據迪功郎新贛州會昌縣丞段維清狀，維清先叔朝奉昌武，以《詩經》而兩魁秋貢，以累舉而擀第春宮，學者咸宗師之……先叔以毛氏詩口講指劃篝以成編……名曰《從桂毛詩集解》。……維清竊惟先叔刻志窮經、平生精力畢於此書，儻或其他書肆嗜利翻板，則必竄易首尾增損音義，非惟有辜羅貢士鋟梓之意，亦重爲先叔明經之玷……」。引自葉坦，〈宋代的印刷事業與版權保護〉，第一六二頁，註二〇。《書林清話》卷二錄此文。

【43】謝宏仁，〈停滯的東方？兼論中國傳統法律體系下知識產權保護之進步性〉，《社會學評論》（中國人民大學），第二期，二〇一五年三月，第二～十三頁。

【44】寺田浩明，潘健譯，〈清代民事審判與西歐近代型的法秩序〉，張中秋編，《中國法律形象的一面——外國人眼中的中國法》（北京：中國政法大學出版社，二〇一二），頁三一四～三二四，第三一五頁。

【45】Max Weber, *Economy and Society: An Outline of Interpretive Sociology*, Vol. 2. Berkeley: University of California Press, 1978 [1968]: 657)；黃宗智，〈中國法律的實踐歷史研

究〉，第十二～十三頁。

【46】Robert M. Marsh, "Weber's Misunderstanding of Traditional Chinese Law," *American Journal of Sociology*, 106: 2 (September, 2000), 281-302.

【47】黃宗智，〈中國法律的實踐歷史研究〉，第十三頁。

【48】Huang, *Chinese Civil Justice, Past and Present*, p. 8.

【49】松田惠美子，〈日本的法制史研究之課題〉，《法制史研究》，創刊號（二〇〇〇年十二月），頁三〇七～三二六，第三二一頁。

【50】黃宗智，〈中國法律的實踐歷史研究〉，黃宗智、尤陳俊主編，《從訴訟檔案出發：中國的法律、社會與文化》（北京：法律出版社，二〇〇九），頁三～三二，第二四頁。

【51】調解制度的長處也不宜過度強調，事實上，中國土地廣大且人口衆多，官衙資源相對有限，將細事委諸宗族耆老似乎也有充分之理由。不過，雖然該制度適合中國國情，然而，有時也可能因爲某些緣故而失去公正性，例如，參與調停之一方因爲其在鄉里之地位，經常會以壓制性權威凌駕於民衆之上，在所謂的「和諧」精神的背景之下，爲息事寧人而失去公正性的情形也會發生。綜言之，調停制度固然有其益處，但也不能忽視其短處。

【52】Susan K. Sell, *Private Power, Public Law: The Globalization of Intellectual Property Rights* (New York: Cambridge University Press, 2003).

【53】鄭成思，〈中外印刷出版與版權概念的沿革〉，中國版權研究會編《版權研究文選》

（北京：商務印書館，一九九五），第一〇八～一一一頁。

【54】李琛，〈關於「中國古代因何無版權」〉：Sell, Private Power, Public Law; Christopher May, *The Global Political Economy of Intellectual Property Rights* (London and New York: Routledge, 2000).

【55】錢存訓，〈印刷術在中國傳統文化中的功能〉，《漢學研究》，八：二（一九九〇年十二月），頁二三七～二五〇，第二四三～二四五頁。

【56】鄭成思，〈中外印刷出版與版權概念的沿革〉，第一一〇頁。

【57】Ming-Sun Poon, "The Printer's Colophon in Sung China," *The Library Quarterly: Information, Community, Policy*, 43: 1 (January, 1973), pp. 39-52, p. 40.

【58】鄧建鵬，《財產權利的貧困》，第二一七～二一八頁。

【59】劉國鈞，《中國書史簡編》，鄭如斯訂補，書目文獻出版社，一九九八年版，第八一～八二頁，引自鄧建鵬，《財產權利的貧困》，第二一八頁。

【60】劉天振，《明清江南城市商業出版與傳播》（北京：中國社會科學出版社，二〇一一），第六三頁。

【61】李琛，〈關於「中國古代因何無版權」〉。

【62】關於知識產權是否眞爲鼓勵創造，不無疑議，並且此爲二十一世紀最重要的議題之一，請詳見Sell, *Private Power, Public Law*; Christopher May, *The Global Political Economy of Intellectual Property Rights: the New Enclosures* (London and New York: Routledge, 2010).

【63】原文：「北宋哲宗紹聖二年正月廿一日，『刑部言，諸習學刑法人，合用敕令式等，許召官委保，納紙墨工眞（具？），赴部陳狀印給，詐冒者論如盜印法。從之』。」《宋會要輯稿．刑法二》之四○，引自葉坦，〈宋代的印刷事業與版權保護〉，劉春田主編，《中國知識產權評論》，第三卷（北京：商務印書館，二○○八），頁一五一～一六四，第一六○頁。本文原載於《中國研究》（東京），一九九六年五月號。

【64】引自葉坦，〈宋代的印刷事業與版權保護〉，第一六一頁。

【65】潘文娣、張風杰，〈關於中國版權史溯源的幾點思考〉，《出版發行研究》，二○一○年十二月，頁六○～六三，第六二頁。

【66】吳漢東，〈關於中國著作權法觀念的歷史思考〉，《法商研究——中南政法學院學報》，第三期，一九九五，頁四四～四九，第四六頁。

【67】本書另一中文譯名是《竊書爲雅罪：中華文化的知識財產法》（北京：法律出版社，二○一○）。

【68】李亞虹，〈西法中移的文化困惑——《偷書不算偷：中華文明中的知識財產法》評介〉，《法學在線——北大法律信息網》，http://article.chinalawinfo.com/article_print.asp?atricleid=4094，檢索日期：二○一三年十月十七日，本文原載於《中外法學》，一九九八年第六期。

【69】原文：「兩浙史轉運司錄白，據祝太傅宅干人吳吉狀，本宅見雕諸郡志，名曰《方輿勝覽》及《四六寶苑》兩書，並係本宅進士私自編輯，數載辛勤。今來雕板，所費浩

瀚，竊恐書市嗜利之徒，輒將上件書板翻開，或改換名目，或以《節略輿地勝紀》等書爲名，翻開攙奪，致本宅徒勞心力，枉費錢本，委實切害，照得雕書，合經使台申明，乞行約束，庶絕翻板之患。乞榜下衢、婺州雕書籍處，張掛曉示，如有此色，容本宅陳告，乞追人毀板，斷治施行……福建路轉運司狀，乞給榜約束所屬，不得翻開上件書板，並同前式，更不再錄白。」引自葉坦，〈宋代的印刷事業與版權保護〉，第一六一～一六二頁。

【70】引自葉坦，〈宋代的印刷事業與版權保護〉，第一六二頁，註二〇。《書林清話》卷二錄此文。

【71】潘銘燊，〈中國印刷術的起源〉，《出版發行研究》，一九八九年第六期，引自李明山，《中國古代版權史》，第一四〇頁。

【72】鄧建鵬，《財產權利的貧困》，第二八頁。

【73】鄧建鵬，《財產權利的貧困》，第八八頁。

【74】邱澎生，《當法律遇上經濟》，（台北：五南圖書，二〇〇八），第九五～九六頁。

【75】Robert M. March, “Weber’s Misunderstanding of Traditional Chinese Law,” *American Journal of Sociology*, 106: 2 (September, 2000), 281-302, p. 288.

【76】Goldstein，《著作權之道》，第三四～三五頁。

【77】引自鄧建鵬，〈宋代版權問題——兼評鄭成思與安守廉之爭〉。

7

東方的理性化過程

社會（科）學一直在教導我們，西方是不同於東方的，西方有其獨特性，而此獨特性，簡單地說，竟然與全世界最有名的速食餐廳麥當勞有關。麥當勞化（McDonaldization）就是理性化——社會學家韋伯（Max Weber）認爲這是西方爲何獨特的原因——的另外一種說法，所指的是從傳統思維轉向理性思維的過程，韋伯用官僚體制（Bureaucracy）來表示思維轉變與科學管理的過程，此種以法定權力爲基礎的層級結構之管理體制，目的在實現「效率」與「合理性」。韋伯進一步地認爲科層體制不僅迎合而且大力地推動了只可能發生在西方的資本主義。換言之，韋伯告訴我們這種思維的轉向是西方社會變遷的方向，對韋伯而言，東方（中國）之所以不同於西方，是因爲這種思維轉向並未發生在東方，也就是說，東方（中國）仍處於「傳統」的狀態之下。

美國社會學家George Ritzer認爲速食餐廳麥當勞可以作爲一個典範，他提出了麥當勞化（理性化）的四個元素，包括了效率（efficiency）、可計算性（Calculability）、可預測性（Predictability），與控制（Control）。在社會學大師韋伯的著作與想法之中，這些理性化的元素，其名稱或有不同，但無疑地這些元素促成了西方（資本主義）社會的「獨特性」——用通俗的話來說，也就是社會的麥當勞化（The McDonaldization of Society）。當然，這種「獨特性」是不可能在東方（中國）社會找到的，因爲「傳統」中國並未發生此種思維轉變，在韋伯及其追隨者的想法（或想像）之中。

不過，如果我們可以在「傳統」中國的土壤之中找到與上述社會的麥當勞化相同或相似的元素，那麼，此種東方（中式的）理性化元素就會使得西方的「獨特性」失去意義。

在導論中，我們曾提及當代社會科學建構在西方知識體系之上，是採用「二分法」（兩元對立）[1]的視角。簡單地說，西洋文化強調「在場」（出現），而貶抑「缺席」，這種論點套用在西方與東方歷史之比較上，也經常出現在各樣學術論文、書籍、乃至報章雜誌裡頭，內容多爲西方的「有」與東方（中國）的「無」。就這種分析方式來說，當韋伯在研究西方的興起與東方的衰頹時，他所找到的答案就是資本主義，並且，他認爲社會朝向理性化的資本主義乃是西方社會所獨有，在東方社會中絕不可能存在。這樣的論述正是建立在兩元對立的說詞上面，建立在西方的「有」與東方的「無」之說法，其著作《新教倫理與資本主義精神》一書就是個代表。

韋伯認爲，資本主義的出現是因爲宗教改革的影響，乃是因新教宣揚著禁慾與榮耀上帝的觀念，促使新教信徒重視儲蓄、投資、增產勤儉，以期望能榮神益人，來期望得到上帝的眷顧與救贖。然而，雖說資本主義是因宗教改革而萌芽，但卻是因商業行爲而興盛，而完全脫離宗教的影響，因爲資本主義的精神能促使經商者獲得更多的利益。韋伯認爲資本主義制度可以看到以下的特質，例如，「視勞動爲義務」、「理性化」、「專業化」、「可計算性」等等，其中「視勞動爲義務」可以將之視爲一種內化於人心——無論是經由教育或是日常生活的規訓——的「控制」，一種存在於「理性化」過程中重要的元素。而「理性化」、「專業化」，與「可計算性」此三者促使了資本主義成爲最有「效率」的制度，所有的機關、單位無不在競爭的壓力之下追求更有效率的表現。

本章的主旨爲探討中國在明清時期是否發展出資本主義，並以韋伯上述認爲幾個衡量資本主義精神的特質爲標準，來檢視受到儒教倫理影響下的中國是否同樣有資本主義精神，發現就算並非早已存在，那麼至少在明朝（一三六八～一六四四）、清朝（一六四四～一九一一）的中國，同樣可以找到韋伯所認爲只存在於新教徒之間的、且「獨特」的西方資本主義精神。

爲此，本章改寫自數年前曾與學生共同撰寫的〈儒教倫理與資本主義精神〉一文，[2]來解釋東方的中國並不缺乏資本主義精神。這麼一來，韋伯所認爲只有在西方社會才能找到之「獨特」的資本主義，其實一點都不獨特，若果眞如此的話，東方的理性化過程與西方並無二致。現在，讓我們先看看新教倫理與資本主義精神二者之間的關係。

新教倫理與資本主義精神

對韋伯而言，在《新教倫理與資本主義精神》一書中，他認爲資本主義的產生與喀爾文教派的教義有關，[3]其中的「預選說」主張，人們能否獲得救贖與個人的作爲並無關係，而是上帝早已決定的。因此，人唯一能夠做的，便是相信自己是上帝的選民，並且在自己的職業崗位上辛勤工作，來榮耀上帝。在不確定自己是上帝選民的情形下，新教徒就必須無時不刻地提醒自己，透過禁慾與商業等活動的理性化過程，不斷累積財富、持續投資於能夠賺錢的產業，來證明自己就是上帝的選民。

這種在個人的職業當中克勤克儉，且不斷投資以創造更高營利的行爲，讓我們不禁懷疑，在追求財富的過程中，新教徒可能早已忘卻原初立意良善的宗教改革，反而只記得利用各種手段（其中應該也包括奴隸貿易），[4]以賺取更多的金錢來「榮耀上帝」。在此種偶然的機會中，資本主義就此誕生。有時，歷史的偶然性著實讓人摸不著頭腦，也使人不禁懷疑是否還需要學者爲我們提供什麼樣的解釋。

在韋伯精巧的設計之下，新教的「禁慾」與資本主義的「營利」不僅不是互相對立，反而存在著強烈的選擇性之「親和性」。反觀東方社會（或者說韋伯想像中的東方、中國），因爲長期受到儒家思想的影響，「修身」變成知識分子的首要工作，相較之下，禁慾則成爲訓練修身的主要方式。然而，在（韋伯心裡的）中國，這樣的禁慾卻無法與營利結合，而只能在微風徐徐吹來的綠蔭底下，一群正在修身的儒家哲士們，想像著自己日益提升的道德情操。當他們在長安的午後，品茗清談的時候，同時品頭論足著提供他們景德鎮精緻茶具、蘇州手工刺繡的商賈（批評他們為富不仁？），這豈不就是韋伯和追隨者心中所描繪出來的圖像嗎？筆者謝某相信，中國古時候的書生子弟其實和現在一樣，對白花花的銀子總有不能抗拒的吸引力。當今不少學者將心思放在股市，惦記著自己上個月買的期貨能不能真的帶來些暴利，也有一些學者曾經利用某公家單立的研究經費來自肥，更有一些不那樣幸運的知識分子遭到檢察官起訴！只是，在儒家所想像出的美麗圖像底下，讀書人不能直接談論金銀財寶、闊論商場營利的事，以免為社會所鄙夷、所不齒。

然而，歷史證據告訴我們，中國傳統法律在南宋（一一二七～一二七九）活字印刷出現之後，居然成為保護文人、士大夫的工具。由於印刷業利潤豐厚，士大夫為了「私利」而鬧上官府，要求官方保護其著作「權」，他們將「私利」隱藏在國家朝廷的「公益」之下，究其目的，還是維護其私有財產「權」。相較於此，西方的新教徒們，或許也早已忘記宗教改革的原初立意，忽略經商致富的手段應該正當，也就是說，在所謂的資本主義精神的遮蓋下，巧妙地（同時也極無情地）結合了奴隸貿易，攫取大量的奴隸與白銀。這也難怪世界經濟體系理論（The Modern World-System Theory）創始人華勒斯坦（Immanuel Wallerstein）曾告訴我們，資本主義的勞動力從來就不是自由的。[5]另外，在資本主義精神的鼓舞之下，英國東印度公司在十九世紀販賣非法商品鴉片到中國，幫助英國王室解決了白銀大量流入中國的窘境，資本主義的勞動力不一定要是自由的，那麼，其買賣的商品呢？似乎也不一定要是合法的，只要能維持住資本主義的精神即可。

暫且讓我們回到韋伯對資本主義的看法吧！韋伯認爲資本主義出現的前提是，每個人都必須要有類似以下的想法：個人要承擔增加自己資本的責任，不能（縱慾）享受，儘可能多賺錢，將勞動、或者與職業有關的活動視爲自己的義務，這是資產階級文化的根本基礎。當然，這些想法或許有宗教的意涵，有些也是不理性的。畢竟人難免被汲汲營利的動機所左右，或者僅求養家餬口，但我們相信有些人還是會想多賺一些。另外還有一群人，則把獲利當作人生的目的，這一種顛倒自然律的關係，卻是資本主義出現的重要原因之一。韋伯認爲，「貪慾」只是引發資本主義的次要原因。人賺錢原本就應該能享樂，工作生產這類活動的目的只是爲了獲利，眞正的目的還是讓自己保有享樂的機會。這意味著資本主義的存在，就是讓人們相信金錢萬能，而願意爲其奉獻勞動力、鞠躬盡瘁。

現在，暫且讓我們「同意」韋伯所主張資本主義源起的看法。他認爲資本主義源起的條件竟然是賺錢而且禁慾，並將勞動生產當作個人的義務，這與一般賺錢之目的大不相同。一般人應該會把賺錢與享樂加以連結，賺錢爲了享樂，這是人之常情，因此，將獲利作爲目的，卻又禁慾，這顯得很不理性。但正因如此，禁慾卻已將西方社會帶到了資本主義「獨特」的境界，至少，他是這樣認爲的。

韋伯還提到，在資本主義成形之前，另有一段「前資本主義時期」，這時期的人們有賺錢的慾望，但尚未將合乎理性地使用資本、組織勞動視爲經濟活動的主導力量。他認爲，前資本主義性質的獲利，是一種利用各種政治機會以及非理性的投機商業活動，例如：租稅承包、國家借貸、資助戰爭、借助公爵朝廷獲得特權或直接投入官場。這樣的說法乍看有理，但事實上，利用政商關係以及「非理性」的投機行爲，反而應該是在資本主義發展成熟的社會裡，才更容易觀察到，而不像韋伯所說，這些是「前」資本主義性質的獲利機會。但吾人暫且不追究這種說詞。

計件工價（按件計酬）是近代雇主從僱傭工那裡獲取最大可能勞動量所使用的手段之一，韋伯用這方式，來說明前資本主義時期的實際情況。在（前）資本主義時期，雇主爲提高貨品的產量以賺取更多的金錢，但勞動者仍只賺取每日所需之金額，如要勞動者增加付出勞力，雖然可以提高產量，但無法提高品質。如果雇主生產需要高度專注及創新精神的商品，低工資的方法就不能適用，乃要將勞動當成義務。

至於「貪慾」，爲了突顯新教徒的特殊性，韋伯進一步提到，貪慾不是促使資本主義出現的主要因素。重點在於勞動者是否能自覺，認爲勞動是必要的，這是一種內化的「控制」手段，可以這麼說。此外，還得同時具備專注的能力、責任感、審慎算計提高收入的可能性之經濟觀、提高生產效率的自制力與節儉等等，來提供資本主義精神發展的基礎能力。

由以上分析，我們約略可以看出，資本主義經濟的特徵是：以理性化的嚴格算計爲基礎，不必然著眼於面前的利益，而謹慎地追求經濟成功。人們追求不受維持生活的基本生活需求，來侷限利潤，反而將資本投入於商業活動中周轉利用，重新運用在商業投資，再以記帳的方式彙整，這是商人們才可能有的精神氣質。至於有資本主義精神的人會有一些特性：節制有度、講究信用、精明能幹、專注於事業，並固守資產階級觀點和原則。

韋伯認爲，這些有資本主義特性的生活態度絕不可能起源於獨立個體，而是擁有共同信念的一群人之生活方式。這些特性的出現源於新教教義的改革，獲得救贖、成爲選民之想望的教義，影響了個人的信仰及活動，透過轉化意識，使個人表現出有別於過去的營商行爲，個人的行動成爲一種求取上帝榮耀而工作的力量。喀爾文教派的「預選說」認爲，無法藉由一切聖潔的事物，來改變上帝願意給予恩寵與否的抉擇，所以只能選擇永遠相信上帝或許會揀選他。不過得知是否成爲上帝選民是信徒們急欲得知的，所以經由個人在社會中取得成就，來間接證實、得知自身蒙上帝恩寵的狀態，這些指標是：爲社會提供的財富多寡以及私人獲利的程度。雖然根據預選說，善行無法使自己確定得到救贖，但對於信徒而言，至少還能消除一些可能下地獄的恐懼吧！

另外，新教宣揚禁慾的觀念也具有重要的歷史意義。新教反對不具宗教意義的事物，例如：閒談（清談。這可能是東方士大夫最常做的事，卻也是不招惹殺身之禍的「娛樂」）、炫耀、奢侈品，[6]也反對非理性的使用財產，因爲禁慾而對消費產生限制，[7]加上追求獲利，這導致財富的積累。不過，新教的教義使人的內心陷入空前的孤獨，更糟的是，沒有任何人事物能幫助他，個人必須嚴格的自律，既要禁慾，又要取得社會成就，促成個人主義的出現，不再談論犧牲小我、完成大我，也因此造成現實生活的理性化（韋伯說這是理性實踐），這一切，都是為了榮耀上帝。這些行動，最終獲得的成就，就是導致資本主義的盛行。

前述的自由勞動力在資本主義裡不是必要的。因為即使資本主義的前提是強調理性追求財富，但非人性的奴隸制度卻發展到全新的階段——將他人的自由完全剝奪，而這些行動僅為獲取國家、公司、乃至個人利益的極大化。資本主義強調有制度的運用勞動力，做出最合適的生產與分配，以達到「社會」最大的效益。但是，為有效的分配勞力，卻得運用奴隸制度。極度理性化的結果卻是極度的非理性。換句話說，資本主義與奴隸制可說是盤根錯節，無從分開（且讓我們暫時忘卻十九世紀非法的鴉片煙貿易吧！）。這種局面時至今日依然沒變，在農業時期有佃農、工業化時期有被出售的童工，就算是現代也有著許多為了貸款而付出勞動的人們，成為房奴、車奴、利息奴。若以馬克思的觀點來看，今日都市中為數眾多的上班族不也是資本主義的經濟社會下遭受剝削的對象嗎？

在全球化競爭日益激烈的現實生活壓力之下，大多數人努力一生，也是為了讓家人能餬口飯吃，只有相對的少數能夠在這種情況下獲利，只有更少數的人還有機會利用不斷地花錢這樣的行為，在所謂的「消費社會」中肯定自己存在的價值。在二十一世紀的今日，資本家發展出各式各樣新的「剝削」方式，規劃更有效率的生產與分配方式，來獲取最大的利益，但是公平與否，顯然就不是資產階級主要的考量。

最後，資本主義的出現還得搭配另一樣條件——高風險、高報酬（應該也包括高利貸）的經濟行為。貪慾根存於人性，早便存在的。但韋伯認為，在所謂的「前」資本主義時期，宗教改革以前，因爲經濟行爲獲利的限制，賺取多餘生存必需的財產曾被視爲低俗（這分明和傳統中國士大夫談利益時，那樣讓人鄙夷不屑是一樣的？）。而在宗教改革之後，新教倫理與資本主義出現之時，韋伯及其追隨者主張競逐高報酬經濟活動，開始爲社會所接受。但高報酬的行爲往往伴隨著高投資與高風險，因此庶民很少會（也不太能）累積大量的財富。但隨著新教在教義上的改革，個人的世俗成就代表上帝的恩寵，財富的積累成爲最顯而易見的評斷，以及學習像修士修女一樣的禁慾。這使人民逐漸富裕，資本增加影響所能從事的商業行爲，進而高獲利的工作也受到爲爭取世俗成就的信徒歡迎。這些因素才導致資本主義的興起。那麼如果高利貸這種暴利（或者文雅地說「高報酬」，就像今日的熱錢到處流竄而產生不可思議的高毛利那樣）也是（成熟）資本主義經常發現的行爲，那麼，種種證據顯示明朝在這種事業的發展上不可不謂蓬勃。

我們從Gabe T. Wang的研究得以看出端倪，同時也可以自Philip Richardson的說法得到相同的結論。雖然南宋時期，長江三角洲（江南）逐漸經營得有聲有色，成爲中國最發達繁榮的地區，但是，全球知名學者黃宗智卻認爲該區域的農民自明朝開始，就過著入不敷出的生活。他運用西方經濟學理論中的邊際效益遞減法則，來解釋何以農民生活爲何這樣地困頓。但是，他卻忘記說明在這個中國最富裕的地區，農民怎麼會生活的如此辛苦？錢被誰賺走了？在明朝中葉以後的（中國）絲綢—（美洲）白銀貿易爲這個地區賺進了大量外匯[8]之後，到底是誰將錢拿走，而讓農民吃不飽呢？筆者謝某認爲，高利貸可能是罪魁禍首（或者是主要原因）。因爲當時的資產階級，藉由收取極高的利息，來剝削貧困的農民。在此桎梏下，農民最多也只能圖個溫飽，根本談不上累積財富，一生的辛勞變成了只是賺取利息錢來還債。先前，我們引用了趙毅的研究，瞭解到明朝時高利貸問題相當嚴重，在正統（一四三六～一四五〇）年間，平均的利率是每年百分之一百，到了嘉靖年間（一五二二～一五六七）更高達百分之六百，簡直是不可思議。[9]那麼，如果高報酬的商業行爲非得要在資本主義社會才能看到的話，明朝的高利貸事業不正是我們想要找到的例子嗎？這例子說明，資本主義的經濟活動不一定得要在當代的金融市場才能看到，或許早在明朝（以前）就已經發生過了。

儒教倫理與資本主義精神

本節將檢視儒教倫理到底是否眞像韋伯所說的那樣，與資本主義精神無關。這裡有幾個地方必須加以說明。第一，中國歷史上豐富的地方志，許多史料對研究具相當重要的價値，但可惜韋伯不懂中文，不過相信應該不難明白，光想用一個省城、縣城的地方志，還是一樣難以看清中國的全貌，這是不爭的事實。但至少筆者在此還得找些資料來證明自己的說法，這點，韋伯並沒有做到，因此，衆矢之的應該不是作者謝某，而是大師韋伯；第二，我們效法韋伯，同樣以行動者、文化特質來觀察社會，這樣的視角未必不好，然而很容易迷失在個人心理層面的討論，可能預先已知道結果，再從文化特質中尋找「答案」，也就是先射箭後畫靶；第三，我們跟著韋伯的步伐，同樣以行動者的社會行動來解釋社會現象，但如此一來卻可能忽略了全球的、區域的、地方的政治、社會、經濟等背景，在本書稍早提及的「一條鞭法」就是例子；第四，另外一個可能引發的問題是，到底應該有多少行動者？多少新教徒？比例是多少？百分之五十？六十、七十，或是必須是百分之八十呢？或者再高一些，才能使我們肯定說，新教徒的存在的確與資本主義精神有關，關於這點韋伯似乎並未解釋。最後，筆者運用韋伯的「行動者」心理動機，雖然已經知道這樣做並非沒有問題，但這可以幫助我們找到在儒教倫理下的中國人民，在其文化之中，同樣也蘊涵著豐富的資本主義精神特質的蛛絲馬跡，就如韋伯為西方社會新教倫理與資本主義精神所做的連結一樣。

中國人的傳統宗教信仰屬於多神教，無論是道教、佛教的大小流派或是民間信仰，皆信仰各種神祇。除了神祇之外，祭祀祖先更是中國民俗信仰的重要環節。中國人相信，人死後仍會在另一個世界守望著自己的後代，保佑後代的平安，因此人在世上若是做不名譽的事也會使祖先蒙羞。比起父子、聖靈，祖先與在世的人們更為熟識親近，於是光宗耀祖便成了人生在世的重要目標，這是禁止崇拜偶像的一神教信仰社會較不容易出現的特性，這是中國傳統宗教與基督教之間較大的差異之處。這樣說來，為了光宗耀祖，不也要承受類似新教徒所承受的心理壓力嗎，因為財富的大量累積經常被視為在祖先的庇祐下才可能達成。為了證明自己受到祖先庇護，商人也會努力賺錢，不也同樣累積資本嗎？換言之，為證明自己與商人朋友們相比更受到祖先保護，商人不也得為了光耀門楣而持續地投資？

在《新教倫理與資本主義精神》中，韋伯認爲資本主義出現的重要特徵：首先是「視勞動爲義務」，其次是「責任感」，接著是「理性化與專業化」，最後則是「計算獲利與累積資本」。然而以下藉由檢證韋伯所提資本主義特徵的四個觀點，來陳述早在明清時期中國便有資本主義的精神，並且這精神與西方社會並沒有太大的差別。

將勞動視爲義務

從某個角度來看，「將勞動視爲義務」可以將之視爲內化了的「控制」，而後者正是社會麥當勞化（理性化）的重要的元素之一。白馥蘭（Francesca Bray）教授在〈邁向批判的非西方科技史〉一文中提出這樣的觀點：

> 中國政治傳統下，工作意味著具象化的社會契約：在此契約之下，統治者及其官僚致力於確保人民（農家）之福祉；而人民耕種、生產穀物以供給自身生活與國家稅收作爲回報，他們的妻子則以紡織來供家人與國家官僚的衣著。【10】

這是中國發展與歐洲國家不同之處，從事農業是一切社會發展的保障，從事農業勞動並非僅養家餬口而已，同時也是在傳統中國的社會文化下，衆人皆必須遵守的義務，因此在中國，資本主義的精神不只出現在歐洲觀點下強調的手工業，也更充分表現在農業活動上頭。這也可說是具有東方特色的「義務」觀社會。

韋伯認爲將勞動視爲個人的義務是資本主義出現的重要條件之一，他之所以會如此認爲，乃因只有當個人有持這種觀點之後才能有效率地大量生產，並且個人不會輕易因外在因素而放棄勞動或降低勞動的付出。

然而，在明代的中國社會，此一觀念已深入人民心中：

「在韓村鄉下的田，是程實山先生開始他事業的地方。那裡一畝田，租金是十六秤，……何況別處田地還能依靠山泉水源而增產；相較之下，韓村整年勞碌，只能仰望田地出產，無法經營其他事業。」【11】

文中提到，韓村的人民終年致力於墾田便是一例證。

吾人以爲，明清時期中國的人民之所以將勞動視爲個人的義務，吾人推測至少有兩個重要因素，其一是經濟的發展，其二爲儒家思想的推波助瀾。

一、經濟的發展

一個社會的經濟發展到一定水平，能滿足大多數人民的基本物質生活之後，人們才有能力去追求更高層次的精神生活，例如購買奢侈品、追求娛樂等等。瓷器在中國古代社會並非家家戶戶皆可擁有，可算是奢侈品的一種。因此在經濟發展不足的社會，此種物品無法大量生產。若是社會的經濟發展提升，人民便會（也有能力）注重、追求更高層次的生活，對奢侈品的需求也就跟著大幅增加，如景德鎮的瓷器（景瓷）便「行銷十幾個省分，各地的商人，販賣陶瓷的，都聚集在這地（景德鎮）」，[12]「自北京、天津一帶，南到越南，東邊到海，西邊到四川，無處不有，都是景德鎮生產的」。[13]此外，海外市場對景瓷的需求也日益增加，[14]使這種奢侈品有大量生產的機會。

例如，景瓷的外銷量數額頗多：「日本永寬十八年（明崇禎十四年）……十月十七日大小海船駛入長崎碼頭，共載瓷器兩萬餘件……。」[15]葡萄牙占領澳門後，自明萬曆三十年到清初，從澳門收購的景瓷數量，根據不完全的統計，達一千一百零一萬件之多，[16]以此可見當時景德鎮陶瓷產量之高。要達到這樣驚人的產量，除了生產的規模擴大，個人對勞動的心態也扮演重要的因素。這點，我們恰好能用韋伯認爲個人視勞動爲義務，才能遂行大量生產的觀點來加以解釋。後來因爲耶穌會教士竊取了瓷器生產的技術，歐洲才逐漸有能力與中國競爭，[17]顯見瓷器並不容易生產，如此高超技術的手工業發產之榮景，也一再說明中國經濟發展的蓬勃繁興。

二、儒家思想的影響

雖然要證明「思想」可能轉換成「（社會）行動」實非易事一樁，就如新教徒個人之間也會比較，他非僅為證明自己是上帝預選的子民，有時候他只想比較到底誰的豪宅較多，比較華麗而已。不過，我們暫時還是「遵循」韋伯的路線，以免迷失方向。在《新教倫理與資本主義精神》一書中，韋伯強調資本主義是新教的倫理對信徒行為的約束，如：努力工作、勤儉儲蓄，配合制度、市場發展等因素所促成。足見韋伯認為宗教及倫理所推崇的精神，對經濟和資本主義發展皆有積極的影響力。

在論及韋伯認為傳統中國難以發展資本主義的原因時，翁嘉禧認為：「一是制度層面的因素，另一是個人動機層面的因素」。個人動機層面的因素為傳統勞動觀，無助於社會經濟的成長。然而，在明朝已有經濟活動發展的盛況，證明傳統勞動觀念與資本主義發展並不相悖。因此，以下討論制度面的因素。

雖然韋伯特別重視行動者，但他的確也考慮到制度面的因素。他認為中國之所以無法像西方那樣產生資本主義，其原因有三：

㈠中國並未建立一套有效的貨幣制度，商人組織的權益沒有法律加以保障。

㈡皇帝和官僚集團權力集中，教會缺乏對世俗制衡的力量。

㈢政府的政治力量集中在少數地區，邊陲地區無法建立有效的法律及政治勢力。【18】

至於歷史告訴我們的眞實情形又是如何？這裡有三個例證，能說明傳統中國的實情，並回應韋伯對傳統中國制度面的看法（筆者謝某無意直接批評韋伯，以示對「大師」之崇敬）：

㈠戰國時期的商鞅變法使秦國建立一套統一貨幣的制度，在西元前二二一年，秦始皇統一天下時，更成爲大一統的國家政策。所以，事實上中國的確有一套明確的貨幣制度。之後，在唐朝出現飛錢，爲中國早期的金錢匯兌業務，其功能類似於現代匯票，可說是世界最早的紙幣。兩宋、元、明、清皆有發行紙幣，說明中國在貨幣的需求與運用上已遙遙領先其他國家，明清時期更採用銀銅雙本位的貨幣制度，[19]顯示當時經濟發展之盛況。這是因爲貨幣雙本位制能增加可使用的貨幣量，假使社會無需這麼多的貨幣，發行過多的貨幣，會造成嚴重的通貨膨脹。

㈡中國宗教與歐洲不同，爲多元發展，其中以佛、道兩教信衆最多，但其對世俗的影響力卻遠不及難稱爲宗教的儒家思想（雖有儒教、道教與佛教爲中土三教之說）。儒家思想早在西漢時因獨尊儒術，而滲透到人民的日常生活當中，[20]像是：推崇孝道、鼓勵農耕的務實精神、選任文官的科舉制度……，其導引普勞大衆的力量，吾人以爲絕不遜於歐洲的教會。

儒家思想表現出的文化特徵有以下數端：

1. 務實的世俗主義：這個主義表現在歷朝對民生的追求，以具體實踐作爲「以農爲本」的政策。
2. 強烈成就取向的工作倫理：如刻苦耐勞的工作精神。

3. 節儉與儲蓄：形成累積資本的行為，此二者在今日華人社會猶為普遍認同的價值觀。

4. 重視理性：最清楚顯示在文官選任的科舉考試制度，理性評分，以高分者晉升，布衣也能成為卿相。

以上四點對明清時期中國的經濟發展有重要的效益，柏格（Peter L. Berger）在「世俗化的儒家倫理」中對儒家精神的看法[21]與澀澤榮一在其《論語與算盤》一書中的觀點[22]並無不同。

㈢明朝洪武三年（一三七〇）實施一種鼓勵商人輸運糧食到邊塞換取鹽引，並給予販鹽專利的制度，名為「開中法」。開中法的實施使邊疆新市鎮出現，以晉商（山西商人）為主的商人為得到政府特許的獲利，大舉遷移至邊疆及軍事要地，招民墾地、運輸糧草、販售軍需品與必需品，促進了地區間的經濟聯繫、擴大市場，更製造許多工作機會。[23]例如「九邊」之一的大同原只是風沙遍地、人煙稀少的邊鎮，但在商賈聚集之後，出現了「繁華富庶，不下江南」的盛況。晉南的運城本是小鎮，在開中法實施之後，由於是河東的產鹽地，不久便成了大城市。[24]

由於開中法能順利推動，促使邊疆地區與中原地區政治軍事經濟的連結，鞏固既有的國家權力與強化商業的發展。

總而言之，韋伯對於中國制度面的三項批評，包括傳統中國不存在有效的貨幣制度，沒有教會對世俗制衡的力量，與邊陲地區無法建立有效的法律及政治勢力等，在提出上述證據之後，韋伯所言似乎得不到經驗事實的支持。

責任感

如果一個社會分工愈細微，那麼，各部門之間的依賴也就會愈高。在商業行為中，分工是理性的分配組織勞動，能夠提高生產效率，也能增加資本家的獲利。倘若要進行細密的分工，勞動者對自身職位的責任感就很重要。勞動者對勞動愈有責任感，就愈能確保分工的順利進行。在中國勞動力的表現上，有勞動者的自我約束，與雇主對僱傭的要求兩方面，以下分別敘述。

一、勞動者的自我約束

責任感是約束個人對於工作以外的慾望，俾能專心致力勞動生產。在勞動者視勞動為義務的基礎上，責任感成為勞動者行為表現的常態，也是社會對個人評價的觀點之一。例如，在明朝有個案例如下：「我在錢塘江的相安里租屋，那裡的工坊主要以紡織來賺錢，每天晚上工作到二更（晚上九～十一時）……我前去問工人說：『就我看，就算是工作也已經努力過頭，那麼為何還能樂在其中呢？』工人說：『這在乎存心，心裡若沒有貪念，雖然貧窮也能快樂；若貪得，即使一天賺上千金，也會憂傷。我工作雖然低微，日薪二百緡。我有坊主提供衣食，用每天的薪水養我的父母妻子，雖沒什麼美味食物，倒也不受什麼飢餓寒冷。我覺得已經習慣了，因此也就沒有多想。凡是所紡織的，都是精工細活，爲世人所喜愛，……』。」[25]

此例爲徐一夔租屋在錢塘江（位於今浙江省境內）旁的相安里時所聽聞之事；該織工「心苟無貪，雖貧樂也」的態度，使其所產之作品皆極爲精緻，並爲世人所喜愛。

另一個是清朝的例子。張履祥在《補農書．佃戶》中提到：「佃農整年煩勞農務，冬天嚴寒，夏季酷暑（按：日子過得非常苦）……。」[26]此例說明佃戶終年勤奮勞動，不畏風雨寒暑。第一例中的「無貪」使此工的勞動成果「爲世人所喜愛」（爲時所尚）便是勞動者受責任感約束所帶來的附加效果，第二例說明佃農終年勤奮勞動，不畏風雨寒暑，以這種心態從事勞動也能提高產出物的品質，這就是韋伯提倡責任感的原因。對此，黃宗智應該只看到佃農終年辛勤工作著，但還是過著相當匱乏的日子吧！

二、雇主對僱傭的要求

雖然西方資本主義史並不強調自由的僱傭關係，這可能源於過去長期的奴隸貿易，當然，這確實不是什麼光采的事情。但傳統中國的情形不同，自由僱傭的關係在明朝已經發展得相當成熟。明朝張居正於神宗萬曆九年（一五八一）開始實施「一條鞭法」，將丁稅納入田稅並合併徭役，以白銀（銀兩）交納稅金，降低國家對人民的人身控制，至此人民能夠脫離土地的束縛，可自由遷徙至城市，如此一來有更多人能成爲手工業主的僱傭，進一步刺激手工業的發展。換句話說，尤其在一條鞭法實施之後，長江三角洲鄉村的貧苦小農們，應該有機會選擇到城市習得一技之長，成爲作坊的傭工，而不必如黃宗智所言，非得過著米糧缺乏的生活不可。

在鴉片戰爭以前，中國在絲綢、瓷器等產業技術的成熟，在全球一支獨秀的地位應無庸置疑。然而這點卻鮮少被提及，其原因可能與知識分子在一八四〇年之後，中國在軍事、外交上的不斷挫敗有關。但事實上，一條鞭法之所以能夠順利推行，與（美洲）白銀—（江南）絲綢之間的貿易脫不了關係。也就是中國與西班牙大帆船間的「白銀—絲綢」貿易，撐起一片天。起自一五八一年，歷時二百五十餘年，中國賺進了大量的白銀，而使得從福建開始試點的一條鞭法能夠持續下去。這個稅改的實施，能證實明代中國與全球在商貿上緊密互動的關係。然而，此一橫渡太平洋的海上絲綢之路卻極少被提及。這在韋伯習慣使用的行動者內心世界來觀察社會之視角，更是難以察覺的。

現在我們回頭檢視雇主與傭工之間的互動，由石門縣誌對油坊的記載可見手工業的發展：「（石門）鎮的油坊有二十家。搗油的人需強壯有力，……二十個家族合計有八百多人。」[27]雖是分開的二十個作坊，但皆位於同一個鎮上，可推定這些油坊爲水平分工的生產，故此已爲大型手工場之規模。

在產業規模擴大之後，勞動者對工作的責任感能提高勞動產品的效益、價值與品質，因此，在勞動市場上雇主很重視所僱之人對勞動的責任感。「開墾近山田來往經營，容易滋生弊端，必須制定有威信的制度，賞罰分明，這方法才能有效，……種植盆栽。墾植山地的人要租給善於近山耕種的人，以便防止竊盜與防止火災」。[28]近山的田地經營容易產生弊端，訂定制度賞罰才能有效的管理，而近山的田必要佃與善於耕種近山田地的人，才能減少危害與損失。「在（選擇哪個）佃農承租田地的日子，最好到他的家，結識佃農的鄰里，察看他們是殷勤懶惰，計算可以下田的人力。慎重選擇，讓那殷勤而擅長耕種，人多且專心一致的農戶來承租」。[29]前例指出人心的慾望會引起的弊端，近山之農地須佃（出租田地）與「近山能幹之人」，意思即爲應佃與有責任感與有能力之人；而後例所指「熟其勤惰」（細查殷勤懶惰）並「擇勤而良、心一者」（殷勤且擅長耕種，專心一致的人）也正是說明責任感之重要。

不只是在農業與手工業對僱傭有所要求，山西商幫在金融業中最具影響力的山西票號，其僱傭制度可作爲商業任用人才之代表。山西票號選用人才的條件當中，除了用人唯才以外，該職務的受試者對於其職務是否具有責任感，也同樣是重要條件。山西票號在經營管理方面發展出類似現代企業「專業經理人」的觀念，其職務名稱爲「票號總經理」。此一職務爲票號最高負責人，其聘用除了考驗受試者是否具備足夠的才能管理票號之外，智謀、德行皆爲須測試的項目。票號總經理以下，總領、經理、掌櫃分層負責，而這不就是韋伯所提的科層體制嗎？每個職位有一定的職責，若有失職或能力欠缺等不適任的情況，情節輕微者受責難，嚴重者難免解僱。由此可見在傳統中國組織任用人才的方法上，對責任感的要求已成爲必要條件。我們稍後回頭討論山西商幫。[30]

理性化與專業化

韋伯認爲，理性的選擇與分工，爲資本主義精神出現在商業活動中的特徵，也就是韋伯將個人思考與選擇的理性化，與專業化的分工，視爲是資本主義下商業活動應該要出現的形式。

一、理性化

理性化能表現在將抽象的事物轉換成可計算的數字這件事上，並予以計算，比較所得出的結果，然後選擇最合適的選項。韋伯以簿記生產過程中每個時間單位中所花費的資金、勞力與在市場上的獲利作爲理性化的例子。吾人認爲，定型化的雇工契約、訂定固定地租與土地的兼併，三者可作爲明清中國理性化的代表。

(一)定型化的雇工契約

定型化的雇工契約清楚制定了勞動者的工作規範、責任與薪資，使工作內容清楚明確，也能使雇主有效的管理雇工。

古籍中有許多有關勞動、僱傭契約的記載，以下舉出數例說明：「某里某地某人，原無法維持生活，願意爲某里某地的某戶人家，種田一年，契約明訂工資白銀若干。並約定晨昏之間勤奮工作，照顧管理田地園子，不可懶惰；雇主家中貴重的器皿，不可疏忽。銀兩按季足數發放。如有旱災洪澇，這是天災，與雇主無關。爲使約定有憑有據，訂定契約以供存查。」[31]

契約中某里、某地、某人、某人家、工資若干皆爲訂約雙方可約定之事，契約裡面明訂以契約有效期間爲一年、雇工應作爲之事以及工資發放的時間點，雖然是以規範雇工爲主，但其實也同樣規範雇主可約束雇工的範圍，這些都是該份契約理性的地方。

「一般田地二十畝，每年需要僱用三位長工，每個人薪資二兩二錢白銀，一共六兩六錢幣。每人飯量兩升米，換算每個月白米一石八斗（一百八十升），每個月發放，不得預支。每季發白銀二兩當零用金，四季一共給白銀八兩。」[32]這裡爲桑園主人對其雇工所享有權利的規範，但同時也可說是教導晚輩，指出要如何管理與經營：二十畝的桑地僱長期工人三名，工資、伙食費的支出、每季（一年分爲春、夏、秋、冬四季）所發放的生活費皆訂出標準，也可看出這份契約的理性之處。

(二)訂定固定地租

訂定固定地租不僅使地主能清楚計算每年固定的地租收入，也能使佃農明確瞭解每年所必須支出的成本，以及要賺多少錢才足以養家。如古籍有云：

「某人立租佃的契約，本日成爲某都、某人名下、某塊、某大小的田地的佃農，在田地上耕種。雙方議定每年秋季收穫的時候，繳交租金穀物若干，每秤足數幾十斤，穀物要乾燥無雜物，不能缺短。如果遇到旱災，則請田主親臨田地監看收割，幾分出產作爲租金，幾分歸給佃戶。如果沒正當理由任意使田地荒蕪，則願意照契約內的數額繳交租金穀物賠償。謹此立定租佃契約。」【33】

這是一份勞動（僱傭）契約，某人、某都、某名、某處、田若干、租穀若干、幾十斤、幾分田租等，皆爲雙方約定的契約內容。當中所約定每年收租穀物，說明這契約使地主能清楚計算每年固定收入的功能；對佃戶來說，勞動者也可瞭解每年自己所能獲得的收穫爲多少（幾分交與地主，剩餘農穫即爲自己的所得）。而這不就是可預測性之證明嗎？

㈢土地的兼併

在農業立國的社會中，相較於受爭議、評價兩極化的商業活動，兼併土地是最穩定，也是最簡單的獲利方式，藉由源源不斷的租金收入，地主不需付出勞力便可再投資、再獲利，可說是以地養地的划算方式。如古籍有云：「之前明朝有許多有錢人。例如家鄉這裡華氏，好幾代住在東亭，田產跨越三州，每年光是田地租金就有四十八萬兩。……蘇州齊門的外頭有大富戶，田產也橫跨三州，每年收租九十七萬兩。」【34】

這是錢泳對他家鄉富豪家族，與他曾聽聞的蘇州富豪之家所擁有的地產的記載。「田跨三州」說明華氏與蘇州富豪兩家的家產是何等豐富，「每歲收租四十八萬」、「每歲收租九十七萬」則說明在農業國家只須將資金投資在併購土地，即可獲得龐大利益，而無須勞力耕作，這是一種理性的經濟行爲。土地兼併這類的行爲，目前台灣的年輕人應該大多深受其害，因爲這豈非財富逐漸被壟斷的現象嗎？這不是在資本主義制度下才會發生的事嗎？如果我們還停留在西方的「有」（資本主義）必須建立在東方的「無」這種看法之上，那麼以上的事實，將難以合理解釋土地兼併的壟斷行爲。

在此吾人稍微費點篇幅，來討論資本主義高度發展的階段，或許我們可以看到某些有價值的觀點。世界經濟體系大師Giovanni Arrighi（亞里基）引用年鑑學派大師Fernand Braudel（布勞岱）對於資本主義的詮釋，布勞岱將經濟活動分爲三個層次，最低一層爲物質生活，中間爲市場經濟，最高一層則是資本主義。較低層次爲較高層次的基礎。到最後一層，由叢林法則主導著遊戲規則，大商賈、大玩家開始進行他們爾虞我詐、巧取豪奪的掠食行動，壟斷（monopoly）專屬於這個層次，並且經常與國家機器保持盤根錯節的關係。[35]

從以上Arrighi的說法中可以看出，富裕的商人在資本主義裡（也唯獨在此）才能運用其龐大的勢力，利用各種機會試圖壟斷市場，儘可能占據所有的利潤。那麼，前述蘇州田跨三州的富豪是否也只能在資本主義的社會才看得到呢？如果可證明中國同樣發展出資本主義，那麼，韋伯所稱的「獨特」——這個只可能存在於西方的制度，怎麼也能在中國看得到呢？接著，我們再來看「專業化」的情形。

二、專業化

專業化可說是理性化的一個層面，是由分工與否所產生的利益相比較計算之後，所衍生出較有利的生產方式；而專業分工同時也代表著限制干涉自身職責以外的事情。

但專業分工出現的前提爲：社會上大部分的人們都會購買奢侈品，也因爲如此，手工業才具備與農業分離的條件。與農業生產活動分離是第一步的分工，之後才逐漸出現個別專業性的分工，就如同生產線般的分工。有了專業分工，生產效率將提高，也就能明確劃分勞動者的責任，以便利資本家管理。

例如：明代製瓷業的分工十分細膩，《天工開物》提道：「總共要費很多勞力，經過七十二人次，在製作的過程中，當中細微的項目，還數算不盡。」[36]竊取了瓷器製作技術的法國傳教士殷弘緒在康熙五十一年（西元一七二二）寫了信給中國和印度傳教會會計奧日神父，內容也提到瓷器生產過程分工之仔細：「粗坯一離開轆轤，就立即被送到第二個人手中，置於坯板上，不久便傳給第三個人，他把坯置於模型上進行印製和整形……第四個工人用泥刀進行修坯。……（彩繪瓷器）在同一工場內是由許多工人分別進行的。一個人單純地把圓形色線繪在瓷器的口緣上；第二個工人描繪花的輪廓；第三個工人接著暈色。這一伙人專門畫山水，而那一伙人就專門畫鳥獸……。」[37]

製作一件瓷器要經過七十二個人的合作才能完成，人人各司其職（專業分工）來完成分內工作，之後便快速交給下一手負責，其組織勞動的專業化分工，細膩程度相較於現代工業的生產毫不遜色。

古籍也記載：「管理眾多銀兩帳房的人，不可擅行將錢財借給別人，如果違犯，將立刻追究。」【38】上例指出管理財務、帳房（銀谷）之人，不可自行將財貨借與他人。

再者，「舉凡二十畝的桑田，每年僱用長工三人，……一年四季共發白銀八兩。當中葉子、細枝或銷售，要由主人來負責出納，管理農莊的人不能自作主張，也不容許農莊的人私自前往養蠶的地方」。【39】

上面的例子說明，管理人不可私自決定發放銀兩，非工作時閒雜的人也不可前往養蠶的地方。前述「管理者毋得擅行賒借與人」與「但聽本宅發放收銀，管莊人不得私自作主，亦不許莊上私自看蠶」。兩者皆明確指出，銀兩之發放並非管理莊務之人的職責，固然禁止插手，後例更限制莊上的人私自至蠶園看蠶，對雇工行止加以明確的規範。

我們相信，早在明、清時期以前，資本主義早已在中國這塊土地上生根。因爲一千年前後的宋朝，已是當時代商業最發達、最進步的「國家」，在商品貿易中大量的貨幣流通和資金往來，促使了世界上最早的紙幣——交子出現，在國內貿易中，開封、杭州等大都市人口眾多、商業繁榮、手工業興起，使中國的生產技術水準提升，瓷器、絲織品、茶葉等物品皆成爲國際熱門商品，海外貿易也逐漸受到政府重視，還在泉州等地設立了市舶司（類似今日的海關）以增加政府收入。不過，在這裡，筆者還是將分析重點回歸到明清時期，以免失焦。

就專業化而言，清代晉幫商人在管理商號上出現「聯號制」的專業化制度，這有點類似現代企業的子母公司的關係。係爲由財東出資，分別對其所經營的事業設立上下層的組織，聘請專業管理人對其事業進行管理的一種體制，其中各商號之間並無從屬關係，但在交換資訊、物資採辦與市場銷售上都會互相合作。

清朝山西太谷縣的曹氏經營事業便是採用聯號制。曹氏財東經營的各商號主要分爲三大號，管理東北各商號的「用通玉」、管理山東各商號的「三晉川」，以及管理太原、潞安、江南、張家口、黎城、榆次及太谷的「勵金德」。在勵金德之下有著曹氏商號中規模最大的綢緞莊「彩霞蔚」，而彩霞蔚又負責管理錦泰亨、瑞霞當、錦生蔚等商號。如果瑞霞當的經理想與財東會面，則須由彩霞蔚經理先引見勵金德經理，再由勵金德經理引見財東。這種聯號制在清朝非常盛行，各資本家對其所經營的事業以層級的組織進行有效的管理，目的是在每個生產環節中能夠妥善控管商品的生產，以提高生產商品的效率。

下圖7.1爲曹氏商號的組織圖。[40]

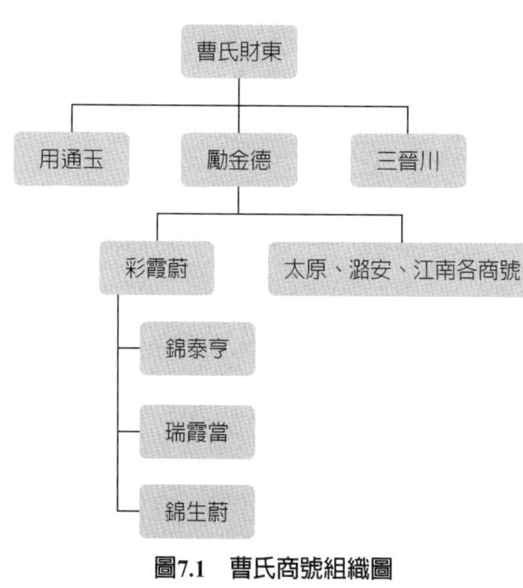

圖7.1　曹氏商號組織圖

計算獲利與累積資本

計算獲利與累積資本之間有著互相強化的關係，計算能清楚瞭解資本的增加與剩餘，資本的積累也會使商人注意到獲利的效果，而計算獲利與累積資本皆是構築在理性行爲的抉擇之上。只有在計算交易後的收支（韋伯稱此過程爲簿記），人們才能瞭解售出物品與獲利之間的最佳關係。

在以數字的具體運算所得的結果，來做決定、決策的理性化前提之下，計算獲利才有意義，也才能夠累積資本。因此，計算獲利與持續不斷的累積資本是韋伯所強調資本主義的重要特徵。在清朝時的中國，一個小戶人家每年所需的生活費用大約才二、三十兩銀子。當時首富和珅是位豪商，爲官初期清廉，後來利用職務之便，巧取豪奪，他經營工商業，開設當鋪數十間與大小錢莊三百餘間，並與英國東印度公司有商業往來。他被抄家時的財產，據統計有白銀三百多萬兩，黃金三萬二千餘兩，加上房產、古董等，其家產折合白銀一千萬兩。根據史料記載，雍正初期的國庫現銀才八百萬兩，經過十多年積累經營，迅速增至六千餘萬兩。乾隆時期國庫歲入最少三千餘萬兩，最高近八千萬兩。【41】以小戶人家年生活必需的費用、首富和珅的家產、清朝時的稅收作爲是否身爲富商的比較標準，就能很清楚看出中國商人累積資本而成富豪之情況：「平陽縣、澤州、潞安這些地方的富豪大商人是天下最有錢的，沒有數十萬還算不上有錢。」【42】

平陽、澤州、潞安等地有許多的富豪大家。而要躋身大富之家的行列，沒有數十萬兩銀子的積蓄根本算不得什麼，而這數字已經是小戶人家一年生活費的千倍以上。從這些例子來看資本集中的現象可說是相當明顯，雖然貧富差距絕非光彩之事，但這種壟斷的現象，只有在資本主義制度下才有可能發生。正因爲這樣，是否我們還得停留在西方的「有」（資本主義）必須建立在東方的「無」的思維之下呢？

「明朝後期從第六代先祖長史公，善長經商致富。四川、山西的布商，都是從這裡出貨。……獲利很豐厚，因此成了那地方最有錢的人……」。[43]上面這段話說明了布商長史公於秦晉地區販布，累積的獲利，使該家族成爲當縣最富有之家戶。

徽州商人與山西商人在商業上的成就、資本的累積，皆爲中國首屈一指的商人團體。明朝的例證記載如下：「徽州商人汪拱乾精於審算會計，出外從事貿易三十多年。他專門販售其他商人不售之物，所獲得的利潤爲其他人的三倍。從他經營開始，日日的積累、節儉的生活。他告誡他的衆兒子，不要穿華麗衣服，貪食山珍海味，他衆兒子也能持守家業。」[44]

上面這段記載說明徽州商人汪拱乾出外從事貿易，他專門販售其他商人不售之物，所獲得的利潤爲其他人的三倍。日日的積累、節儉的生活，使其成爲富人。這樣的描述不就是努力賺錢而且禁慾的資本主義精神嗎？此種精神不就是韋伯所堅信的新教徒才可能會有的嗎？

「山西省的人大多在外經商，十多歲開始就跟著人學習貿易（買賣），等到存了些錢，才返鄉娶妻。之後仍出門賺錢，常常兩三年才返鄉一次，這是常有的事」。[45]上述的內容指出，山西商人（晉商）多於外地從商，自小便跟人學習貿易之術，家鄉慣例讓他們必須有一定累積的財富之後才能回鄉成家，後即得外出經商、貿易，兩三年才回鄉一次。「山西的有錢人家王泰來，家裡有現銀超過一千七百萬兩……」。【46】

這段記載說明山西票商累積的銀兩數量已超過乾隆時期國庫歲入的一半。看起來，中國商人累積財富的行爲現象可說是十分普及。不斷的累積資本促成投資以擴大生產規模、增加獲利、發達商業活動與資本主義發展，與韋伯認爲資本主義的出現需不斷累積資本的情況，可說若合符節。

從上面的例證中，我們看到土地兼併、資本的集中，再加上富戶不斷累積資本的紀錄，讓我們得知這是財富逐漸被壟斷、被集中的現象，就韋伯看來，這些應該都是資本主義制度下才可能發生的。也因此，這或許該是我們捨棄西方「二分法」建構的知識體系的時候了。筆者謝某相信，唯有這樣，才能跳脫出中國資本主義萌芽（之後，又枯萎了）的這類論述。

結語

前面文章已經提起，明清時期長江三角洲的居民即使不必信奉新教也會想要累積財富，哪怕只是比鄰居多累積一點財富也好。累積財富好像是一種本能，全球人口中，無論是信奉基督教、伊斯蘭教、佛教、道教者，只要進入市場，無論是否身處資本主義制度下的市場，並且

「企業主」的修行極佳，能不以賺錢爲目的，然而由於市場上的競爭，該企業主就必須努力地賺錢，必須比同行的商人占據更多市場占有率，免使遭致邊緣化、甚至退出市場，究其原因，乃是導因於競爭關係而已。倘使如此，那麼，行動者（企業主）似乎也是在某個特定時空背景的關係（社會結構）的約制下，不得不做的事，而非如韋伯所言，是因爲某種精神（及其所誘發的社會行動）在作祟。

貪慾並不是促使資本主義出現的主要因素，重要的是勞動者是否有自覺，認爲勞動是必要的，同時有著專注的能力、責任感、審慎計算高收入可能性的經濟觀、提高生產效率的自制力與節儉等資本主義精神發展所必須的基礎能力，因爲資本主義無法使自由勞動的人爲其奉獻。但這些文化特質豈不是也能在新教徒之外的群體找到嗎？如韋伯所言，這些有著資本主義特性的生活態度不可能起源於獨立的個人，而是一群人所共同擁有的生活方式。教義影響著個人的信仰及活動，透過意識，使個人表現出不同的商業行動，個人的經濟行爲成了一種爲上帝榮耀而工作的力量。神諭的不可變，無法藉由一切聖事改變上帝願意給予的恩寵，也無法確切是否得到上帝恩寵，因此只能藉由個人的社會成就間接得知自身的恩寵狀態：爲社會提供的財富多寡以及私人獲利的程度，從而導致資本主義逐漸成形。

韋伯認爲這些精神層面特性的出現，是源於新教教義的改革。但是，爲何不是住在長江三角洲長期受到「儒教」所影響的那群人呢？對這群人而言，光宗耀祖是可預期的，因爲這是在義務觀的社會人們所應該、也是必須做的事。除了求取一官半職之外，賺錢也是另類選項，因此，光宗耀祖極可能是這群人一生當中首先應該要做的事。假使他們不太會念書，那麼他們就只能選擇經商致富，就像台灣農村（或世界其他區域的鄉下）地方所見的豪宅那樣，通常是子孫到都市或外國打拼之後，賺了大錢，回到老家所蓋的房子，一方面藉此光耀門楣，一方面則是藉此炫耀自己的財富。所以，光是炫耀這件事，不就讓人想要累積財富了嗎？我們把視線拉回到新教徒身上，難道新教徒爲了要證明自己是上帝所選召的人，就不會與其他新教徒相互比較財富多寡嗎？相信還是會相互爭競，否則將難以看出何人較能遵守禁慾的教規，難道新教徒之間在累積自己的財富時沒有炫耀的成分在裡頭嗎？或者他們要如何區分是否爲上帝預選的子民與炫耀財富這兩者？想必應該與東方中國的光宗耀祖與炫耀之間的區隔同樣困難吧！所以，韋伯要如何證明由於「預選說」產生的禁慾而造成的資本累積，最後產生了資本主義，而非僅僅爲了炫耀？筆者認爲，兩者之間極可能是混合而無法加以區分。

總結來說，即使在遙遠的東方，在儒教倫理影響下的中國，同樣也能夠找到韋伯以爲只有在歐洲才能找得到的資本主義精神。在歐洲，或者更具體地說，在新教徒分布的地區，通常也是繁榮的地區，因爲他們很能經商致富。然而這種榮景，在南宋之後，也同樣存在富裕的長江三角洲，那群受到儒教倫理影響的人們身上。而這樣的相似性卻被韋伯利用二分法來演繹出西方之「獨特性」所完全掩蓋。可以這麼說，我們發現東方（中國）的理性化過程看起來與西方並無二致，這就使得西方失去其引以爲傲的「獨特性」了。

註解

【1】洪鎌德，《全球化下的國際關係新論》（台北：揚智，二〇〇七），第三五〇～三五五頁。

【2】本文改寫自翁光燦、謝宏仁，〈儒教倫理與資本主義精神〉一文，該文原刊載於《輔仁大學社會學系研究初探論文系列》，第四六期，二〇一一年十一月。另外，文章的標題之一部「儒教倫理」或許有些爭議，儒家思想在嚴格意義上並不能將之歸屬於宗教信仰，在本文中使用「儒教」一詞係採用最寬鬆之宗教定義。

【3】Max Weber，于曉等譯，《新教倫理與資本主義精神》（台北：左岸文化，二〇〇一）。

【4】筆者謝某有一天心血來潮，以Google查詢新教徒在歐洲分布的區域，接著再查詢歐洲參與奴隸貿易的列強分布的區域爲何，發現兩者重複的部分實在不少。當然，這是極不嚴謹的觀察，是故，作者強烈要求學生在學術研究的過程中應該極力避免。

【5】Immanuel Wallerstein，郭方、夏繼果、顧寧譯，《近代世界體系》，卷一、二、三（台北：桂冠圖書，一九九八）。

【6】事實上奢侈品市場同樣也有促進經濟發展功用，但研究奢侈品的流通難以理解一般民眾日常生活的情形。

【7】在某些特定的社經條件下，禁慾未必能夠促進經濟發展。正好相反，一個富裕的社會應該鼓勵消費、投資，而非儲蓄，否則將落入所謂的「節儉的弔詭」（paradox of thrift）而造成經濟的停滯。這是日本、台灣政府在前幾年爲了刺激景氣而發放消費券來刺激景氣

的原因。

【8】Vincent H. Shie. "Framing the Local and the Global, Jiangnan in the Regional and Global Circuits 1127-1840: Re-evaluating Philip C. C. Huang's *The Peasant Family and Rural Development in the Yangzi Delta, 1350-1988.*"《輔仁大學社會學系研究初探論文系列》，第〇〇一六期，二〇〇八年一月。

【9】Gabe T. Wang. "Reviews on *Peasant Family and Rural Development in the Yangzi Delta, 1350-1988.*" *Journal of Social History*, 25. Spring 1992, pp. 654-656; Philip Richardson. "Reviews on *Peasant Family and Rural Development in the Yangzi Delta, 1350-1988.*" *Economic History Review*, 44. 1991, pp. 557-558；趙毅，〈明朝高利貸論文〉，《東北師範大學期刊》，第二四卷，第六期，一九九六，頁五四～七八，第三四頁。

【10】Francesca Bray，費絲言譯，〈邁向批判的非西方科技史〉，Timothy Brook與Gregory Blue主編，《中國與歷史資本主義：漢學知識的系譜學》（台北：巨流圖書公司，二〇〇四），頁二一九～二八〇，第二五〇頁。

【11】原文：「韓村莊田，乃竇山公（程姓）創業首地，原田一畝，定租十六秤，……況別處莊田，仍有賴於山地之利，以補其所不足；而韓村勤勞終歲，專望於田，而無他利。」明朝，佚名，《竇山公家議》，卷四，引自謝國楨選編，《明代社會經濟史料選編》（福州：福建人民出版社，二〇〇四）。

【12】原文：「利通十數省，四方商賈，販瓷者萃集于斯。」方李莉，《傳統與變遷——景德

鎮新舊民窯業田野考察》（南昌：江西人民出版社，二〇〇〇），第三五八、三六一頁。

【13】原文：「自燕雲而北，南交趾，東際海，西被蜀，無所不至，皆取於景德鎮。」（清）喬溎修、（清）賀熙齡纂、（清）游際盛增補，中國地方誌集成——江西府縣志輯（七）道光浮梁縣志，卷八食貨陶政（南京：江蘇古籍出版社，一九九六年五月），第一六九頁。

【14】印度、琉球、蘇祿、菲律賓、葉門等地皆有景瓷的市場。陶智，〈景德鎮陶瓷銷售市場的歷史與現況〉，《景德鎮陶瓷》，第十卷，第二期，二〇〇〇，第四一頁。

【15】陶智，〈景德鎮陶瓷銷售市場的歷史與現況〉，《景德鎮陶瓷》，第十卷，第二期，二〇〇〇，第四一頁。

【16】前揭書，第四三頁。

【17】張國風，《中國古代的經濟》（台北：文津出版社，二〇〇一），第一五八頁。

【18】翁嘉禧，《二二八事件與台灣經濟發展》（台北：巨流圖書），第二一七頁。參考《二二八事件與台灣經濟發展》，第二一九～二二〇頁。雖其作者是以儒家思想說明台灣在二二八事件後經濟快速發展的原因，但此等觀念是為社會長久經驗累積所產生的慣例，固筆者在此引用其中四點作為儒家思想在明清時期的影響。

【19】貨幣的雙本位制度能增加可使用之交易媒介的貨幣，提升總貨幣供給量，因此，如果社會上出現如此多的貨幣，卻只有少少的貨物，在僧多粥少的條件下，通貨膨脹將是無可

避免的。

【20】最早可溯及漢朝，漢武帝獨尊儒術使儒家待人處事之觀念深入人心。

【21】翁嘉禧，《二二八事件與台灣經濟發展》，第二一九頁。引用Peter L. Berger等，〈從台灣經驗看世俗化儒家與資本主義發展〉，《中國論壇》，第二二二期，一九八四年十二月，第十三~三四頁。Berger認爲儒家精神所顯現的是理性、實用與世俗性。

【22】《二二八事件與台灣經濟發展》，第二一九頁。引用澀澤榮一著，洪墩謨譯《論語與算盤》（台北：正中書局，一九八七）。其論點也傾向儒家倫理有助於經濟發展。

【23】張海瀛，張正明，黃鑒暉，高春平，《山西商幫：金融集團，守信不欺》（北京：中華書局，一九九五），第二五頁。

【24】前揭書。

【25】原文：「余僦居錢塘之相安里，有饒於財者率居工以織，每夜至二鼓。……進工問之曰：『以余觀，若所爲其勞也亦甚矣，而樂何也？』工對曰：『此在人心，心苟無貪，雖貧樂也；苟貪，雖日進千金，祇戚戚爾。吾業雖賤，日傭爲錢二百緡，吾衣食於主人，而以日之所入養吾父母妻子。雖食無甘美，而亦不甚飢寒。余自度以爲常，以故無他思，于凡織作，咸極精緻，爲時所尚，……』。」明朝，徐一夔，《始豐稿》卷一，《雜述．織工對》，引自謝國楨選編，《明代社會經濟史料選編》（福州：福建人民出版社，二〇〇四）。

【26】原文：「佃户終歲勤動，祁寒暑雨。……」清朝，張履祥，《補農書．佃戶》，引自謝

國楨選編，《明代社會經濟史料選編》（福州：福建人民出版社，二〇〇四）。

【27】原文：「鎮油坊可二十家。杵油須壯有力者，……二十家合之八百餘人。一夕作傭值二銖而贏。」康熙《石門縣誌》，卷七，引萬曆十七年賀燦然《石門鎮彰憲亭碑記》，引自謝國楨選編，《明代社會經濟史料選編》（福州：福建人民出版社，二〇〇四）。

【28】原文：「治山者往來經理，情弊多端，必須法制嚴明，賞罰必信，此議方爲有亦，……栽盆興養，治山者必要佃與近山能幹之人，便於防盜防火。」明朝，佚名，《竇山公家議》，卷五，引自謝國楨選編，《明代社會經濟史料選編》（福州：福建人民出版社，二〇〇四）。

【29】原文：「及佃戶受田之日，宜至其室家，熟其鄰里，察其勤惰，計其丁口。愼擇其勤而良者、人眾而心一者任之。」清朝，張履祥，《補農書．佃戶》，引自謝國楨選編，《明代社會經濟史料選編》（福州：福建人民出版社，二〇〇四）。

【30】張海瀛等，《山西商幫》。

【31】原文：「某里某境某人，爲無生活，情願將身出顧與某里某境某人家，耕田一年，憑中議定工資銀若干。言約朝夕勤謹，照管田園，不敢懶惰；主家染色器皿，不敢疏失。其銀約季支取不缺。如有風水不虞，此系天命，不干銀主之事。今欲有憑，立契存照。」明朝，佚名，《五刻徽郡釋義經書士民便用通考雜字》，卷二，引自謝國楨選編，《明代社會經濟史料選編》（福州：福建人民出版社，二〇〇四）。

【32】原文：「凡桑地二十畝，每年顧長工三人，每人工銀貳兩貳錢，共銀六兩六錢。每人算

飯米二升，每月該飯米乙石八斗，逐月支放，不得預支。每季發銀貳兩，以定下用，四季共發銀八兩。」明朝，庄元臣，《曼衍齋草》，引自謝國楨選編，《明代社會經濟史料選編》（福州：福建人民出版社，二〇〇四）。

【33】原文：「立佃約人某，今佃到某都某名下，土名某處，田若干耕種。議定每年秋收，交納租穀若干，每秤幾十斤淨稱，其穀務要干潔，不致短少。如遇年程水旱，請田主臨田監割，幾分田租，幾分力糞，如無故荒蕪田地，自甘照約內交納租數賠償。立此佃約。」明朝，呂希紹，《新刻徽郡補釋士民便讀通考》，引自謝國楨選編，《明代社會經濟史料選編》（福州：福建人民出版社，二〇〇四）。

【34】原文：「前明富家甚多。如吾鄉華氏，世居東亭，田跨三州，每歲收租四十八萬。……蘇州齊門外有錢槃者，亦田跨三州，每歲收租九十七萬。」錢泳，《登樓雜記》，引自謝國楨選編，《明代社會經濟史料選編》（福州：福建人民出版社，二〇〇四）。

【35】Giovanni Arrighi. *The Long Twentieth Century: Money, Power, and the Origins of Our Times.* (London and New York: Verso, 1994).

【36】原文：「共計一坯工力，過手七十二，坊課程氣，其中微細節目，尚不能盡。」謝雯琪、范錦明，《傳統與制度創新：景德鎮陶瓷產業發展的比較研究》（高雄：中山大學大陸研究所，二〇〇七）。

【37】謝雯琪、范錦明，《傳統與制度創新》，引用梁淼泰，《明清景德鎮城市經濟研究》（南昌：江西人民出版社，二〇〇四），認爲以康熙時的製瓷手工工場情形回溯至明代

後期的手工工場不會有太大的出入。他引用《列寧全集》，卷三，第三八六頁：「分工的發展和加深進行的非常緩慢，因而工場手工業幾十年來（甚至幾個世紀）都保存著一開始就採用的那種形式。」支持他的推論。

[38] 原文：「系眾銀谷，管理者毋得擅行賒借與人，犯者立時追復。」明朝，佚名，《竇山公家議》，卷七，引自謝國楨選編，《明代社會經濟史料選編》（福州：福建人民出版社，二〇〇四）。

[39] 原文：「凡桑地二十畝，每年顧長工三人，……，四季共發銀八兩。其葉或梢或賣，但聽本宅發放收銀，管莊人不得私自作主，亦不許莊上私自看蠶。」明朝，庄元臣，《曼衍齋草》，引自謝國楨選編，《明代社會經濟史料選編》（福州：福建人民出版社，二〇〇四）。

[40] 張海瀛等著，《山西商幫》，第四三頁。

[41] 遲國維，〈澤潞商人誰來研究誰來開發？〉，《新浪博客》，二〇〇九，檢索自：http://blog.sina.com.cn/s/blog_48c1769b0100fm28.html，檢索日期，二〇一一年十二月十三日。

[42] 原文：「平陽、澤、潞豪商大賈甲天下，非數十萬不稱富。」明朝，王士性，《廣志繹》，卷三《北方四省》，引自謝國楨選編，《明代社會經濟史料選編》（福州：福建人民出版社，二〇〇四）。

[43] 原文：「明季從六世祖贈長史公，精於陶猗之術。秦晉布商，皆主於家。……其利甚厚，以故富賈一邑……。」清朝，褚華，《木棉譜》。引自謝國楨選編，《明代社會經

濟史料選編》（福州：福建人民出版社，二〇〇四）。

【44】原文：「徽州人有汪拱乾者，精會計，貿易於外者三十餘年。其所置之貨，皆人棄我取，而無不利市三倍。自此經營，日積日富，而自奉菲薄。並誡諸子，不得鮮衣美食，諸子亦能守成。」錢泳，《登樓雜記》，引自謝國楨選編，《明代社會經濟史料選編》（福州：福建人民出版社，二〇〇四）。

【45】原文：「山西人多商於外，十餘歲輒從人學貿易，俟蓄積有貲，始歸納婦。後仍出營利，率二三年一歸省，其常例也。」紀昀，《閱微草堂筆記》，卷二三《灤陽續錄五》，引自謝國楨選編，《明代社會經濟史料選編》（福州：福建人民出版社，二〇〇四）。

【46】原文：「山西富戶王泰來，家有現銀一千七百萬兩有奇……」遲國維，〈澤潞商人誰來研究誰來開發？〉。

8

歷史視野中的世界都市：長安、泉州與蘇州

號稱「世界都市」（world city）或「全球城市」（global city）的紐約、倫敦、東京與巴黎，市區裡的摩天大樓，將陽光反射得燦爛炫目的帷幕玻璃，這般光彩奪目的景象吸引許多學者的目光。然而，正在此時，少數學者反而轉向去尋找一種存在於悠古城市的典雅氣息，並且沉浸在那種氣氛裡。用一種比喻的方式來說，我們在許多學者的讚嘆聲中引起的一股強烈氣流氛圍中，看見彷彿在宣告著「世界都市」研究典範的形成，同時察覺到一陣微風，來自於遙遠的、輝煌的古代城市，歷述除了當代的紐約、倫敦與東京之外，在所謂「（西方）世界都市」的典範之外，古代的「（東方）世界都市」是否也同樣值得我們多加關注呢？換個方式來說，當學術界的主流視線被世界都市的壯麗所吸引時，少數的學者回過頭來感嘆歷史悠久、處於胚胎期的，現今僅存傾頹牆垣之世界都市遺跡。

本章有意將令人懷舊、存在於遙遠的過去、關於古代世界都市的記憶再度拼湊起來，並藉此稍微撫平淡淡的懷舊哀愁。然而，這個「哀愁」並非自然產生，而是人為建構合成的。這要怎樣說呢？我們從年輕時即嚮往著有朝一日能夠到紐約、倫敦與東京留學，讓自己成為跨界的資產階級。應該這樣說吧！因為似乎唯有如此才能在當代立足，享受旁人羨慕的眼神。然而，已開發國家的高等學府通常（應該說：總是）有詮釋歷史的權利，是故，倫敦之所以是倫敦、巴黎之所以是巴黎、鹿特丹之所以為鹿特丹，與東京之所以為東京，是因為有著過去（不光彩但被刻意遺忘的）殖民歷史。人們所看到的、所記得的、所想要的只是取得世界都市的名校學位、前往旅遊的次數，與熱門景點的自拍，與上傳在FB累積「讚」的次數。

東方（中國）的世界都市則有不同的命運，相較這些大都市，宿命似乎悲慘了些，但多數都被人所忽視，被眾人所遺忘，但它們曾經有過炫爛的時代。

世界都市研究典範的誕生

世界都市研究典範約莫在一九七〇～一九八〇年代誕生，這讓人想起「傳統」的東方（中國），這些星羅棋布的城鎮都市，在西方建構的知識體系之下，失去他們光輝燦爛的歷史；在歐洲中心主義下，東方（或非西方）都市——通常是其首都、經濟重鎮，或二者兼具——變成了殖民母國在該地積攢財富的重點所在，主要的功能變成是轉移殖民地的剩餘價值到殖民母國的大都會，像是馬德里、里斯本、阿姆斯特丹、倫敦、紐約與東京。就定義來說，當代的世界都市——也就是具備強大的累積資本力道，以及各項爲生產、製造應運而生的服務業，像是金融保險、交通物流、運輸倉儲、法律諮詢、住宿旅遊，與通信業務等等——全座落在已開發國家。因爲在歷史上，這些大都市必須具備吸收來自殖民地的剩餘資源，並持續轉移到殖民母國，這與古代的、東方（中國）的世界都市並不相同，因爲「傳統」的中國似乎未有明顯的殖民企圖與行動。

但爲何「世界都市」[1]研究自一九八〇年代開始引發學者關注？學者Paul L. Knox宣稱，在一九七〇年代與一九八〇年代時，全球政經活動發生重要的變遷，也就是從「國際經濟」（international economy）轉變成「全球經濟」（global economy）。他說：

> 在國際經濟之中，商品與勞務透過不同國家的個人與公司之間的交易，而跨越國家邊界，而交易的行爲被具有主權的民族國家緊密地規範著。全球經濟體裡，商品與勞務是在一個寡占的跨國企業所形成的網絡之中被製造與行銷，而在這些散布在不同的國家之邊界裡的跨國企業，民族國家只能用一種很鬆散的治理方式來規範這些企業的運作。[2]

在這段話中，Knox認爲有兩個重點必須加以留意。第一，在這樣的趨勢下，民族國家

（nation-state）將會逐漸被掏空，意思是，國家力量在面對財大氣粗且勢力日益龐大的跨國公司，其力量會受到侵蝕，不再能夠主導經濟、財政計畫之推行；第二，過去的貿易商、工廠等，將日漸被主要以跨國公司（Transnational Corporations, TNCs）所組成的全球企業網絡（global corporate network）所取代。本章的重點著重在Knox的第二個論點——跨國公司所組成的全球企業網絡。自三十年前至今，跨國企業發展可說相當綿密，而網絡上的巨大節點（nodes），也就是世界都市的所在地。許多故事都在這裡發生，今天和過去都是一樣。

我們討論Knox所觀察到全球重要的社會變遷，與華勒斯坦（Immanuel Wallerstein）的現代世界經濟體系理論（The Modern World-System Theory）有關。簡單地說，西歐國家自十五世紀中葉（或華勒斯坦所定義的長十六世紀，大約自一四五〇年開始）向海外擴張，憑藉著槍砲武力征服原住民，占據廣大的海外土地，包括非洲、拉丁美洲、東南亞、南亞等大片土地。有別於二十一世紀知識經濟時代，以專門知識的擁有作爲創造財富的主要方式。在過去，人們累積資本的方式是靠著土地、勞動力與資本。因此，土地（包括地下的礦產與地上的經濟作物）與勞動力（包括了非洲奴隸、拉丁美洲的原住民、中國的苦力等等），幾乎完全被西方列強所掌握。當然，我們絕對不能忘記，位於東方的「西方」（或全盤西化的）日本，在十九世紀末崛起，也像是西方列強那般地假藉各種理由，先後占領中國的滿洲地區、朝鮮半島，以及台灣等，並圖謀獨占中國沿海的政經利益。單純以經濟角度來看，財富流動的方向可說極爲明顯。時至今日，我們仍經常以ＧＤＰ來衡量一國財富多寡，來相互比較自己到底生活在世界經濟體中的哪個階層。但人們忘記了，自十五世紀以來，國家之間是站在不同的位置進行比賽。

殖民地的首都變成西方列強（加上日本）殖民母國統治該地人民與物資等財富重要的節點（nodes），而因爲財富不斷累積，加上各種政治、軍事、經濟服務之需求，與殖民地之間物資與人才的流動，使得世界中最大的節點（樞紐）都位在殖民母國，也就是數百年前就已逐漸形成的世界都市。除了Sassen所提到的倫敦、紐約、東京[3]之外，不難想像，我們還可以舉出像是巴黎、柏林、阿姆斯特丹、布魯塞爾、莫斯科等，或者更早之前的巴塞隆納、里斯本等世界都市。或許可以這麼說，華勒斯坦以世界經濟體系理論，來解釋資本主義在過去五百年來的發展，而世界都市研究取向，則集中在理解世界體系中，相對較大節點內的政經活動，那麼，爲何這些特大的節點都位在當今所謂的「先進」國家之內。依賴理論（Dependency Theory）大師Andre Gunder Frank觀察核心國家（core）對邊陲國家（periphery）的剝削，持續將財富從殖民地轉移到母國的過程，因此形成「低度發展的（經濟）發展」（development of underdevelopment）[4]。換句話說，邊陲國家的不發展（undevelopment）或低度發展，與核心國家的發展實屬同一歷史過程。因爲核心國家的財富，是建立在對邊陲國家的剝削之上，這也是爲何最大節點——世界都市——悉數位於核心國家的原因。

先前，我們在談到海峽兩岸編寫高中歷史教材時，台灣高中歷史教材在討論白銀在全球流通與經濟交流時，提到明、清時期中國普遍使用白銀爲支付工具，於是逐漸「整合進入」

（integrated）[5]世界經濟體系中。本書也在先前的分析中，說明歷史教科書的不良影響，因爲「整合進入」世界體系，就意謂著明、清中國是被動地加入以西方列強爲主導的世界體系之中。然而事實是，在明、清朝這段漫長的時間裡，中國在絲綢、瓷器和茶葉等產品，遙遙領先其他國家，在全球市場上占據優勢地位。由於西方列強希望從中國得到品質優良的產品，才前來貿易。簡單來說，高中歷史課本使用「整合進入」這樣的動詞，勢必難逃將明、清時期的中國視爲「傳統中國」，不克自拔地落入費正清（John K. Fairbank）以一八四二年作爲歷史分期的陷阱之中。同時，我們也注意到，在中國的高中教科書裡論到中國與西方列強之間的關係時，使用「整合進入（或被納入）」（incorporated）[6]一詞，來描述西方資本主義體系的運作機制。本文認爲這是歐洲中心主義的說法。先前我們提到，華勒斯坦所稱的世界經濟體系，在十五世紀中葉誕生，在此之前，即使並非早於世界體系，世界上應該還有其他的體系同時並存。

例如，明代中國的朝貢體系，這個體系在明成祖永樂年間稱霸於東南亞、印度洋，甚至於遠及阿拉伯海與非洲東岸。然而這樣的歷史事實，在歐洲中心主義的觀點下卻被加以忽略。而使用「被納入」這樣的被動語態，顯然令人很難瞭解東亞朝貢體系的運作邏輯，也容易導引人聯想費正清所言，在一八四二年以前的「傳統中國」是停滯的、等待著西方列強將「現代性」引入中國。不幸的是，海峽兩岸的高中歷史教材卻依然這樣闡釋誤導人的「傳統中國」。另外，不久前，旅美知名學者趙穗生（Suisheng Zhao）好像也曾說過類似的話：「中國抗拒著

『被納入』全球商業與生產體系，中國甚至阻止其人民與外國商人貿易，以及與傳教士接觸，但中國所做的這些事，都因爲十九世紀歐洲戰艦的到來而『打開了中國貿易的大門』。」[7]明顯得很，他似乎同樣落入費正清以一八四二年的歷史分期所造成對「傳統」中國的誤解，「想像」舊中國一直停留在歷史的某個時刻；而歐洲，特別是英國則在各個層面不斷向前躍進。更糟糕的是，大多數的華人對於自身的歷史仍舊抱持著這種看法，如此，進一步形成其扭曲的世界觀。

現在，就讓我們來看看所謂的「世界都市」研究取向在一九八〇年代崛起的重要原因之一，而這就與Knox所觀察到的第二個全球社會變遷有關。他所說的第二個社會變遷，則與由跨國公司（TNCs）所形成的「全球企業網絡」（global corporate networks）的形成有關。但相較於過去，這個網絡到底有沒有包含新的元素呢？筆者認爲，答案可說「是」，但也可說「不是」。倘使我們回答「是」，我們的確可以看到一些新的元素，例如，企業網絡規模的變化、跨界人才的流動方向（大體上，從十九世紀的核心國家流動到邊陲，到了二十世紀中葉之後，從邊陲地區流動到核心國家）[8]、溝通的媒介、付款的方法，以及科技的進步等等；而如果我們回答「不是」的話，或許我們也可從當中挑選出一些從過去到現在維持不變的、或大致相同的事物，像是：企業網絡內存在的權力關係、輸送與接收剩餘價值的節點（其中網絡中特大的節點，亦即定義中的世界都市，這些節點是爲了協調全球經濟活動而出現的）[9]、國家與跨國企業的利益糾葛等等。這些因素並未隨著時間更迭，而發生了實質的變化，相反地，直到如今，我們還是能發現某些維持不變的事物，在這個全球跨國企業的網絡裡；相信讀者應該還記得英國東印度公司在全球，特別是中國的所作所爲吧。當然，或許讀者也同樣會想起東印度公司與英國王室之間的微妙互動吧！

如前所述，全球社會（科）學界最重要的兩位西方學者，也就是費正清與韋伯，在過去數十年來影響難以數計的學者。本書主要目的，就是將費正清以一八四二年來分期「傳統的」與「現代的」中國之不當，與韋伯之二分法將先進的中國「傳統」法律視之爲「落伍的」、「不可預測的」，與「非理性的」的不當。重新加以檢視，並重新繪製一幅新的景象，以求能從誤導的世界觀中脫繭而出。因此本文將焦點放在一八四二年之前，也就是「傳統的」中國社會，看看一個「停滯的」社會是如何治理其城市——古代世界都市——人民如何在其中生活著，看看「傳統的」中國其巨大城市在其所處的區域扮演著什麼樣的角色，當然，我們即將要看到的城市（特大的節點）未必一定像里斯本、馬德里、阿姆斯特丹、倫敦、巴黎，和東京那樣，成爲其殖民地剩餘價值之最終目的地。

世界經濟體系與世界都市

若要討論胚胎期的（或稱歷史視野中的）「世界都市」，則不能不將世界體系理論先納入考量，如前所述，世界體系理論難逃被冠上「歐洲中心主義」的稱號，原因之一是華勒斯坦將世界體系的起源，等同於西方列強在十五世紀開始的向外擴張。事實上，就這個缺陷而言，Abu-Lughod也曾質疑過華勒斯坦，她認為在西方向外擴張以前，世界上還有其他既存的體系，例如，她提到義大利幾個重要城市及其周邊區域、印度洋體系，明朝中國等等，[10]先前，我們也稍加補充她對明朝理解的欠缺之處。Abu-Lughod將研究期間設定在西元一二五〇～一三五〇年之間，並證明在華勒斯坦的世界體系誕生之前，其他體系——雖然涵蓋的區域較小——於不同的區域裡確實存在，因此，這已足以推翻（或補充）華勒斯坦帶有歐洲中心主義的世界體系理論。另外一位重要學者Andre Gunder Frank在《重回東方：亞洲時代的全球經濟》（*ReOrient: Global Economy in the Asian Age*）一書中試圖證明資本主義世界經濟體系並非五百年前才誕生，而是五千年前，重點是，在華勒斯坦的「現代」世界經濟體系出現之前，亞洲，特別是中國，挾其優勢地位主導著全球經濟，而非如華氏所言，非西方社會只是在十五世紀之後，等待著西方列強將其納入所謂的「現代」世界經濟體系之中。[11]不過，可惜的是，中國或其他非西方國家等待被納入世界體系的說法，至今仍充斥在非西方（特別是中國）知識分子的思維之中。

但是，世界體系理論仍有若干說服力，我們也不應該將之遺棄。從Abu-Lughod的說法，以及筆者先前所證明，明初永樂朝在東南亞、印度洋的優勢地位，我們得知在華勒斯坦的世界經濟體系誕生之前，世界上還存在幾個大小不一的「世界」體系。當然各個體系之間的連結遠不如今日，即使與十五世紀的世界體系相比，其規模、其差異仍然不小。另外，我們也提到，華勒斯坦的世界體系之所以誕生，部分原因正是因爲他採用歐洲中心主義的觀點，【12】才使得他的世界體系得以誕生在十五世紀。現在，我們舉另一個例子，同樣可以用來說明歐洲中心主義，Giovanni Arrighi是世界體系理論另一名大將，我們來看他的說法。世界體系的主要特徵——相信華勒斯坦不會反對才是——是無止境的資本累積（ceaseless accumulation of capital），【13】Arrighi將他「（資本）累積之系統性週期」（systemic cycles of accumulation）定義爲「由一個階段的物質性擴張，緊接著另一階段的財務性擴張，這是由同一個機構（代理人）或一群機構（代理人）所組織與推動而產生的」。【14】根據他的說法，這種系統性累積的擴張將會持續下去，直到世界體系的極限爲止。也就是說，資本主義最終將涵蓋到整個地球，看起來，從十五世紀到今日，資本主義世界體系逐漸到達全世界的各角落。那麼，或許華勒斯坦與Arrighi並不同意，但我們可以這麼想：（多個）世界體系其範圍一定遠小於十五世紀誕生的世界體系，並且可以想像得到，雖然體系之間未必相連，但各個體系之內，因爲同樣存在著商業網絡，也必然有一些大的節點，亦即「世界」都市。這樣的「世界」相對較小，其節點也不見得能與今日動輒千萬人口的大都會相比，但或許我們可將這些早期的大城定義爲「胚胎期（初期、早期）的世界都市」（embryo world cities）。

略微分析、評論華勒斯坦的歐洲中心主義的觀點，在這種觀點下，其他地區只能被動地等待西方列強將其帶入世界經濟體系。至今，在台海兩岸的高中歷史教科書，仍然繼續使用「整合進入（或被納入）」（incorporated）這樣具負面意義的詞句，來形容「傳統」中國是處於一種停滯的狀態，時間分割點正好是費正清用以分期的一八四二年。簡單說，一切所謂「現代的」事物不可能在「傳統」中國的土地上產生。在某個意義上，華勒斯坦所言「（中國的）被納入」世界經濟體系，與費正清以鴉片戰爭時期來區分「傳統/現代」中國，可說不知不覺地彼此呼應。倘若再加上西方哲學的二分法，強調「在場」、「有」、「主動的」、「現代」與「進步」，貶抑「缺席」、「無」、「被動的」、「傳統」與「停滯」，那麼產生這樣的結論就毫不令人感到意外。換言之，西方哲學的二分法，和華勒斯坦的世界體系理論，將西方視為人類歷史上扮演「主動的」角色，非西方則是「被動的」停滯社會，加上費正清視一八四二年西方人來到中國之後，「現代的」中國最終方告出現。整個西方所建構的社會科學知識簡直可以說是一個完美的組合，以致於大多數非西方的知識分子難以看清歷史的眞相。這種以歐洲為中心的觀點，在過去數十年社會科學的發展史中，我們不難在學術著作中發現。當然，在這樣的氛圍裡，兩岸在高中歷史科目的教學上，似乎也不自覺受到上述思維之影響，進而導致建構出扭曲的世界觀。或許本文作者無意苛責華人學者，畢竟社會科學在西方知識體系的建構下看起來眞是天衣無縫。

回到「世界都市」的議題上，在討論完世界體系與世界都市的關係之後，我們或許為以下的分析找到了正當性。具體而言，在考慮「世界」都市的同時，不一定得受限在華勒斯坦或者Arrighi的想法之中，似乎能存在我們心裡的只有西方社會那些進步的大都市，像是倫敦、阿姆斯特丹、巴黎，或者更早期的威尼斯、熱那亞等。在探討「胚胎期」的世界都市時，我們還有更多考慮的對象，像是中國唐朝的長安、宋朝（特別是南宋）的泉州，以及明、清時期的蘇州城。如同先前所說，當代的世界都市除了交通網絡上的重要節點之外，還因爲必須提供各種服務，像是運輸業（水運、陸運）、旅館、飲食業、糾紛調處等，或者學術、大衆文學、出版事業等功能。或許，處於胚胎期的世界都市也能看到類似的服務；其次，在討論流行時尚，包括服裝樣式、髮型等的時候，世界都市通常扮演著領導風潮的角色，也許我們從早期的世界都市也能看到類似的情形；再其次，早期的世界都市，同樣也有許多「跨國資本家階級」（transnational capitalist class），[15]特別是宋、元時期的泉州。另外，地方政府機構一般也座落在大型都市，因此，不同職業團體爲求保障自身「權利」，也會向官府抗議不公不平之事，相關活動也會在早期世界都市中進行，本文選定蘇州加以說明。以下，我們探討不同時期的長安、泉州與蘇州這三個歷史視野中的世界都市。

唐朝的長安

在這一小節中，我們先來瞧瞧四百年前長安的模樣。當時，這樣的城市規劃相信任何人看了之後都會印象深刻。接著，我們不妨看一下這個城市經濟繁榮的景象。試著想像一下，像這樣的巨大城市，其資本累積的能力，這是世界都市研究取向中，相對於在城市網絡中的其他城市所說的領導統御（command）能力。然後，檢視長安的「國際」交通路線，因爲交通在世界都市的形成、轉型，以及運作上均扮演著重要功能。最後，我們看看長安城內居住的皇室成員和居民，在生活上如何帶領著當時全中國，乃至亞洲的時尚潮流。雖然當時的「世界」的大小無法與今日的紐約、倫敦與東京的規模相提並論，但我們可以將之視爲初期、或處於胚胎期的世界都市之一。

規劃完善之棋盤式格局

隋朝（五八九～六一七）與唐朝（六一八～九〇七）均定都於長安，隋朝時稱大興，唐朝滅了隋朝之後，即改建長安，建造的工事直到唐高宗（六二八～六八三）時仍未完成。長安城是經過詳細規劃的城盤狀城市，其周長有三六．七公里，城內有十一條南北向垂直的道路，十四條東西向水平道路，看起來相當整齊。這在唐朝同時也是中國最大的城市，無疑也是世界上最大的。長安城的總面積是八十四平方公里，是建於西元四四七年的君士坦丁堡的七倍大，建於西元八〇〇年巴格達的六．二倍。[16]當然城市的大小並非考量是否爲世界都市的唯一標準。那麼，長安的人口規模呢？在唐朝時，長安人口已經超過百萬人，當時是世界上最大的都市。[17]如此規劃整齊的大城市——有一百萬到一百五十萬人——包括官員、平民、軍隊、僧尼以及外國人[18]——生活在其中。即使以今日的標準來看，也還是名列前茅，至今世界上不知還有幾十億人不曾生活在如此巨大的城市之中。可想而知，單要照顧居民的日常生活所需，在治理上都不是件容易的事。

另外，這兒或許不是深入討論中國「傳統」法律的好地方，但且讓我們談點「題外話」吧！我們先前所看到的，非但不是「傳統」中國法律的停滯，相反地，中國傳統法律之進步性的的確確地在保護智慧財產「權」（知識產「權」），這同樣是西方哲學二分法、費正清一八四二年分期，以及歐洲中心主義觀點難以看明的歷史事實。可想而知，唐朝法律的完整性、進步性，與韋伯所鍾愛的可預測性，都是交易得以順利進行的制度性保障，否則不可能維持一個百萬人口的城市完善地運作。我們試想，光是滿足居民維持生計之基本需求所衍生之交易數量，就是個天文數字。而且，一個巨大城市絕不可能僅止於這些交易行爲而已，我們稍後會看到更詳細的資料。

在東亞朝貢貿易體制下，中國的周邊國家紛紛學習唐朝各種典章制度，例如地方制度、漢字等，其中也包括了都市建設，例如，渤海國模仿長安建了上京龍泉府，日本則建了平城京（今奈良市西郊）和平安京（今京都市中心地區），至今京都的街道還全是棋盤式的街道格局，[19]並且還稱呼進出京都爲出洛、入洛。當時，不少國家派遣留學生赴唐朝國子監學習，因爲當時的中國文化被視爲優勢文化，這可說是唐朝軟實力的展現。但先讓我們看看長安熱鬧的模樣。

長安的繁榮意象

一般來說，我們很少用火災的畫面來形容一個城市的熱鬧程度，不過，根據一份北宋時期的紀錄，是這樣描述長安在唐朝時的繁榮景象。在長安城內的東市，大約有二百二十種商品的貿易在進行著，所有的原物料、商品都聚集在此。唐武宗（八一四~八四六）一天夜裡東市發生一場大火，從曹門以西，有十二種貿易，約四千家商店被焚毀。以此推估，一種商品貿易有三百家同行彼此競爭，東市裡有二百二十種商品貿易在進行著，有超過六千家商店在東市聚集著，不難想見長安城裡經濟活動的繁榮景象。[20]長安城裡，東市是主要的商業區，在皇城的另一邊則是西市，主要爲外國人居住的地區，大多來自中亞、西亞地區的外國人，像是波斯與大食人等。

在唐朝時，長安是著名的陸上絲綢之路的起點。從「國際貿易」的角度來看，這裡是各種手工業商品與奢侈品的銷售中心，從阿拉伯和波斯來的商人帶著香料、珠寶等，經由此陸上絲路來到長安，爲的是中國的絲綢、茶葉與瓷器等高附加價值的產品。因此，在長安的西市總是聚集了成千上萬爲求利潤的中亞、西亞人。就「國內貿易」而論，長安也是淮河、揚子江（the Yangzi River，長江）流域各種商品的集散地。於是，長安不僅是唐朝中國的行政與經濟中心，更是東方人與西方人交流、貨品交易之重鎮，同時在八~十世紀時也是古代世界都市網絡（world cities network）之重要節點（nodes）中最重要的一個。[21]

先前我們看到大量的白銀輸入中國，充分提供經濟發展所必須的貨幣，使交易得以進行，造就了十六世紀末、十七世紀初明朝的第二次經濟起飛，因爲經濟的繁榮，除交易量增加之外，交易次數亦更加頻繁。此時，貨幣供給額必須增加，否則交易將無法進行。由此可見，唐朝的經濟活動十分熱絡，不得不想方設法地找出更多的貨幣以供使用。唐朝因此發明了飛錢，相當於今日的匯票，以便利於交易，雖然後來以失敗收場，但這仍是人類歷史上銀行會計制度的新發明，意義可說非常重大。[22]這使得商人無須攜帶大量的重金屬，免除運送時的不便與耗費人力物力。同時光是開採貴金屬的費用就相當驚人，沿途護送的人事費用亦所費不貲。

先前所提唐武宗（八四三年）暗夜的大火，正好被日本名僧慈法師瞧見，當晚東市燒掉了四千家店，雖然店鋪面積不大，但四千家商店就這樣毀於一把火，在當晚，東市想必損失慘重。東市與西市分別座落在長安皇城的左、右兩側。東、西市的面積相同，前者設有東市局與平準局，後者則是西市局與平準局。西市有旅館和酒家，外國人依照唐律居住在西市。坊內奢侈品極豐富，但這似乎是必然的。在沙漠中長途跋涉，也只有奢侈品才有豐厚的利潤。此外，西市還有一家很大的服裝店，這與胡服在唐朝十分流行有關。不少波斯人和黑衣大食人開設的珠寶店，比鄰而開。唐代的市坊制，原來是正午開門，日後閉市，市民在下午上街購物，後來因爲人口增加，逐漸延長至夜間。唐初的馬種高大，品質佳，數量多，女人亦有騎馬，馬具店多在西市。[23]

綜上所述，我們應該能夠約略想像到長安城的輪廓與其中熱鬧非凡的景象。長安之所以能夠如此，原因在於這個城市位於重要交通要衝，來自全國各地以及外國，無論是人員、原物料、商品等，都在這裡聚集，再轉賣到其他地區，賺取利潤。可以這麼說，長安在當時的世界都市網絡中發揮其領導統御（command）的超強力量。這種力道，就是Saskia Sassen在比較紐約、倫敦和東京所發現，在當今全球都市網絡裡最重要的力量之一。支撐著這樣的領導統御能力，我們就不得不討論長安的樞紐位置。

在這裡我們討論華勒斯坦的說法，我們或許應該稍微提到他對他自己所定義的「世界經濟體系」。在華氏的想法中，當全世界眞的連結在一起，也只得靠西方國家向大西洋以西的海域展現其實力。當然，在他的「世界經濟體系」出現之前，全球曾經存在過許多「迷你系統」（mini systems），更重要的是，這些系統所交易的，主要是奢侈品，而非日常用品，因爲奢侈品的生產只是爲了少數統治階級，因此在交易行爲中看不出國際分工的眞實情況。當然，這種說法主要是爲捍衛他所提出之世界經濟體系理論的正當性與說服力。不過，即使是從西方（擴張）的角度來理解世界體系，本文作者依然懷疑華勒斯坦的十五世紀中葉誕生的世界經濟體系，除了船員的日常用品之外，在當時，航海的風險仍高，就算西方向外擴張之後的數百年，這些國家不也在找一些奢侈品——例如，香料、絲綢、瓷器，茶葉，與非洲奴隸、中國苦力，還有鴉片——來交易以賺取暴利？數百年來，誰願意花大錢造船，只爲了運送麵粉到大西洋的彼岸呢？事實上，並非只有奢侈品在長安賣得好而已，大量的糧食也從長安的東南地區經由聯絡江淮的運河系統輸入這個大城，這是居民的日常所需。然而，這應該不算是華勒斯坦的「國際」分工吧，但中國的省際貿易，其距離與貿易數量，看來豈不是與歐洲的「國際」貿易大同小異？不過，且讓我們回到世界都市的議題上吧！

長安城的「國際」線

唐朝的長安地處交通樞紐位置，除了位於淮河、揚子江流域的重要位置之外，當時，西亞地區與歐洲商人到中國的陸路主要有三條，「第一條是從拂菻（東羅馬）經蒲類海到敦煌；第二條由西海（地中海）至波斯，越葱嶺，過高昌，到敦煌；第三條由西海，經北婆羅門國（印度北部），越葱嶺，經于闐，到敦煌，所以敦煌壁畫中竟有希臘人像和題字出現。」[24]這是就陸路而言的通商路線。但就海上航線而言，盛唐之時，「波斯和大食的商人坐小船從巴格達出波斯灣，穿過天竺（印度）和師子國（錫蘭）之間到室利佛逝（蘇門答臘）的末羅由港（Malayo）換二十丈，三丈高的大船——乘員千人，載貨三十萬斤。向北沿占城（南越，位於今日之越南）外海達到廣州。再到泉州和杭州。由陸路西北到洛陽和長安……這條海道要航行三年，直到清初還是一樣」。[25]從上所述，以經商的角度來看，長安的確位在東、西方世界的交匯點，在當時的都市網絡之中位於重要位置。但這還不是全部，我們還得看看唐朝遍布「全國」的驛站制度，這出自於治理的需求。

剛剛提到波斯人與大食人經由漫長的海上航行之後，終於抵達泉州，之後還得經由陸路才能抵達洛陽與長安。在一千多年前，這並非容易之事，還得倚靠唐朝發達的驛站制度才可能辦到。唐朝爲了治理上的需要，公部門（官府、軍隊）之間必須建立快速的連絡方式。在盛唐，驛站制度可說是相當發達，可從長安直達泉州。一如現在，沿途隨時都需要保持道路平穩、順暢，以及提供人員飲食、住宿與醫療，馬匹的糧秣、休息的驛站、各種裝備與車輛維修等服務，整個後勤作業規模的龐大與程序之繁複，除非制度相當完善，否則將難以維持驛站制度的運作。從中國與阿拉伯世界的關係來看，大致上，在九世紀以前，也就是唐朝中葉之後，陸運漸漸爲水運超越。換句話說，九世紀以前二者之間的互動，以陸路爲主，長安爲中心，而在九世紀之後，逐漸轉變成以海路運輸爲主，以泉州爲中心。【26】

除了以上的的交通路線之外，維持長安「世界都市」的地位，隋朝所開通的幾條運河亦功不可沒。爲維持長安城軍民之糧餉，必須從外地大量輸入，以補京師周邊生產的不足。而長安糧運之所以能夠穩定，原因有二個，一方面由於「設倉儲粟」的完善，另一方面則是因爲其良好的運河系統，最主要是汴河，也就是隋煬帝時開鑿的通濟渠，學者全漢昇這樣形容：「運河之於唐帝國，著實像動脈之於身體那樣，它的暢通與滯塞，在在足以影響到國運的興隆和衰替。」【27】

引導時尚潮流的長安人

長安不只是政治、經濟中心，更是文化中心。盛唐時期，整個王朝所展現的不只是地緣政治的硬實力，並藉著其學術的領先地位，吸引了各國——主要是日本——留學生到長安學習各種典章制度、藝術活動，除了這些所謂的「高階文化」（high culture）之外，大眾流行文化，像是長安城裡的流行服飾、髮式等也值得我們一提。且先談談日本的遣唐使。唐朝國子監爲最高學術機構，領導國子學、太學、四門學、律學、算學，與書學的所謂的「六學」，這是朝廷所主辦的六所學校，前三者爲綜合性大學，後三者爲專科學校，爲培養法律、語文、數學等學科的專長。日本占留學生大多數，唐朝政府供給留學生的生活費是絹二十五匹，由鴻臚市供給，其他費用則由日本政府負責。[28]只要讀者想想周遭的親友，多少人已經從美、英、法、德，與日本等已開發國家拿到碩、博士學位，又有多少親友在不久的將來打算出國深造，大概也能瞭解爲何日本政府一共派遣學生十九梯次遠赴長安學習各種法律與其他制度。一般而言，每次少約二百餘人，多則達到五、六百人。這很容易理解，如果不是因爲唐朝相對進步的話，日本爲何要派遣近二十梯次學生前來中國學習。[29]

先前提過，長安的西市有一家相當大的服裝店，當時，胡服相當流行，許多流行的衣服樣式源自宮中，大體上可以這樣說，皇宮是流行文化的重要源頭。當時的婦女流行低胸上衣，也開始使用香料。在髮式上，像是「梳高髻」、「倭墮髻」、「鬧掃髻」是相當時尚的，在洛陽與其他城市也跟著流行起來。[30]暫且回到現代，幾乎大家知道荷蘭的海尼根與鬱金香，卻不太知道燕京啤酒與牡丹花，也許前者的廣告打得很兇！北京市的牡丹花算是有名，牡丹自古以來是文人墨客喜歡吟詠的對象。事實上，一千四百年前的長安人，不管富裕與否，普遍都很喜歡它（世人盛愛牡丹）。牡丹的顏色有「大紅、粉紅、深紅、紫、白、黃綠、綠、黑（極深之紫）等」，各色之中又有許多不同的名稱，一共有二十多個品種。其中以姚黃、魏紫最爲名貴，在長安城，一年之中，只開幾朵姚黃，市上偶然出現一枝，要賣上幾十千的錢。[31]在社會風氣方面——與現今的紐約、倫敦、東京，及其他世界都市差別不大——可以用當代的「消費主義」稍加說明。簡單說，重功利，競奢的風氣盛行，詩人白居易曾感嘆長安是個重名利之地，身上如果沒有一定數目的銀子，簡直寸步難行，暗示長安居民經常以金錢來衡量一個人的價值。[32]雖說人際間不應該存在歧視，然而住在大都市的人，不也常用「鄉巴佬」來取笑衣著不甚入時的外來者嗎？

除了政治地位、資本的累積能力之外，早期的世界都市同樣可以看到所謂的象徵性資本與文化工業，在盛唐時，中國製陶工藝可謂領先群倫，當時，著名的唐三彩，[33]像這樣的產品，不只是有使用價值、交換價值，更有象徵性的價值（symbolic value）。換句話說，當時，唐三彩這樣的陶器藝術品，除了使用與交換價值之外，其周邊鄰國的唐三彩擺設亦有其象徵性的意涵，[34]代表的是與已開發「國家（王朝）」的連結，意義非凡，這是該國對於盛唐文化的認同。當然，唐三彩亦說明了唐朝在當時工藝技術的進步性，是爲周邊國家所欲學習之對象，以今日的話語來說的話，也許我們將唐三彩視之爲唐朝的文化工業，這樣的產業有其象徵性的意義存在，也就是說藉由生產製作這樣的陶器，唐朝享受著這個產品所帶來的象徵性資本。當然，象徵性資本不能不以堅實的硬實力來支撐之。此外，特別值得一提的是唐人飲茶之習慣，對於喝茶的細節特別講究，飲茶風氣大約起自開元（七一三～七四一）年間，陸羽的《茶經》可資爲證，茶葉以產自四川爲佳。[35]而在一千年之後，萬萬沒想到英國人也愛上了茶葉，後來，更爲了茶葉而開戰。當然，更讓人想不到的是，兩岸的華人似乎不甚瞭解鴉片戰爭其實是爲了茶葉而開的火。

以上對於八～十世紀時長安的描繪，許久以來，被費正清等著名漢學家埋藏在一八四二年「傳統」中國的地窖裡，與黃宗智所珍藏的十六～十九世紀美洲白銀一樣不見天日。當然，地窖裡頭還藏著些韋伯不太重視的「傳統」中國法律的專書，有一部分是活字印刷的，也有一部分還是用雕版印刷的，或者是更早以前刻在竹簡上的。不過，這些放在地窖的，因爲溫度較低，也許可以多保存些時日，那麼暫且把它們放著！我們還得先看看南宋的泉州。

宋元之泉州

在中世紀時期，以全世界來看，宋代可能是經濟文化最爲發達的地方，而福建就是宋朝最發達的地區。宋代閩人的刻書業（雕版印刷）——先前我們討論過的知識產權，其中的例子，亦包括福建的訴訟案件——與書院教育堪稱時代之典範。先前提過，宋朝是中國學術發展的重要時期，知識分子爲數衆多，印刷術也跟著發達起來。在全國書業、印刷中心有北宋的開封、杭州，四川的眉山，還有以坊刻本著稱的福建建安和建陽。[36]泉州並非出版業的重點城市，這一點和稍後將討論的蘇州不同。然而，泉州作爲中世紀的世界都市，其交通樞紐地位有非常密切的關係。本節圍繞在世界都市研究典範的重要議題——交通運輸與世界體系——這個主軸之上。

簡言之，泉州不像是長安一樣是政治中心，其文化——以出版業爲例——也不像蘇州當地的文人傳遞著城市裡的高雅文化。因此，泉州無論在雅、俗文化上，均難以引領宋朝其他城市。然而，泉州卻是個相當好的例子，來說明交通運輸對於一個世界都市的形成所扮演的重要功能，因爲上天給了泉州一份禮物。

來自天上的禮物——季風

在〈交通運輸與世界都市研究典範〉一文中，David J. Keeling注意到交通運輸（transport）這個議題的重要性，他認爲有必要將交通運輸與世界都市二者之間的緊密關係加以概念化，因爲都市的演化在世界經濟體系裡一直扮演重要角色，然而，這工作需要更多的研究人員投注其心力。但可想而知，現今一個（特）大城市居住人口已達數百萬，甚至超過千萬人，光是考慮居民日常生活所需的補給都是個大問題，因此運輸能力必須極有效率，位處的地點得要在世界都市網絡（world cities network）的主要節點上，包括國際航線的重要轉運站，像是紐約、巴黎、倫敦、東京、上海、北京等等。[37]事實上，古代的「世界」都市雖然規模、人口數均有不小的差異，但在這裡——繼長安之後——我們會看到介於東北亞與東南亞交界的泉州爲何因爲季風——這個上天給泉州（人）的禮物——而成爲（當時）東方第一大港，是當時亞洲（中國）的城市網絡重要節點上的世界都市。[38]

在沒有機械動力的時代，瞭解與運用季風、洋流是航行於大海的重要知識，一五七一年西班牙人從西屬美洲向西航行，橫越整個太平洋，到達呂宋，幾年之後才在日本東邊找到可以返回美洲的洋流，終於回到加州，再沿著海岸回到墨西哥。對泉州這個港口而言，季風更為重要，而季風的秘密由阿拉伯人帶來之後，其利用價值遠勝於中國其他沿岸的港口，例如廣州就有優越的地理位置，學者李東華說：

> 冬季東北季風對從事南海貿易諸港，如廣州而言，是蕃船南返時，故一年中僅夏季西南季風赴日、韓，而乘冬季東北季風南返；是故夏季為淡季，而冬季為貿易旺季……泉州位於我國海岸線之轉折處，遂可兼營兩地之貿易，冬季一方面有華商、商往南海貿易，一方面有赴東北貿易者（尤以高麗為最，見前）返來；夏季一方面有南海商客入港，一方面又有赴東北亞貿易者出海；一年中幾無淡季可言。[39]

泉州位於中國東南沿海海岸線的轉折處，可謂得天獨厚。東北亞國家，像是高麗、日本，南海諸國（東南亞），如交阯、占城、三佛齊、闍婆等國家的商品都聚集在這地。若再加上印度洋、阿拉伯世界的商人也都遠道而來，來到泉州這個世界大港尋求貿易的機會。簡言之，泉州因為有優越地理的位置，加上西南季風、東北季風的吹拂，使得泉州港一年四季均可貿易，全年無休。在風力為主的航海時代，穩定的季風讓泉州有個獨特的機會，使其成為世界大港，在世界經濟體系中，連結了東北亞、東南亞、印度洋，乃至阿拉伯海等沿岸各大城市，泉州（以及上述地區的重要城市）成爲全球世界都市網絡中的重要節點。

以下分別討論泉州與西印度洋長程貿易，泉州與東印度洋短程貿易，前者主要透過阿拉伯人來完成交易。

泉州與西印度洋的遠程貿易

先前，我們已提及，在歐洲中心主義的視角下，想要理解東方的港口城市如何與印度洋沿岸地區城市之間的關係，並不是一件簡單的事，我們在此補足這些缺憾，大略提及泉州如何在西印度洋進行長途貿易，並透過阿拉伯人與東非諸地進行貿易。當然，宋元時期所累積的航海、地理與各國當地文化等知識，也成爲日後明朝鄭和下西洋的基礎。現在，我們先行討論泉州與西印度洋的長途貿易。稍後則將重心轉向泉州與東印度洋（南海諸國）的短程貿易。

在討論長安時，我們稍微提到中國與阿拉伯世界的關係。在唐中葉以前，大約在九世紀之前，陸運逐漸爲水運超越，長安的位置逐漸被泉州所取代。在九世紀之後，泉州開始成爲與阿拉伯世界聯繫的重要城市。然而，在孫吳（二二九～二八〇）之後，福建的閩江流域早就成爲重要的造船中心。從漢朝（西元前二〇二～二二〇）到南朝（二二〇～五八九），中國商人的足跡已從中南半島擴大到南洋群島及馬來半島，而印度洋的天竺（印度）與錫蘭（師子國、獅子國），也自南朝開始由海上與中國往來。更重要的應該算是波斯來貢的記載，這是波斯薩珊王朝（Sassanid Kingdom，二二八～六五一）大舉拓展印度洋海運交通的結果，也可說爲隋唐時代中西海上交通大盛做準備。簡言之，在陸路方面，唐朝時，驛站制度發達，當時可從長安直通泉州；在海上交通方面，八、九世紀時，阿拉伯向西航，到達了東非，向東航，則以泉州（稱之爲刺桐，Zayton）爲遠東貿易的重要港口。【40】

泉州與東非間的貿易在宋代逐漸成形。在當時，中國商人從泉州出發，航行至南亞的藍里，待風轉向之後，繼續向西航行至阿曼地區，該地區扼守與東非聯繫的要塞，船舶方便由此進出東非。在元代，泉州與東非摩加迪沙、【41】基爾瓦等地之間的航線也逐漸形成，成爲日後中國與東非貿易的主要航線。論到泉州與東非之間的貿易關係，就不能忽視阿拉伯人在其中所扮演的角色。阿拉伯帝國興起的初期，就開始向東非伸出觸角，爲經營貿易，大量的阿拉伯人移民至東非沿岸地區，並「通過與當地班圖商人的貿易往來，將東非的象牙、黃金等大量物資和奴隸，通過東非摩加迪沙、馬林迪、蒙巴薩、基瓦爾港口轉運至阿拉伯阿曼……卡伊斯、亞丁等港口，再從此運往東方，從而溝通東非與中國的貿易關係，故東非貿易多由其操控、經營」。【42】宋元時期，爲數衆多的阿拉伯人來到泉州進行貿易，他們爲累積資本、聚集財富而遠赴他鄉，這豈不是一九七〇、八〇年代世界都市研究典範所定義的「跨國資本家階級」（transnational capitalist class）【43】嗎？在幾個世紀以前，這樣的現象同樣也能在阿拉伯文明、印度洋文明，與所謂的「傳統」中國文明當中看到。

並且，過去我們一直認爲，晚期的帝制中國，也就是明清時期，因爲（西方）大航海時代的到來，讓西方有機會崛起。此時，東方（中國）因爲故步自封，長期處於孤立的狀態，所以，明清中國的對外航線「自然而然地」全部中斷。當然，也包括泉州到西印度洋、波斯灣的航線。這是爲什麼呢？因爲在歐洲中心主義觀點影響下，原來的泉州至波斯灣航線被葡萄牙人切斷了，因爲許多學者認爲麻六甲海峽於一五一一年爲葡萄牙人占據，明朝與印度洋「傳統」的海上貿易路線就不復存在。然而，學者林梅村指出，中國和穆斯林海商不斷衝破葡萄牙、荷蘭對海上航線的控制，從泉州浯嶼遠航至印度洋，在此同時，葡萄牙人在開闢中國航線的過程中，也大量起用中國與穆斯林海商，這也使得十六～十七世紀，景德鎮的瓷器得以不斷輸入波斯灣諸國。【44】

泉州與東印度洋的短程貿易

本文接著討論泉州與東印度洋、南海（東南亞）諸國間的貿易往來。長久以來，南中國海與東印度洋地區早就開始貿易往來。比起中國商人，南海諸國與印度商人更早在此經營商業活動。不過，或許我們可以先看看泉州與東北亞高麗貿易的實況。

除了印度洋之外，泉州早已與東北亞國家有貿易往來，但泉州遲至北宋元祐二年（一〇八七）才設置市舶司，【45】福建地區內部交通不便是原因之一，另外的原因則是，廣州因爲經濟利益衝突，也不喜歡泉州設市舶司。在乾隆朝，廣州也不喜歡浙江省寧波設置市舶司，因爲廣州想方設法地要壟斷貿易利益，於是廣州官員在乾隆面前撒謊，後來實行的「一口通商」方案，卻被説成了中國孤立封閉之傾向。類似的事情，不僅發生在清朝，宋朝也同樣發生過。簡言之，廣州人似乎總是勇於追求利潤，這或許與廣州的讀書人較少，商人較多有些關係吧！在唐代，位於朝鮮半島，中國北部的高麗，與位於中國南部的泉州，其僧人與商人已經頻繁往來。然而，泉州在設置市舶司之前，就已經與高麗有密切的貿易關係。宋晞根據朝鮮學者鄭麟趾的《高麗史》記載統計，在一〇一二～一二七八年，這二百六十六年當中，宋朝商人遠赴高麗達一百二十九次，總數達五千餘人。[46]這些證據顯示，季風給予泉州往返東北亞與貿易的機會。

在宋元時期，泉州一改「外商來販」的狀態，本地商人不斷地湧入東印度洋各起經營貿易，與泉州有往來的地區多集中在占城、眞臘、三佛齊、闍婆、渤泥、呂宋（菲律賓）、天竺（印度）、還有交阯等地。[47]在泉州西南諸國，相對較近者以占城、眞臘爲諸國都會。在貿易關係上，泉州與西南諸國也以此二地爲主。占城於宋元時期，貢獻不絕，但本文先前提到宋朝「納貢」給北方的游牧民族，造成了南北宋極大的財政壓力，當然，這是反方向的朝貢貿易。在貨物方面，占城運往泉州者以香料爲最，例如，在宋紹興二五年（一一五五），由占城運往泉州的商品之中，僅香料一項就有沉香七種，總重達六萬三千三百三十四斤。

眞臘區域向東到海，南接三佛齊，北方則爲占城，掌控海上航路的咽喉，西南距暹羅半個月的航程，南距廣州十日可達。眞臘人對中國的「銅錢、金銀器皿、瓷器、絲綢、水銀、硫磺等物」特別鍾愛，而產於泉州的青瓷在當地也相當受到歡迎。[48]宋元時期，在東南亞的諸國當中，以三佛齊（唐代稱之爲室利佛逝）爲都會；東南諸國以闍婆爲都會；此外，渤尼（位於今婆羅州）因物產豐富與交通便利，也是商人必往之地。換句話說，泉州與東南亞諸國地區貿易大多集中在這三個地區。另外，印度爲泉州在東印度洋主要的貿易地區，其物產包括琉璃、胡椒、白豆蔻、天竺桂、沉香等物資。在宋元時期，泉州與印度間的貿易頗爲頻繁，印度馬拉巴西海岸地區的坎貝、奎隆、卡利庫特及東海岸的孟加拉等地的船舶滿載阿拉伯地區的物資，經三佛齊、南海地區到達泉州港。中國商人亦多前往印度，且因中國製船技術先進、船舶性能優良，因此海上交通操縱在中國人手中。【49】

綜合前述，世界都市研究典範所強調的議題——交通運輸與世界經濟體系之關係——位於中國東南海岸轉折處的泉州，可以說是最合適的例子。讓我們看出歷史視野中的世界都市，以及它們在全球都市網絡中所占據的位置。當然，許多穿梭在泉州以及與泉州有貿易往來的、不同地區的重要城市裡的「跨國資本家階級」（transnational capitalist class），【50】爲了追求永無嫌多的利潤，在異鄉以其力量將整個世界串連起來，隨著時間推移，異鄉變成故鄉。

明清之蘇州城

本節將探討以下幾個子題：第一，明末至清代前期，蘇州是江南第一大都市，蘇州經濟景象是怎樣呢？其次，回應黃宗智所主張，江南的小農入不敷出，是因爲邊際生產力數百年來無法提升。

第二，在文化產業方面，本文先前業已討論過宋代的印刷出版業，這裡將看到蘇州印刷業的蓬勃發展，與服飾業所引領的非凡品味，也會提到蘇州居民對於（仿製）西洋物品的喜好，這點與乾隆皇帝有關。

第三，在資本主義全球化的過程中，在美麗景象的背後，總有一群被遺忘者，向官府要求保護其「權利」或者主持公道。不過，多數時候，他們是默默無聲，或者是不被容許發聲。

明清中國最大的米糧中心：蘇州

明朝歷經十四世紀末、十五世紀初的休養生息，蘇州與江南幾個大城鎮經濟高度發展，人口快速增加，農民大量種植商品作物，日常所需的稻米生產量降低，江南各地普遍出現糧食不足的現象，於是一個原本糧食充足的地區，變成需要輸入糧食的地區。蘇州的閶門外，正是運河與城濠的匯合口，對外運輸可說是相當便利，於是成為主要的米糧轉運站，同時也是當時全國最大的米糧貿易中心。[51]換句話說，因為江南糧食缺乏，蘇州——交通運輸的重要節點——才有機會成為明清時期全國最大的米糧貿易中心，以當時的規模，稱之為「世界都市」應無不當。不過，缺乏糧食這件事，勢必使江南的小農感到相當憂心，就如黃宗智一樣。然而，這樣的一個富庶的地區，足以供養數十萬、甚至百萬人口的大城市，想必為國庫賺進不少銀兩，那麼，為何小農生活如此清苦呢？——如果讀者還記得的話，美洲白銀經過數千里的漂流之後，落腳在江南，才會讓江南成為最繁華熱鬧之處，但絕對有人拿走這些白銀，黃宗智所擔心的小農們，或許是所謂全球化下的受害者，然而，光用「貧苦的」小農們，來證明數百年來農業邊際生產力從未提升，未免言過其詞。

蘇州能夠成爲明、清時期全國最大的米糧貿易中心，是因爲位處交通要衝，長江中、上游的重要產米區——四川、兩湖與江西——能向蘇州運送極多的米糧。根據全漢昇與Richard A. Kraus估計，一七〇〇至一七五〇年之間，湖南每年向外輸出的糧食約在五百萬石左右，但這只是保守的估計，眞實的數字可能還更多，這些米糧順著長江而下運至蘇州，再轉運其他的缺米區。另外，四川與江西等地所生產的糧食也運至閶門外，即可想見輸入的糧食數量有多少。如果再加上運送到楓橋和月城等地的數量，不難想見蘇州米糧市場規模的巨大。[52]相信很容易想像，如此龐大的米糧市場，黃宗智竟然認爲，江南的貿易規模仍然停留在諸多維持生計的小額交易，這樣的論點著實讓人摸不著頭腦。要眞的如此，農民、小商人又該如何應付每年五百萬石以上稻米的集散呢？若沒有龐大的船隊與車隊擔任漕運和陸運，沒有足夠的經銷商，整個蘇州城連基本的日常生活都難以進行，更何況成爲全國最大的米糧市場呢？在整個蘇州城，爲運送米糧而生的服務業——像是造船業、修船業者、馬車的製作與維修、人畜的食物糧秣、牙行、倉儲、飯館酒店，甚至是訟師等等——牽涉其中者當有數萬人，這些怎可能是小農有能力處理的行業呢？小農們連擁有一頭可以拉犛的動物都不容易啊！

蘇州經濟繁榮，人口成長快速，有人估計在明朝中葉時，蘇州人口可能已經接近百萬，堪稱是當時世界最大的城市之一。[53]在此，我們又尋見一個歷史視野中的世界都市。在這裡，令明清時代的人們目不暇給的故事還在繼續發生，尤其是文化產業特別引人注目。

出版業、服飾業及仿西洋風製品

我們先看出版業。宋朝的印刷術發明之後，民衆的教育機會增加，識字率提高，出版業也跟著日漸蓬勃發展。明代更是如此，[54]先前本文所提出的證據指出明代出版的書籍業已超過當時全球出版數量之總和。不僅如此，通常富裕的地區也會產生更多通過科舉考試的人，就好比現在台北市最富裕的大安區，每年考上台大的學生總是高居第一位，很可能愈能滿足一個人的物質（相對於精神）欲望之地，才最能夠吸引「好」老師去教書吧！當然，這種吃力不討好，而又容易得罪人的研究議題，本文還是選擇迴避較好。碰巧，蘇州也不乏通過科舉考試者。在明代，爲了考試而讀書者似乎不在少數，當然，這種觀念與做法似乎違背當今的教育理念，並不足取。然而，在明清時代，要找到讀書之目的是爲提升自己的素質的這類個案，相信應該不多才對。當時，江蘇爲了科舉考試而讀書，使得識字人口在全國各省中名列前茅。根據何炳棣的統計，江蘇籍的進士在全國十七個省級單位中僅在浙江之後，排名第二。[55]回想一下，浙江與江蘇二省不都是明清時期爲中央提供了大約四分之一的賦稅嗎？住在這全國最富裕的地區，擁有更多的教育資源，不難想見江蘇，就像浙江那樣，透通過科舉考試者在全國各省總是數一數二的。考取進士者多，書香自然四傳，書商出版的考試用書想必相當熱門。

上述的考試用書不僅在當地銷售，蘇州書商出版的考試用書還遠銷至華北各地。可見得，江蘇省為數頗多的進士無形中也成為蘇州出版的考試用書的活廣告，這是人之常情，好像毋需等待進一步的研究出爐後才能確定。值得一提的是，蘇州的藏書家甚多，這是蘇州能夠成為書籍商品流通中心的主要原因。另外，出版商與當地文人維持著密切的聘僱關係，這讓出版商得以獲取最新的書籍資訊，同時也能夠增加文人的收入。在書籍製作的過程中，紙張等原材料、運費成本低廉，紙張加工的作坊與周邊手工業發達，再加上優秀工匠匯聚，凡此種種，使得蘇州成為書籍商品生產中心。[56]以上是蘇州出版事業的概梗，這是文化產業的重要組成部分。接著，我們來看明代晚期，蘇州服飾與穿著習慣的變化。

蘇州城在明代弘治年間（一四八八～一五〇五）可以說瀰漫著奢侈浮華之風，到了嘉靖（一五二二～一五六六）年間，此風更長，全國各地不管貧富都沉浸其中（本文認為，這可能不包括黃宗智所描繪的小農吧！）在服飾的變化上，除了衣料，樣式更是千變萬化。[57]蘇州——明清時期的世界都市——與唐朝的長安，和當代的紐約一樣，都是引領時尚的「大都會」（metropolis）。以蘇州婦女所穿的裙裾為例，起初拖六幅（使用六幅布料而得名），其後又流行細褶，改為八幅，成為全國各地婦女追求時尚所仿效的對象。[58]總體而言，蘇州因其經濟與文化資產豐富，成為全國凝聚品味最適合的地方之一，其服飾風尚由「去樸從豔」，轉向「雅素相高」，「蘇樣」成為明末時尚的新主流。[59]「蘇樣」服飾蔚為時尚，大約自萬曆後期開始，源於當時人對蘇州文人文化的崇拜。但最初重意義而不重實物的模仿，故又稱「蘇意」。整體而言，如鄭揚馨所指出：「蘇樣是雅士的穿著，為主體配飾上強調蘇州精巧手藝與上等而素雅的織品，而以精緻質料和紋樣裁製的道袍爲其基本款式。此種服飾的傳播，造成前此崇尚炫麗的風氣在明末逐漸消退，而由雅素相高的審美觀取代……在晚明的品味競賽中，蘇州文人顯然壟斷對雅俗之分的定義，成爲引領時尚的中心，也使時尚流行方向由競奢、求新至美學品味與文化符碼轉移的新指標，更能反映晚明物質文化與消費意識發展的新風貌」。[60]

然而，一股支撐著蘇州引領明朝全國時尚的重要力量，就是該地區絲織生產工藝的進步，這一來使產品達到數十種之多，包括緞、紗、綿、絹、綢、綾等，至於色彩更是多樣，至明末時，已超過一百二十種。另外，在明朝後期，蘇、杭一帶民間的機戶（裁縫人家）數量約三倍於官織局（官方的紡織局），粗略估計絲織品的上市量，年產量三十萬匹左右，價值約在三十萬兩。[61]換句話說，絲織品、棉布產品與品質的提高，以及成衣市場需求的擴大，爲服裝時尚的形成與創新提供妥善的機制，並且表現在人們的消費意識與追求流行趨勢的行動。上至官僚士紳，下至市井小民，隨著衣著花樣的不斷翻新，與色彩的日益奪目耀眼，呈現出一幅全然迥異於黃宗智先生描繪的江南景象。[62]此時，本文回想西屬墨西哥所流行的服裝時尚，也想像當地人熱中於仿效「蘇樣」的款式。

最後，本文想重提往事，當年馬戛爾尼帶給乾隆皇帝的禮物，很可能乾隆老早就有了，而非有關國際禮儀。以物質文化的角度來看，乾隆對於西洋物品的喜好似乎有點過頭，讓人不免懷疑乾隆是否太喜歡西方文化了一點？位於蘇州的「內務府」作坊，時常被乾隆要求仿造西洋風的物品，這些物品也在市井之間廣爲流通，因爲皇帝的品味經常成爲全國流行的指標，皇帝喜好之物極可能一瞬時變成民間社會的高級用品。蘇州更因爲在街道鬧市買賣皇家作坊所生產的物品，而聚集不少文人雅士追隨乾隆皇帝的品味。[63]總而言之，蘇州城的生活風格定義著當時的雅俗文化，主導著上流社會高雅的、大衆通俗的流行趨勢。

全球化及其不滿者[64]

世界經濟體系學派的創立者華勒斯坦認爲，全球化的過程，其實就是（西方）資本主義擴張的過程。在這個過程中，世界上許多地方後來都「被整合」進入他所說的世界體系之內，到十九世紀之後，幾乎沒有任何地方不被納入此體系之中。然而，在整個財富累積的過程中，有一部分人無法積聚足夠的財產，得不到公平對待，而成了弱者、變成沒有聲音的人。換言之，在全球化的過程中，不可能所有的人都得到他想要的利益，有些人會成爲全球化下的不滿者，例如：身心障礙者、體力勞動者、女性、同性戀者、來自低度發展國家或戰亂地區的移民等等。然而，在歐洲中心主義的視野下，在一九七〇～八〇年代才產生的世界都市研究典範裡，我們將難以察覺除了已開發國家的世界都市之外的其他城市，也就不容易看到開發中國家的都市裡所發生的事。當然，想要瞭解歷史視野中的世界都市裡頭到底發生什麼事，也幾乎是不可能的事。但事實上，這的確發生過，我們仍以蘇州爲例。

從明末到清朝中葉，城市手工業雇工集體抗議事件一共有三十三件，大多集中在幾個特定的城市，例如蘇州有十八件，超過一半，景德鎮六件，其他城市則有九件。明末清初由於經濟空前繁榮，城市手工業的經營必須僱用更多工人，雇工的罷工暴動事件也就成爲後來城鎮內的特殊現象。本文認爲，這與蘇州城居民相對較高的教育水準有關，較多的工人懂得利用集體的抗爭活動，讓政府知道他們的訴求。當然，在「傳統」的中國，人民依然沒有權利觀念，但這並不防礙工人爲自己謀福利。一般而言，發生在明代城市工人罷工暴動的原因，主因在於國家政策失當所造成的結果。例如，明朝晚期的反礦稅使罷工運動，導因於明神宗萬曆三三年（一六〇五）派遣宦官到各地擔任礦監、稅使。此後，礦稅遺毒流遍天下，稅使在各地到處搜括民財，各地城市與商業活動受到影響，商鋪倒閉甚多。到清朝康熙年間以後，因爲物價波動與工人薪資結構而導致罷工，他們的藉口常常是「倡言年荒米貴」（正因歉收，米價高漲），由此得知罷工與物價二者息息相關。更重要的是，清政府在勞資糾紛中扮演居中協調的要角。[65]這與宋代以來，重案由官府審判，細事由民間調解。如調解不成，才報官處理。即便在官府，一開始並不直接審理案件，仍以調解爲主，這便說出「傳統」中國法律體系與西方兩者間的差異。

總之，在當今的世界都市中，還是能觀察到全球化下的不滿者，在早期的世界都市——以蘇州爲例——仍然清晰可辨。然而，在費正清的分期底下，一八四二年之前的「傳統」中國總是沒有什麼研究價值。

結語

本章的主要目的在指出，當今在所謂的西方知識體系主導下的社會（科）學，對於東方社會充滿誤解，自然而然，對於西方社會的理解也是失之偏頗。因爲在西方哲學的二分法下，用來形容西方社會的語詞，總是「現代的」、「理性的」、「進步的」、「可預測的」、「自由（貿易）的」、「開放的」、「尊重（國際）條約的」，與「文明的」；相較於西方，用來形容東方（中國）社會的語詞則是「傳統的」、「不理性的」、「停滯的」、「不可預測的」、「限制（貿易）的」、「封閉的」、「鄙視（蠻夷）的」，與「不文明的（或未開化的）」。在世界都市研究領域裡，已開發國家的大都會——紐約、倫敦與東京——在其強而有力的領導統御能力下，累積資本的能力遠遠勝過發展中國家，當然，這是殖民主義、重商主義，以及帝國主義下西方列強向外擴張其勢力而得到的豐盛果實，也造成發展中國家相對地「不發展」。西方社會有必要「合理化」其向外擴張時，對非西方國家、對當地人、原住民，與環境所造成的破壞。是故，西方在學術上，「必須」美化其所作所爲，並找個理由來合理化。換句話說，學術工作，在某些時候，也爲了特定的目的而努力，無法保持價值中立。

例如，華勒斯坦以西歐的觀點來觀察世界經濟，但這論點忽略了非西方國家既存的地緣政治、地緣文化、與其社會結構。費正清以一八四二年將中國一刀劃分爲「傳統」與「現代」中國，他（至少）暗示著中國的「現代性」是因西方人來到中國而產生。向來「傳統」一詞在社會（科）學裡帶著負面意涵，代表著停滯、落伍與倒退，因爲「傳統」是相對於西方的「現代」。可想而知，費正清與其無數的學生，不可能投注太多時間與精力研究「傳統」中國的實狀到底如何。韋伯以「傳統」中國法律的不可預測性，皇帝裁決時的任意性，藉此來突顯西方形式法律的合理性。因此在秦朝之後，中國「傳統」法律再也沒有能力往前邁進一步了。再加上，黃宗智、經君健、傅依凌等學者堅持「傳統」中國——在西方人到來之前——是社會結構簡單的小農經濟。也因爲結構簡單，所以不可能有專業的分工；因爲是小農經濟，所以不可能產生像蘇州那樣，一年之內可以處理數百萬石的米糧。西方以爲像這種複雜的生產與經營能力，只有在西方的土壤才能養成，而東方學者，在「虛心」向西方學習之際，也就跟著對「傳統」中國興趣缺缺。以致於如夢如幻、星羅棋布在江南的富庶城鎮，就在西洋二分法的五里霧中，漸次變成朦朧而不復見。

註解

【1】筆者將交互使用「全球都市」與「世界都市」這兩個詞彙，無意追究兩者間是否存在細微差異。

【2】Paul L. Knox, 'World Cities in a World-System,' in Paul L. Knox and Peter J. Taylor eds. World Cities in a World-System (Cambridge: Cambridge University Press, 1995), pp. 3-20.

【3】Saskia Sassen, *The Global Cities: New York, London, and Tokyo*, (Princeton, NJ.: Princeton

University Press, 1991).

【4】Andre G. Frank, *Capitalism and Underdevelopment in Latin America* (New York: Monthly Review Press, 1967).

【5】王偲宇、洪武編著，《普通高級中學——歷史㈡》，第八～二九頁。另外，此處的英文「integrated」爲筆者在參考其前後文之後所加上，吾人認爲該字帶著某部分在被動的情形下加入某全體的意義，故使用「整合進入」世界經濟體系，與華勒斯坦本人使用“incorporated”之意義並無不同。

【6】請參照黎廣澤、李艷芬著，〈在新課程教學中，如何理解資本主義世界市場的形成和發展〉，第六四頁。另外，此處的英文「incorporated」爲筆者參考其前後文之後所加上，蓋因這個字上一註解所提到的「integrated」所隱含的意義相似，請參見上一個註解。

【7】爲強調「incorporated」與「open the doors of China for trade」，此段文字中的兩處引號均爲筆者所加。引自Zhao, 'Rethinking the Chinese World Order', pp. 976, 977.

【8】William R. Thompson and Rafael Reuveny, *Limits to globalization: North-South Divergence* (London and New York, 2010).

【9】Anthony D. King, 'Re-presenting World Cities: Cultural Theory/Social Practice,' in Paul L. Knox and Peter J. Taylor eds., *World Cities in a World-System* (Cambridge, Mass.: Cambridge University Press, 1995), pp. 215-231, p. 216.

【10】Janet L. Abu-Lughod, *Before European Hegemony.*

【11】Andre Gunder Frank, *ReOrient: Global Economy in the Asian Age* (Berkeley, Calif.: University of California Press, 1998).

【12】事實上，部分學者可能較不喜歡用「歐洲中心主義」來批評像華勒斯坦這樣的大師級人物。例如，Debra Straussfogel就使用歷史的「斷裂性」（discontinuity）與「連續性」（continuity）來區分華勒斯坦與Frank兩人不同的觀點。事實上，華勒斯坦所撰之*The Modern World-System I*即是一系列社會斷裂性（Social Discontinuity）的研究。請參見：Wallerstein, *The Modern World-System I: Capitalist Agriculture and the Origins of the European World-Economy in the Sixteenth Century* (New York: Academic Press Inc., 1974)。具體而言，Straussfogel認爲華勒斯坦（或者再加上Arrighi）強調的是「斷裂性」，也就是歷史的「突破點」（breakthrough），而Frank（或者加上Abu-Lughod）所強調的則是歷史的緩慢前進，不可能有一夕之間產生的重大事件，例如，所謂的「工業革命」（Industrial Revolution）發生於十八世紀的某一年某一月。然而，Straussfogel認爲這只是觀點的不同而已，兩種論點談的是同一歷史過程。本文認爲Straussfogel試圖扮演和事佬的意圖不可謂不明顯，然而，與Straussfogel的想法不同，本文信持華氏與Arrighi的確有歐洲中心主義之嫌，主要是二位世界經濟體系大師級人物，將非西方國家或地區視爲被動地等待將它們納入世界體系之中。請參見Debra Straussfogel, 'How many World-Systems? A Contribution to the Continuationist/Transformationist Debate,' *Review*, XXI, No. 1, 1998, pp. 1-28.

【13】Immanuel Wallerstein, *The Capitalist World Economy: Essays* (New York: Cambridge Press, 1979).

【14】Giovanni Arrighi, *The Long Twentieth Century: Money, Power, and the Origins of Our Times* (London and New York: Verso, 1994), p. 88.

【15】John Friedmann, 'Where We Stand: A Decade of World City Research,' in Paul L. Knox and Peter J. Taylor eds. World Cities in a World-System (Cambridge: Cambridge University Press, 1995), pp. 21-47, p. 26.

【16】張銘洽、王世平，《長安史話第四卷——隋唐分冊》（西安，陝西旅遊出版社，一九九一），第一～七、十二頁。

【17】宋肅懿，〈唐代長安居民的都市生活與時尚〉，《明新學報》，第三四卷，第一期，二〇〇八年二月，頁六九～八八，第七〇頁。

【18】夏元瑜，〈一千四百年前世界第一大都市：長安〉，《陝西文獻》，第四九期，一九八二年四月，頁五二～五八，第五二頁。

【19】前揭書，第五四～五五頁。

【20】張銘洽、王世平，《長安史話第四卷》，第一九一頁。

【21】張銘洽、王世平，《長安史話第四卷》。

【22】蕭清，《中國古代貨幣史》（北京：人民出版社，一九八四），第二一三頁。

【23】夏元瑜，〈一千四百年前世界第一大都市：長安〉，第五四頁。

【24】夏元瑜，〈一千四百年前世界第一大都市：長安〉，《陝西文獻》，第四九期，一九八二年四月，頁五二～五八，第五六頁。

【25】前揭書，第五六頁。

【26】李東華，〈唐末泉州的興起及其背景〉，《台大歷史學報》，第九期，一九八二年三月，頁一二三～一五一，第一四七頁。

【27】全漢昇，〈唐宋帝國與運河〉，《中國經濟史研究》，上冊（香港：新亞研究所，一九七六），引自林德政，〈盛唐時期長安糧運之研究〉，《史化》，第八期，一九七七，頁一四～二二，第二一頁。

【28】宋肅懿，〈唐代長安居民的都市生活與時尚〉，第七三、七四頁。

【29】姚嶂劍，《遣唐使：唐代中日文化交流史略》（西安：陝西人民出版社，一九八四）。

【30】宋肅懿，〈唐代長安居民的都市生活與時尚〉，第七八頁。

【31】夏元瑜，〈一千四百年前世界第一大都市：長安〉，第五五～五六頁。

【32】宋肅懿，〈唐代長安居民的都市生活與時尚〉，第八二頁。

【33】朱裕平，《中國三彩》（台北：藝術出版社，一九九七）。

【34】Ramón Grosfoguel, 'Global Logics in the Caribbean City System: the Case of Miami,' in Paul L. Knox and Peter J. Taylor eds., *World Cities in a World-System* (Cambridge, Mass.: Cambridge University Press, 1995), pp. 156-170, p. 116.

【35】劉伯驥，〈長安爲中心之唐代社會風氣〉，《陝西文獻》，第四〇期，一九八〇年一

月，頁十～十七，第十二、十五～十七頁。

【36】錢存訓，〈印刷術在中國傳統文化中的功能〉，《漢學研究》，第八卷，第二期，一九九〇年十二月，頁二三七～二五〇，第二四三～二四五頁。

【37】David J. Keeling, 'Transport and the World City Paradigm,' in Paul l. Knox and Peter J. Taylor eds., *World Cities in a World-System* (Cambridge, Mass.: Cambridge University Press, 1995), pp. 115-131, p. 116.

【38】因爲篇幅的關係，本章未必能完整介紹不同時期的長安、泉州與蘇州——特別是蘇州這個城市——其交通運輸能力在這些城市所扮演的角色。然而，讀者應可約略看出這三個古代城市藉由其綿密的交通路線及其優越的地理位置，在當時各自均扮演其在城市網絡中極佳的領導統御能力。

【39】李東華，〈五代北宋時期泉州海上交通之發展〉，第三五頁。

【40】李東華，〈唐末泉州的興起及其背景〉，《台大歷史學報》，第九期，一九八二年三月，頁一二三～一五一，第一二七、一三三、一三四頁。

【41】在東非摩加迪沙等出土許多唐代「開元通寶」錢幣，這說明東非與中國早有往來，至少是一種間接的貿易關係。請參照李大偉，《宋元泉州與印度洋文明》（北京：商務印書館，二〇一五），第二八頁。

【42】李大偉，《宋元泉州與印度洋文明》，第二八～三〇頁。

【43】John Friedmann, 'Where We Stand: A Decade of World City Research,' p. 26.

【44】林梅村，〈大航海時代泉州至波斯灣航線——兼論十六～十七世紀中國、葡萄牙、伊斯蘭世界之文化交流〉，《澳門研究》，第三期，二〇一三，頁三五～五三，一九五～一九六，第三五頁。

【45】請參照楊宗霖，〈兩宋海上貿易的發展與轉折——從廣州到泉州的考察〉，《暨南史學》，第十二期，二〇〇九年七月，頁二三五～二九〇，第二五七頁。

【46】宋晞，〈宋商在宋麗貿易中的貢獻〉，《宋史研究論叢》（台北：中央研究院，一九七七），頁一四六～一五九。引自徐曉望，《宋代福建史新編》（北京：線裝書局，二〇一三），第二二九頁。

【47】李東華，〈五代北宋時期泉州海上交通之發展〉，《台大歷史學報》，第十～十一期，一九八四年十二月，頁一～四四。第二十頁；李大偉，《宋元泉州與印度洋文明》，第三一頁。

【48】李大偉，《宋元泉州與印度洋文明》，第三一～三三頁。

【49】前揭書，第三三～三九頁。

【50】John Friedmann, ‘Where We Stand: A Decade of World City Research,’ p. 26.

【51】王淑芬，〈明末清初蘇州城經濟與社會結構初探〉，《思與言》，第三三卷，第一期，一九九五年三月，頁二七～五九，第四四～四五頁。

【52】Richard A. Kraus and Han-Sheng Chuan, *Mid-Ch'ing Rice Markets and Trade* (Cambridge: Harvard East Asia Research Center, 1975), pp. 69-71. 引自王淑芬，〈明末清初蘇州城經

濟〉，第四五頁。

【53】宮崎市定，〈五代北宋時期泉州海上交通之發展〉，《東方學》，第二輯，一九五一，第六六頁，引自王淑芬，〈明末清初蘇州城經濟〉，第四七頁。

【54】Evelin Sakakida Rawski, *Education and Popular Literacy in Ching China* (Ann Arbor: The University of Michigan Press, 1979), p. 6.

【55】Ping-Ti Ho, The Ladder of Success in Imperial China: Aspects of Social Mobility, 1368~1911 (New York: John Wiley & Sons, 1964), p. 6，引自邱澎生，〈明代蘇州營利出版事業及其社會效應〉，《九州學刊》，第五卷，第二期，一九九二年十月，頁一三九～一五九，第一五二頁。

【56】邱澎生，〈明代蘇州營利出版事業〉，第一五八頁。

【57】常建華，〈論明代社會生活性消費風俗的變遷〉，《南開學報》，第四期，一九九四（天津），第五四頁。引自鄭揚馨，〈晚明蘇州服俗變遷與經濟發展的關係〉，《政大史粹》，第十一期，二〇〇六年十二月，頁五五～八六，第六一～六二頁。

【58】陳寶良，《明代社會生活史》（北京：中國社會科學出版社，二〇〇四）。引自鄭揚馨，〈晚明蘇州服俗變遷〉，第六二頁。

【59】林麗月，〈明代中後期的服飾文化及其消費心態〉，《中央研究院第三屆國際漢學會議論文集歷史組——經濟史、都市文化與物質文化》，第四九三～四九四頁；Timothy Brook（卜正民）著，方駿、王秀麗、羅天佑譯《縱樂的困惑：明朝的商業與文化》（台

北：聯經出版社，二〇〇四），第二九八～三〇二頁；吳美琪，《流行與世變：明代江南士人的服飾風尚及其社會心態》（台北台灣師範大師歷史所碩士論文，二〇〇〇），第八三～一〇〇頁。引自鄭揚馨，〈晚明蘇州服俗變遷〉，第六二～六四頁。

【60】林麗月，〈明代中後期的服飾文化及其消費心態〉，第四九五、四九六、五〇二頁；吳美琪，《流行與世變》，第一〇一～一二七、一四五～一六六頁。引自鄭揚馨，〈晚明蘇州服俗變遷〉，第六四頁。

【61】范金民、金文，《江南絲綢研究史》（北京：農業出版社，一九九三），第二五一頁。引自鄭揚馨，〈晚明蘇州服俗變遷〉，第七三頁。

【62】鄭揚馨，〈晚明蘇州服俗變遷與經濟發展的關係〉，《政大史粹》，第十一期，二〇〇六，十二月，頁五五～八六，第七六～七七頁。

【63】賴惠敏，〈乾隆朝內務府的皮貨買賣與京城時尚〉，《故宮學術季刊》，第二一卷，第一期，頁一〇一～一三四；〈寡人好貨：乾隆帝與姑蘇繁榮〉，《中央研究院近代史研究所集刊》，第五〇期，二〇〇五年十二月，頁一八九～二三七；〈乾隆朝的稅關與皇室財政〉，《中央研究院近代史研究所集刊》，第四六期，二〇〇四，十二月，頁一八九～二三七，引自王正華，〈乾隆朝蘇州城市圖像：政治權力、文化消費與地景塑造〉，《中央研究院近代史研究所集刊》，第五〇期，二〇〇五年十二月，頁一一五～一八四，第一五四頁。

【64】本節的標題了無新意地直接翻譯自Saskia Sassen所撰之*Globalization and Its Discontents:*

Essays on the New Mobility and Money (New York: the New Press, 1998) 這本書之主要標題，當然，本文作者總是希望自己能擁有更多的創造力，但行文至此，頗有江郎才盡之感。

【65】巫仁恕，〈明末清初城市手工業工人的集體抗議行動——以蘇州城爲探討中心〉，《近代史研究所集刊》，第二八期，一九九七年十二月，頁四七~八八，第四七、五三~五四、五九、八二頁。

結論

那些年，我們憶起讀過的高中歷史

那些年，我們一起讀過的高中歷史……

一九八五年九月剛升上高三，幾乎所有老師都換了，比較不一樣的是歷史老師，聽說他在這個城市的某大學兼課，那時候，我們都覺得很了不起，竟然能在大學教書，當時要念大學都不算是太容易的事，更何況是在大學裡頭當老師呢！雖然教歷史的男老師不一定要像一位從古代走出來的風流倜儻的文人雅士那般，但這位有著一頭漂亮白髮的老師，其實算是迷人的，其字跡特別好看。所以，他總是在上課一開始忙著寫黑板，從右到左，寫得滿滿的字之後，才會一條（重點）接著一條講解其中的故事。沒有人懷疑過老師所說的，因爲對於高三的學生而言，考試時能夠寫出「正確」答案才是最重要的，否則就無法考上大學，會被歸類在沒有前途的那群人之中。

一個平凡的早晨，上課鐘響了，幾分鐘之後，滿頭白髮的歷史老師走進教室，按照往例，他背對著我們，花了二十分鐘繼續用其美麗的字跡寫滿了整片黑板。高三了，同學們利用這段沒有聲音的時間，努力複習所謂的主科英文和數學。對於高中歷史，我們不曾有太多的想法，因爲我們只關心上榜與否，而且，幾乎沒有人會把歷史當作主科來對待。

那時候的我們，沒有人知道原來歷史這門學科會影響一個人、一群人，十億、二十億人，或者更多，如何看待這個世界。

日子就這樣過了，不聲不響地。二〇三七年七月，台北的另一個悶熱的午後……氣溫四十一度。

都是老爺的錯

千錯萬錯都是老爺的錯。

這段故事情節，我們已聽過太多次。話說有個大戶人家的老爺，年輕時也曾經風光一時，在遙遠的西邊區域，不少未曾聽過的地方，也都有他的足跡。不過，後來，也許是養尊處優吧！年歲漸長之後，他發現自己呼吸有些障礙，雖還不至於用體弱多病來形容自己，但與年輕時相比，體力大不如前。於是，他選擇定居在南方的一個大城，因爲溫暖的地方對身子有幫助，況且在休養之餘，還可以做點小買賣，因爲一直都有商機。有一天，門口來了幾位陌生人，告訴老爺說，他帶來了好貨，想分享商機。老爺看了看他們帶來的東西，表情並未露出絲毫笑容。

後來，陌生人從更南邊的地方拿來了一種當地的藥，說是吃了可以讓人減輕壓力，返老還童！老爺聽說這幾位陌生人，稍早在別的地方，用了不怎麼符合道德規範的行爲，做了不少買賣，賺了很多錢，這些人並不可靠。可因爲好奇吧！老爺買了藥、吃了它，這一吃，老爺好像變了一個人似的，壓力的確減輕了，荷包也是。這藥好像會上癮似的，讓人飄飄欲仙，不想再爲俗世的名利而努力，但一切都太遲了，家產已經敗光，親友早已離去。也許是儒家的傳統吧，敗光家產的人，終其一生都將受到指責，的確，當老爺往生，在家祭時，親友零零落落。多年以後，老爺依然被視爲罪有應得，沒有人在意那包藥到底是怎麼進到老爺住的南方城市。

後來，可能是家境十分寬裕吧！這幾位陌生人——日子久了，不好再稱他們爲陌生人，用儒家的話來形容，也許可以稱爲「重利輕義」的「紳士」們——總是穿著體面，實在讓人想不到他們從前的模樣，以前在許多地方對當地人不太友善，有時還頤指氣使的模樣。

再後來，聽說老爺的幾代之後出了能人，開始了重振家業的工作，這位能人逐一地把過去賣出的土地再買回來，其中有幾塊土地還是當年強租的，其中一位勢力較大的「紳士」——穿著依舊體面，口才則變得更好了——答應歸還當年強占的土地，聽說，這塊土地還曾經是毒品的儲藏地，不過，生活在這塊土地上的人早已忘記這段不光彩的事了。

在這個南方的城市及其廣大的周邊地區，人們對這個寓言故事的細節似乎記不太清楚，如果還記得什麼的話，那就是一切「都是老爺的錯」了。

這個城市的居民繼續爲日常生活所需而奔走，路上車水馬龍、川流不息……。

無懈可擊的西方知識體系

看完本書之後，讀者會發現隱藏在西方知識體系中有根稱爲「二分法」的大柱石，在比較西方、非西方（或東方，特別是中國）時，發揮得淋漓盡致，例如在法律制度的比較上、地緣政治的霸權更迭，與地緣文化的軟實力等。無論與西方比的是什麼，東方（中國）總是站在比較差的那邊，至少所用的形容詞好像都是負面的。也許，我們應該以二分法的「神奇力量」來稱呼。

不過，二分法還不是故事的全部。整個西方知識體系還有另外兩根大柱石支撐著，分別是費正清的「一八四二歷史分期」與華勒斯坦爲代表的「歐洲中心主義」觀點。有了這三根巨大支柱，再加上些華麗的裝飾，西方建構的知識體系在全球爲人所信仰，對此體系採取嚴厲態度的批評者——像是筆者謝某——可能終身無法進入主流。筆者似乎也只能摸摸鼻子認了。

或許，過去讀者（當然也包括活在年輕的歲月時的筆者謝某本人）在西方知識體系的栽培與灌溉下，總是以爲自己看待全球歷史——無論是語言、法律、經濟發展、文化交流、社會變遷等等——都是中立的、不帶價值判斷的。我們的世界觀，自以為在「價值中立」的狀況下被形塑出來了，這種「價值中立」的世界觀實際上是西方知識體系建構出來的，它並非眞實。

台海兩岸有一共同點，過去發現的人並不多，那就是：課程綱要好像都是不能改變的，因為它就像是一幢房子的主結構，如果貿然更改，沒人能保證這幢房子的安全。可是，原來的房子結構為什麼是安全的？沒有人願意告訴我們，所以，反而不必去在乎它，而這到底是為什麼？只是為了配合西方所建構的知識體系嗎？我們沒有人願意承認如此。

手工製優於機器生產

古今皆然，（英國）工業革命——如果有的話——之前的手工製產品品質總是優於機器製品，因為機器生產的品質難以超越手工。

其實，在先前，我們已經證明，明清中國並非不喜歡貿易，之所以有一段時期執行海禁，主要是因為基於國防的考量，而且，除了官方允許的朝貢貿易，邊境的互市之外，走私也是很猖獗。如果再以產業競爭的角度觀之，十九世紀，至少在中葉以前都是如此，中國在（手工）絲綢工業領先全球，其產品風行於太平洋東岸，墨西哥市場競相仿效。瓷器也是這樣，領先全球數百年，一直到二十世紀初期才因為關鍵技術被耶穌會教士偷走，而逐漸失去領先地位。再看看茶葉，其影響更是深遠，鴉片戰爭的遠因不正是因為英國人購買了中國太多（手工生產）的茶葉而導致其白銀外流，使得英國王室認爲這將會影響大英帝國的國力？美國的獨立戰爭，不也是因爲英國人想要向其北美殖民地徵收更高的茶葉稅而引起商人的反彈，而將茶葉倒入波士頓港口之中？這些證據都證明中國在（手工）製茶業的領先地位，後來才因爲茶種被英國人偷走，加上技術茶工外流，當英國人在南亞（印度）種植茶葉成功，生產機器化之後，再以關稅保護的措施來扶植印度茶，打擊中國製茶工業，這或許只是印證了一句話：「無奸不商」而已。但這不正說明中國原來在製茶產業的領先嗎？

向來學者們用「被納入」全球商業體系（或所謂的「世界經濟體系」）來描述中國，暗示著中國是「被動的」、「封閉的」，來突顯英國人面對世界之「主動的」與「開放的」。筆者認爲，這是產業競爭的問題，而不是心態好或壞的問題。假如眞要說個明白，到底誰的心態不好，那麼，英國人的心態似乎並無可取之處。簡單說，因爲在工業革命之後的五、六十年，找不到太多像樣的工廠機器製造的「現代化」產品賣給生活在長江三角洲或珠江三角洲的消費者，就選擇將毒品鴉片賣給中國。再舉「自由貿易」之大旗，責備中國人自己不肯長進、奮發圖強，才導致日後喪權辱國之難堪局面。反觀英國，一切的一切，好像都是理所當然，一九九七年英國「歸還」香港——過去英國人曾用來儲藏鴉片的免費小島——的時候，還口口聲聲叫嚷，希望香港可以維持著英國人努力建立的民主制度所帶來的榮景。

如果歷史眞能教給我們什麼的話，那麼，我們應該會知道英國人絕非眞正在意，香港人到底還能不能繼續享受英國人所留下來的民主制度。如果可以再借用香港一百年而且不必付租金的話，英國人應該會繼續租下去才對，即使中國開出來的條件是，英國必須派一位大使在香港的土地上磕頭搖尾。至於這位大使心裡所想的，應該不是文化的衝擊，而是估量英國到底可以再從這個島上拿到多少利益。人們總以為，從前因為交通不發達，不同的人種、種族彼此之間可能不太容易瞭解彼此，所以文化衝擊似乎難以避免，也是人與人之間衝突的主要原因。這樣的說法好像也不需要證明，就像是乾隆時期的清朝與英格蘭那樣。只是，身處當代，交通發達，人與人之間看起來更容易瞭解彼此，文化衝擊應該可以避免才是。但好像國家之間的潛在衝突仍然一觸即發。這是為什麼？因為，一如過去，當代的文化衝突只是表象，經濟利益才是衝突的根源。

誰扭曲了華人的世界觀？

那麼，到底是誰扭曲了華人的世界觀？到了本書尾聲，即便找不到具體的答案，這個問題本身似乎也漸失去重要性。我想，這可能也是人性的一部分吧！人們總在得到某物之時，該物的重要性開始自頂點下降。對知識的追求，應該也是如此，筆者謝某一開始提出的問題看似重要，但看完全書之後，此刻，在有了不同的世界觀之後，讀者應該不會那樣在意到底誰才是罪魁禍首。

其實，在一開始撰寫這本書，筆者謝某已經知道，自己不可能、也無力回答「誰扭曲了我們的世界觀？」這個問題，因爲牽涉其中的人太多，難以逐一細數。在華人社會裡，一旦參與的人多了，總是找不到應該負責，或願意負責的人。況且，若是筆者謝某眞的將該爲「扭曲的世界觀」負責的罪魁禍首逐一列出的話，那麼，恐怕得罪的人太多，日後唯恐成爲過街老鼠，人人喊打。這將會令筆者謝某畢生在「非主流」的小溪上載浮載沉。

那些年，我們憶起讀過的高中歷史

丁巳年己酉月甲午日（二〇三七年九月十九日），這一天是星期六。北京，高溫三十九度半，空氣品質普通。看起來，人們還是習慣使用西曆，北京天安門廣場前的看板同時寫上了農曆與西曆的紀元。

早已年過六旬、耳順之年的謝某應邀參加了一場由北京師範大學舉行的國際研討會，會場設在恭王府，這裡曾是輔仁大學校舍，而謝某在二〇〇五至二〇一七年之間也曾在台北輔仁大學擔任教職，還算是有些淵源。這天上午，筆者上網叫了滴滴打車的無人駕駛電動車從京師大廈到恭王府。還記得，二〇一五年九月時，筆者謝某在同一個演講廳向大家提起一件事：希望在有生之年可以聽到西方學者在北京用普通話演講。這次的研討會是全球首次以中文爲主要溝通語言，其意義非文字所能形容，也算是諸多話語中應驗的少數幾句。

在這場研討會中，再次遇到那一對來自武漢的（老）愛人，他們曾經一起在武漢師範大學教書，當年，也就是二〇一五年九月的那場研討會，他們說喜歡我對於中國學者的期許，再次相遇時時間過了二十又二載，談著談著，聊到了……。

那些年，我們憶起讀（過）的高中歷史……。

日子，總是不聲不響地從後門溜走，一個個（愈來愈）悶熱的午後……有時會想起……二〇一七年曾經「熱賣」的一本書，一本顛覆我們高中歷史觀的書。

附錄一

中國的歷代王朝年表

周	1066~221 BC	隋	581~618
春秋	722~481 BC	唐	618~907
戰國	c. 403~221 BC	五代十國	907~960
秦	221~206 BC	北宋	960~1127
漢	206 BC~220 AD	南宋	1127~1279
三國	220~280	元*	1279~1368
六朝（魏晉南北朝）	222~589	明	1368~1644
南北朝	317~589	清	1644~1911

*一個歷史觀點的思考：

值得注意的是，我們早已習慣這樣的歷史書寫，元朝「滅亡」之後，接著就是漢人建立的明朝了。這樣的史觀是華人非常熟悉的，似乎也沒必要去挑戰它。但其他的歷史觀點，也許值得參考。對蒙古部落而言，所謂的元朝「滅亡」代表的是蒙古大帝國失去了「中國」這個殖民地，蒙古人退回了中亞的草原而已，蒙古帝國並未因爲元朝被朱元璋擊敗而從此崩解。明朝嘉靖年間（1522～1567）鬆散的蒙古部落再度爲俺答汗統一，並且在1550年（嘉靖29年）俺答汗率領十萬大軍進攻北京，其導火線是爲了茶葉，但當時茶葉還不是蒙古人日常生活的必需品。這件事說明了我們習慣的歷史觀，可能在限制著我們的想法，讓我們以爲自己只能如此地看待這個世界。關於俺答汗與明世宗朱厚熜之間的武力衝突，請參閱周重林、太俊林，《茶葉戰爭：茶葉與天朝的興衰》（武漢：華中科技大學出版社，2015）；關於蒙古帝國在世界史上扮演的重要角色，以及我們熟悉的東洋、西洋史觀所引發的問題，請參閱岡田英弘，《世界史的誕生：蒙古帝國與東西洋史觀的終結》（台北：八旗文化，2016）。

附錄二 中國的度量衡

1擔約等於0.67石＝53.3公斤
1石約等於160市斤＝80公斤
1市斤＝1.1磅＝0.5公斤
1百萬披索約等於25.56公噸白銀
1披索約等於25.56克白銀
1畝（地）＝1/6英畝＝1/15公頃（1公頃＝10000平方米）
1公頃等於100公畝

博雅文庫 044

顛覆你的歷史觀：連歷史老師也不知道的史實

作　　者　謝宏仁（397.5）
發 行 人　楊榮川
總 經 理　楊士清
總 編 輯　楊秀麗
副總編輯　劉靜芬
責任編輯　林佳瑩、廖育信
封面設計　王麗娟
出 版 者　五南圖書出版股份有限公司
地　　址　106台北市大安區和平東路二段339號4樓
電　　話　(02)2705-5066
傳　　真　(02)2706-6100
劃撥帳號　01068953
戶　　名　五南圖書出版股份有限公司
網　　址　https://www.wunan.com.tw
電子郵件　wunan@wunan.com.tw
法律顧問　林勝安律師事務所 林勝安律師
出版日期　2017年 1 月初版一刷
　　　　　2021年 5 月二版一刷
定　　價　新臺幣480元

國家圖書館出版品預行編目資料

顛覆你的歷史觀：連歷史老師也不知道的史實／謝宏仁著. -- 二版. -- 臺北市：五南圖書出版股份有限公司, 2021.05
面；　公分
ISBN 978-986-522-513-1（平裝）

1.世界史　2.通俗史話

711　　110002581